파이썬으로 풀어보는 수학

파이썬으로 풀어보는 수학

코드로 통계, 확률, 미적분과 같은
다양한 수학 탐험하기

아미트 사하 지음 | 정사범 옮김

i!i
에이콘

나를 절대 포기하지 않았던 프로듀사protyusha에게

지은이 소개

아미트 사하 Amit Saha

레드햇과 선마이크로시스템에서 재직했던 소프트웨어 엔지니어다. 과학과 교육용 유저대상 리눅스를 배포하는 회사인 Fedora Scientific을 만들어 운영하고 있다. 또한 『Write Your First Program』(Prentice Hall Learning)의 저자이기도 하다.

감사의 글

이 책의 출간을 가능하게 해준 No Starch Press의 모든 분들에게 감사한다. 빌 폴락Bill Pollock과 타일러 오트만Tyler Ortman은 이 책의 아이디어를 논의하는 첫 이메일부터 이후의 모든 프로세스에 걸쳐 모든 사람들이 즐겁게 작업하도록 도와주었다. 세프 크라머Seph Kramer는 놀라울 정도의 기술적 인사이트와 제안을 해줬고, 라일리 호프만Riley Hoffman은 모든 내용이 정확한지 검토했다. 단언컨대 두 분의 도움이 없었다면 이 책은 나올 수 없었을 것이다. 제레미 쿤Jeremy Kun과 오티스 초도시Otis Chodosh는 통찰력과 수학적인 내용을 확인해줬고, 편집자 줄리안 지고어Julianne Jigour는 면밀하게 검토했다.

이 책의 많은 부분에서 SymPy를 사용했다. 내 질문에 인내심을 갖고 대답해주고 패치 부분에 빠른 검토를 해주신 SymPy 메일링 리스트의 모든 분들에게 감사드린다. 내 질문에 답해주고 의문점을 해결해준 맷플롯립matplotlib 커뮤니티에도 감사드린다.

나에게 맥북을 빌려주어 소프트웨어 설치 방법을 작성하는 데 도움을 준 데이비드 애시David Ash에게도 감사한다.

또한 내가 이 책을 저술하는 데 많은 도움을 주었던 웹 페이지와 내가 선호하는 책을 만들어주신 모든 분들께 감사한다.

옮긴이 소개

정사범 sabumjung@hotmail.com

대학교와 대학원에서 산업공학을 전공했고 의사결정과 최적화 방법론에 대해 관심이 많다. 2000년이 시작될 즈음 회사에 입사해 제조업에서 발생되는 다양한 데이터를 R과 파이썬으로 분석해본 경험이 있다. 지금도 제조현장에서 발생되는 여러 이슈사항을 데이터에 근거해 수리적으로 해결해보려고 고민한다. 또한 다양한 책과 현장 경험을 통해 데이터 수집, 정제, 분석, 보고 방법에 대한 지식을 얻는 것에 감사하고 있다. 에이콘출판사에서 출간한 『RStudio 따라잡기』(2013), 『The R book(Second Edition) 한국어판』(2014), 『예측 분석 모델링 실무 기법』(2014), 『데이터 마이닝 개념과 기법』(2015)을 번역했다.

옮긴이의 말

학교를 다녀본 사람들이라면 학창시절에 수학, 영어 관련 참고서를 사봤을 것이고 공부도 열심히 했을 것이다. 성적이 좋게 나오는 것과 상관없이 대부분이 이러한 경험이 있을 것이다.

지금 학교를 다니고 있는 중고등학생들도 아마 다르지 않을 것이라 생각한다. 수학과 관련된 누구나 다 알고 있는 참고서의 누적판매량이 우리나라 총인구 수준에 육박할 만큼 팔려 나간 것으로 추정된다고 하니, 아직도 수학은 우리 학생들이 열심히 공부해야 하는 과목임이 분명하다. 프로그램은 어떠할까? 아마도 수학만큼은 아니겠지만 관심이 있는 학생들이라면 프로그래밍 언어 하나는 배우고 있을 것이다. 이러한 언어 중에 최근 가장 인기 있는 언어로 파이썬을 꼽을 수 있다.

나는 수학과 프로그래밍 언어를 한 번에 익힐 수 있는 책이 있으면 좋겠다고 생각했는데, 바로 이 책이 내가 찾던 책이었다. 이 책을 번역하게 되어 영광으로 생각한다.

2016년 초에 우리나라는 알파고 열풍이 일었다. 아마도 다들 알겠지만 인공지능의 위력을 가장 쉽게 접할 수 있었던 사건이지 않았을까 생각한다. 인간과 기계의 바둑 경기를 시작하기 일주일 전만 해도 컴퓨터가 사람을 이길 수 있겠냐고 생각한 사람들이 대부분이었다. 하지만 결국 이러한 생각이 잘못되었다라는 것이 명백히 입증되었다. 물론 컴퓨터가 사람을 이길 수 있도록 하기까지는 수학과 컴퓨터 프로그램이 어느 정도 역할을 했다는 데 이견을 갖는 사람은 없을 것이다.

이처럼 프로그램을 통해 무언가를 만들고자 하는 사람에게 수학은 매우 중요한 학문이다. 수학적 사고 없이는 좋은 프로그램을 만들 수 없기 때문이다. 또한 데이터와 숫자를 다루는 사람에게 프로그램은 매우 중요한 기술이다. 특히 데이터를 분석하고 알고리즘을 개발하는 경우, 프로그램을 사용해 효율적으로 구현하는 능력이 떨어진다면 본인조차도 상당히 답답할 것이다. 따라서 수학과 프로그램 언어는 서로 같이 배우고 익힐 필요가 있다. 하지만 우리나라의 교과과정에서는 수학과 컴퓨터를 같이 배울 수 있는 기회가 그리 많지 않고 그 점이 매우 아쉽다.

수학적 이론을 프로그램으로 구현해보고 컴퓨터상에서 시뮬레이션해보는 경험은 참 재미있는 일이다. 아마도 실제로 해보지 않는다면 이러한 재미를 실감할 수 없을 것이다. 이와 같은 재미를 느끼는 데 이 책이 어느 정도 기여를 했으면 하는 마음이다.

정사범

에이콘출판의 기틀을 마련하신 故 정완재 선생님 (1935-2004)

차례

들어가며

이 책의 목적은 세 가지 주제를 함께 배우게 하는 것이다. 정확히 무엇을 말하는 것일까? 이 책에서는 고등학교 수준의 수학인 측정 단위 변환, 투사체 운동 조사, 평균 계산, 중위수, 최빈값, 선형상관관계 결정, 대수방정식 풀기, 간단한 추운동pendulum, 주사위 게임 시뮬레이션, 기하학적 형상 생성, 극한값/미분/적분 함수 계산 등을 파이썬 프로그램으로 살펴본다. 수학적으로 이러한 내용은 매우 익숙한 주제들이지만 펜과 종이를 사용하는 대신 컴퓨터를 이용해 알아볼 것이다.

프로그램 입력으로 숫자와 수식을 취해 반복 계산을 수행한 다음 해를 출력하거나 그래프를 그린다. 일부 프로그램은 수학 문제를 해결하는 데 강력한 계산기 역할을 할 것이다. 다른 여러 업무 중에서 방정식에 대한 해를 찾아내고 데이터 집합 간의 상관관계를 계산해 함수의 최대값을 결정한다. 다른 프로그램에서는 투사체 운동, 동전 던지기, 주사위 던지기 같은 실제 생활의 사건을 시뮬레이션한다. 이러한 사건을 시뮬레이션하는 프로그램을 이용해 쉽게 분석하고 이에 대해 학습한다.

프로그램 없이 학습하기에는 극단적으로 어려운 주제일 수도 있다. 예를 들어 프랙탈을 손으로 그리면 꽤 지루하고 거의 불가능하다. 하지만 프로그램으로는 관련 작업을 루프문 내부에 위치시킨 다음 for 루프를 실행하기만 하면 된다.

여러분은 이 책을 통해 프로그래밍과 수학이 좀 더 흥미롭고 재미있으며 도움이 될 수 있다는 것을 배울 것이다.

이 책의 대상 독자

프로그래밍을 배우는 사람이라면 이 책에서 컴퓨터로 문제를 해결하는 방법을 알게 될 것이다. 이와 같은 방법으로 여러분이 학습자를 가르친다면 이 책은 추상적인 컴퓨터 과학을 뛰어넘어 프로그래밍 기술의 적용 방법을 설명하는 데 유용하게 사용할 수도 있을 것이다.

이 책은 독자가 파이썬 3을 이용한 프로그래밍의 기초를 알고 있다고 가정한다. 구체적으로 함수와 함수 인자, 파이썬 클래스와 클래스 객체, 반복문의 개념을 이해하고 있다고 가정한다. 부록 B는 프로그램에서 이용한 다른 파이썬 주제의 일부를 다룬다. 하지만 이 책은 추가 주제에 대한 지식까지는 요구하지 않는다. 만약 파이썬에 대한 더 많은 내용을 알고 싶다면 『Python for Kids by Jason Briggs』(No starch Press, 2013)를 읽어볼 것을 추천한다.

이 책의 구성

이 책은 7개의 장과 2개의 부록으로 이루어져 있다. 각 장 마지막에는 '프로그래밍 연습'이 있다. 실제로 프로그램을 작성하는 과정에서 많은 것을 배울 수 있으므로 여러분 스스로 이 문제들을 해결해보기 바란다. 또한 학습을 향상하기 위한 방법으로 새로운 주제를 살펴볼 것을 추천한다.

1장. **숫자 · 연산** 기초 수학 연산으로 시작해 점차 높은 수학 노하우가 필요한 주제를 설명한다.

2장. **그래프로 데이터 가시화** 맷플롯립matplotlib 라이브러리를 이용해 데이터 셋에서 그래프를 만드는 방법을 설명한다.

3장. **통계값을 이용한 데이터 설명** 데이터 셋을 처리하는 방법을 계속해서 설명하는데, 기초 통계 개념인 평균, 중위수, 최빈수, 데이터셋의 변수들을 대상으로 상관관계를 알아본다. 또한 데이터 셋을 배포하기 위해 잘 알려진 파일 포맷인 csv 파일에서 데이터를 불러와 처리하는 방법을 설명한다.

4장. **SYMPY를 이용한 대수와 부호 수학** SymPy 라이브러리를 이용해 부호 수학Symbolic Math을 살펴본다. 방정식 해결과 같은 좀 더 복잡한 문제를 소개하기 전에 대수Algebra 표현식을 표현하고 이를 다루는 기초를 알아본다.

5장. 집합과 확률 수학 집합을 표현하는 방법과 기초 이산 확률에 대해 설명한다. 일양uniform 및 비일양non-uniform 랜덤사건을 시뮬레이션하는 방법도 알아본다.

6장. 기하학적 형상과 프랙탈 그리기 맷플롯립을 이용해 기하학적 형상 및 프랙탈을 그리는 방법과 동영상 그림을 만드는 방법을 알아본다.

7장. 미적분 문제 풀기 파이썬 표준 라이브러리와 SymPy에서 사용 가능한 수학 함수를 설명하고 미분 문제를 해결하는 방법을 알아본다.

부록 A. 소프트웨어 설치 마이크로소프트 윈도우, 리눅스, 맥 OS X에서 파이썬 3, 맷플롯립, SymPy를 설치하는 방법을 설명한다.

부록 B. 파이썬 주제 소개 초보자에게 도움이 되는 몇 가지 파이썬 주제를 살펴본다.

스크립트, 해답, 힌트

이 책의 관련 사이트는 http://www.nostarch.com/doingmathwithpython/이다. 이 사이트에서 이 책의 모든 프로그램과 힌트, '프로그래밍 연습' 문제들의 해답을 다운로드할 수 있다. 또한 수학, 과학 관련 파이썬 리소스는 물론 정오표나 업데이트 정보에 대한 링크도 찾아볼 수 있다.

소프트웨어는 항상 변화한다. 파이썬, SymPy나 맷플롯립의 신규 배포판을 사용함으로써 이 책에서 설명한 일부 기능이 다르게 실행될 수 있다. 해당 웹사이트에서 이러한 변화를 찾아볼 수도 있다.

이 책이 컴퓨터 프로그래밍에 대한 여러분의 학습을 좀 더 즐겁게 하고 의미가 있기를 바란다. 자 수학을 시작해보자!

독자 의견과 정오표

이 책의 한국어판에 관한 질문은 이 책의 옮긴이나 에이콘출판사 편집 팀(editor@acornpub.co.kr)으로 문의해주기 바란다. 정오표는 에이콘출판사의 도서정보 페이지 http://www.acornpub.co.kr/book/doing-math-with-python에서 찾아볼 수 있다.

1장
숫자 · 연산

파이썬으로 수학과 과학 세상을 탐험해보자. 파이썬을 이용해 탐험이 가능하도록 최대한 간단히 설명하겠다. 먼저 기초 수학 연산을 실행한 다음, 숫자를 다루고 이해하기 위한 용도의 간단한 프로그래밍을 해본다. 자! 시작해보자.

기초 · 수학 연산

파이썬 대화식 셸은 이 책에서 항상 사용할 것이다. 파이썬 3 IDLE을 구동시킨 후 그림 1.1과 같이 Print('Hello IDLE')을 입력한 다음 엔터키를 누른다(파이썬 설치와 IDLE 가동 방법에 대한 지침은 부록 A를 참고하기 바란다). IDLE은 사용자 입력 명령을 받아 해당 단어를 화면상에 표시한다. 이제 여러분 스스로 프로그램을 작성해볼 수 있게 되었다. 축하한다.

화면에 >> 프롬프트가 다시 나타나면, IDLE은 다음 명령을 받을 준비가 되어 있음을 의미한다.

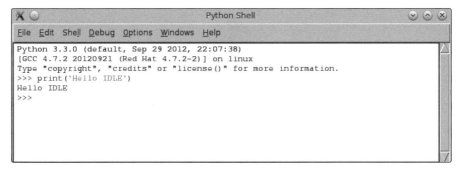

그림 1.1 파이썬 3 IDLE 셸

    파이썬은 우수한 계산기로 사용할 수도 있다. 수식만 입력하면 파이썬은 계산을 수행하며 엔터키를 누르면 결과가 즉시 나타난다.

    한 번 시도해보자. 더하기(+), 빼기(-) 연산자를 이용해 숫자를 더하거나 뺄 수 있다. 예를 들면 다음과 같다.

```
>>> 1 + 2
3
>>> 1 + 3.5
4.5
>>> -1 + 2.5
1.5
>>> 100 - 45
55
>>> -1.1 + 5
3.9
```

    곱하기 연산을 위해서는 곱연산자(*)를 사용한다.

```
>>> 3 * 2
6
>>> 3.5 * 1.5
5.25
```

    나누기 연산을 위해서는 나누기 연산자(/)를 사용한다.

```
>>> 3 / 2
1.5
>>> 4 / 2
2.0
```

다음과 같이 파이썬에서 나눗셈 연산을 수행하면 숫자의 일부분만을 리턴한다. 소수점 이하의 값이 제거된 상태로 정수 형태의 결과를 얻기 원한다면 버림 나눗셈 연산자(//)를 사용하면 된다.

```
>>> 3 // 2
1
```

버림 나눗셈 연산자는 첫 번째 숫자를 두 번째 숫자로 나눈 후 해당 결과를 작은 정수값으로 내림한다. 이러한 연산 방법은 해당 숫자가 음수일 때 관심을 가져볼 만하다. 예를 들면 다음과 같다.

```
>>> -3 // 2
-2
```

마지막 결과는 나누기 연산의 결과보다 작은 정수가 된다(-3/2 = -1.5이므로 최종 결과는 -2가 된다).
이와는 달리 나머지를 구하려면 나머지 연산자(%)를 사용해야 한다.

```
>>> 9 % 2
1
```

지수(**)를 사용해 숫자의 자승을 계산할 수도 있다. 예를 들면 다음과 같다.

```
>>> 2 ** 2
4
>>> 2 ** 10
1024
```

```
>>> 1 ** 10
1
```

1보다 작은 자승을 계산하려면 지수 부호를 사용할 수 있다. 예를 들어 숫자 n의 제곱근은 $n^{1/2}$으로 표현할 수 있고 세제곱근은 $n^{1/3}$으로 표현할 수 있다.

```
>>> 8 ** (1/3)
2.0
```

이 예제에서와 같이 수학 연산을 좀 더 복잡한 수식으로 연결하기 위해서는 괄호를 사용하면 된다. 파이썬은 계산 순서(괄호, 자승, 곱, 나누기, 더하기, 빼기)에 대한 표준 PEMDAS 규칙에 근거해 수식을 계산한다. 다음 두 가지 수식(괄호가 없는 수식, 괄호가 있는 수식)을 생각해보자.

```
>>> 5 + 5 * 5
30
>>> (5 + 5) * 5
50
```

첫 번째 예제에서 파이썬은 우선 곱 연산을 가장 먼저 계산한다. 5 곱하기 5는 25이고, 25 더하기 5는 30이 된다. 두 번째 예제에서는 예상했던 대로 괄호 안의 표현이 우선 계산되어 5 더하기 5는 10이고 10 곱하기 5는 50이 된다.

이 내용은 파이썬에서 숫자를 다루는 절대적 기본사항이다. 숫자에 이름을 배정하는 방법에 대해 살펴보자.

레이블: 이름을 숫자에 부착시키기

좀 더 복잡한 파이썬 프로그램을 설계하기 시작함에 따라 이름을 숫자에 할당할 것이다. 때로는 편리함을 위해서지만 대부분은 필요에 의해서다. 다음은 간단한 예제 프로그램이다.

```
❶ >>> a = 3
  >>> a + 1
  4
❷ >>> a = 5
  >>> a + 1
  6
```

❶에서 변수 a에 숫자 3을 할당했다. 파이썬에 수식 a+1의 결과를 물어보면, 참조한 숫자는 3이 되며, 다음으로 1을 더해 결과는 4를 출력한다. ❷에서 a의 값은 5로 변경되며 이 값은 두 번째 더하기 연산에서 참조한다. 단순히 a가 가리키는 숫자를 변경하고 다음에 a가 사용되는 모든 곳에서 이 값을 파이썬이 이용할 수 있어서 이름 a를 이용하는 것이 편리하다.

이러한 종류의 이름을 레이블label이라 한다. 이외의 모든 곳에서 동일한 생각을 표시하기 위해 변수variable 용어를 사용한다. 하지만 변수는 또한 수학적 용어(방정식 $x+2=3$에서 참조하는 데 사용됨)임을 감안한다면 이 책에서는 수학방정식과 표현 측면에서만 변수 용어를 사용한다.

다른 종류의 숫자

수학 연산을 증명하기 위해 두 종류의 숫자인 소수점 없는 숫자(정수), 소수점 있는 숫자(실수)를 이용해 정수, 실수, 분수, 로마 숫자 중 어느 것으로 쓰여졌는가의 여부를 인식하고 연산을 수행하는 데 아무 문제가 없다. 하지만 이 책에서 작성한 몇 가지 프로그램에서 특정 유형의 숫자를 대상으로 작업을 수행해 입력한 숫자가 오른쪽 유형인지 확인하기 위한 코드를 자주 작성해야 한다.

파이썬은 정수와 부동소수점 숫자는 서로 다른 유형으로 인식한다. 함수 type()을 이용하면, 파이썬은 입력한 숫자의 유형을 알려준다. 예를 들어 다음과 같다.

```
>>> type(3)
<class 'int'>
```

```
>>> type(3.5)
<class 'float'>

>>> type(3.0)
<class 'float'>
```

파이썬은 숫자 3을 정수(유형 'int')로 분류한다는 것을 알 수 있다. 하지만 3.0은 부동소수점 숫자(유형 'float')로 분류한다. 우리 모두는 3과 3.0이 수학적으로 같다고 이해하고 있다. 하지만 많은 경우 파이썬은 두 숫자의 유형이 다르기 때문에 서로 다르게 처리한다.

1장에서 몇 가지 종류의 프로그램은 입력 정수를 정수로 인식한다. 방금 본 것처럼 파이썬은 1.0 또는 4.0을 수학적으로 정수('int')로 분류하지 않는다. 따라서 이러한 프로그램에서 유효 입력값으로 숫자를 받게 되면 해당 입력값은 부동소수점 숫자에서 정수로 변환해야 한다. 다행히 이러한 함수가 파이썬 내에 구축되어 있다.

```
>>> int(3.8)
3
>>> int(3.0)
3
```

함수 int()는 입력 부동소수점 숫자를 대상으로 소수점 이후에 오는 모든 숫자를 제거해 정수로 변환한다. 함수 float()는 대상 숫자를 실수로 변환한다.

```
>>> float(3)
3.0
```

float()는 정수를 입력받아 소수점을 추가하고 이 값을 소수점 번호로 변환한다.

분수 계산

파이썬은 분수 계산이 가능하나 fractions 모듈이 필요하다. 모듈은 여러분 프로그램 내에서 사용 가능한 다른 사람의 프로그램이라고 생각할 수 있다. 한 개의 모듈은 클래스, 함수, 레이블 정의를 가질 수 있다. 이 모듈은 파이썬의 표준라이브러리의 일부이거나 서드파티가 배포한 일부가 된다. 서드파티 모듈은 사용하기 전에 설치해야 한다.

fractions 모듈은 표준라이브러리이며 이미 설치되어 있다. 이 모듈은 클래스 Fraction을 정의하고 있으며, 프로그램에 fractions를 입력하기 위해 사용한다. fractions 모듈은 이용하기 전에 임포트import를 해야 한다. 이와 같은 방법이 파이썬에서 이 모듈의 클래스를 사용하기를 원한다고 표시하는 방법이다. 간단한 예를 들어보자. 분수 3/4을 표시하는 신규 레이블 f를 생성한다고 하자.

❶ >>> **from fractions import Fraction**
❷ >>> **f = Fraction(3, 4)**
❸ >>> **f**
Fraction(3, 4)

가장 먼저 fractions 모듈에서 Fraction 클래스를 임포트하자. 다음으로 분자와 분모를 인자로 전달해 이 클래스의 객체를 생성한다. ❷명령은 분수 3/4의 Fraction 객체를 생성한다. ❸파이썬은 분수를 Fraction(분자, 분모)의 형태로 표시한다.

분수에 대해 비교 연산을 포함해 기초 수학 연산은 모두 유효하다. 여러분은 분수, 정수, 부동소수점 숫자를 한 개의 수식으로 만들 수 있다.

>>> **Fraction(3, 4) + 1 + 1.5**
3.25

여러분이 부동소수점 숫자 한 개를 포함한 수식을 갖고 있다면 해당 수식의 결과는 부동소수점 숫자가 된다.

다른 한편으로 수식이 분수와 정수만으로 이루어져 있다면 해당 결과는 분수가 된다. 심지어 결과가 1인 분모가 된다.

```
>>> Fraction(3, 4) + 1 + Fraction(1/4)
Fraction(2, 1)
```

이제 파이썬에서 분수 연산의 기초를 알게 되었다. 다른 종류의 숫자를 알아보자.

복소수

지금까지 본 숫자는 실수real numbers다. 파이썬은 복소수complex numbers를 지원하며 문자 j나 J로 허수부를 지원한다(수학적 표시 방법인 문자 *i*와는 다르다). 예들 들어 복소수 2+3i는 2+3j가 된다.

```
>>> a = 2 + 3j
>>> type(a)
<class 'complex'>
```

type() 함수를 복소수에 사용하면 파이썬은 complex 유형의 객체임을 말해준다. complex() 함수로 복소수를 정의할 수도 있다.

```
>>> a = complex(2, 3)
>>> a
(2 + 3j)
```

두 복소수의 실수와 허수부를 complex() 함수에 전달하면, 복소수를 리턴한다. 여러분은 복소수를 실수와 같이 동일한 방법으로 더하고 뺄 수 있다.

```
>>> b = 3 + 3j
>>> a + b
(5 + 6j)
>>> a - b
(-1 + 0j)
```

복소수의 곱하기와 나누기 연산도 동일하게 수행한다.

```
>>> a * b
(-3 + 15j)
>>> a / b
(0.8333333333333334 + 0.16666666666666666j)
```

나머지 연산(%)과 나눈 후 몫을 버림(//) 연산은 복소수에 적용할 수 없다.

복소수의 실수와 허수부는 real과 imag 속성으로 다음과 같이 추출할 수 있다.

```
>>> z = 2 + 3j
>>> z.real
2.0
>>> z.imag
3.0
```

복소수의 켤레복소수conjugate 연산 결과는 같은 실수값을 갖지만 허수부는 부호가 다른 값을 갖는다. 이 결과는 conjugate() 메소드를 사용해 구할 수 있다.

```
>>> z.conjugate()
(2 - 3j)
```

실수와 허수부는 모두 부동소수점 숫자다. 실수와 허수부를 이용하면 다음 공식으로 복소수의 값magnitude을 계산할 수 있다. 이 경우 x와 y는 실수와 허수부 숫자이며 $\sqrt{x^2+y^2}$ 이 된다. 파이썬에서 다음과 같이 연산한다.

```
>>> (z.real ** 2 + z.imag ** 2) ** 0.5
3.605551275463989
```

복소수의 값magnitude을 알아내는 좀 더 간단한 방법은 abs() 함수다. abs() 함수는 실수값도 인자를 가질 경우 절대값을 반환한다. 예를 들어 abs(5)와 abs(-5)는 모두 5를 반환한다. 하지만 복소수의 경우에는 값magnitude을 반환한다.

```
>>> abs(z)
3.605551275463989)
```

표준 라이브러리 cmath 모듈(cmath는 complex math를 의미함)은 복소수를 대상으로 하는 다른 특별한 함수에 대한 접근을 할 수 있다.

사용자 입력 가져오기

프로그램을 작성하기 시작할 때, input() 함수로 사용자 입력 기능을 쉽게 구현할 수 있다. 이 방법으로 사용자가 숫자를 입력하고 숫자에 대한 특정 연산을 실행할 수 있으며 연산의 결과를 표시할 수 있다. 실제 예제를 살펴보자.

```
❶ >>> a = input()
❷ 1
```

❶에서 어떤 값을 입력하도록 대기하는 input() 함수를 호출하고 ❷엔터키를 누른다. 입력값은 a에 저장한다.

```
>>> a
❸ '1'
```

❸에서 1을 감싸는 작은 따옴표가 있음을 잘 알아두기 바란다. input() 함수는 입력값을 문자열로 반환한다. 파이썬에서 문자열은 두 개의 인용부호 사이의 문자 집합이다. 문자열 한 개를 생성하려면 작은 따옴표나 큰 따옴표를 사용할 수 있다.

```
>>> s1 = 'a string'
>>> s2 = "a string"
```

S1과 S2는 동일한 문자열을 참고한다.

하나의 문자열 내 문자가 숫자일지라도 따옴표를 제거하지 않는다면 파이썬은 해당 문자열을 숫자로 처리하지 않는다. 따라서 입력값으로 수리적 연산을 수행하기 전에, 이를 정확한 숫자 유형으로 변환해야만 한다. 문자열은 int()나 float() 함수를 사용해 정수나 부동소수점 숫자로 변환할 수 있다.

```
>>> a = '1'
>>> int(a) + 1
2
>>> float(a) + 1
2.0
```

앞에서 본 것과 똑같은 int()와 float() 함수이지만, 이번에는 숫자 입력값을 한 종류의 숫자에서 다른 종류로 변경하는 대신 문자열을 입력값('1')으로 취하고 숫자값(2 또는 2.0)을 반환한다. 하지만 int() 함수는 부동소수점값을 갖는 문자열을 정수형으로 변환할 수 없다는 점이 중요하다. 만약 부동소수점 숫자('2.5' 또는 '2.6')를 갖는 문자열을 취해 int() 함수의 입력값으로 가져갈 경우 다음과 같은 오류 메시지를 보게 될 것이다.

```
>>> int('2.0')
Traceback (most recent call last):
  File "<pyshell#26>", line 1, in <module>
    int('2.0')
ValueError: invalid literal for int() with base 10: '2.0'
```

이 경우는 예외exception의 예제다. 예외는 파이썬이 오류로 인해 프로그램 실행을 더 이상 진행하지 못할 경우 발생하는 내용이다. 앞의 내용은 ValueError 예외가 발생한 결과다.(예외를 빠르게 이해하려면 부록 B를 참고한다).

3/4과 같은 분수를 입력값으로 설정하는 경우에도 파이썬은 해당 값을 동일한 부동소수점 숫자나 정수로 변환할 수 없다. 따라서 다시 한 번 ValueError 예외사항이 발생한다.

```
>>> a = float(input())
3/4
Traceback (most recent call last):
  File "<pyshell#25>", line 1, in <module>
    a=float(input())
ValueError: could not convert string to float: '3/4'
```

여러분은 변환 명령을 try...except 블록 내에서 실행해 해당 예외사항을 처리
하고 사용자에게 해당 프로그램이 유효하지 않은 입력값을 처리하게 되었음을 표
시할 수 있다. 다음으로 try...except 블록에 대해 살펴보겠다.

예외와 유효하지 않은 입력값 처리

try...except가 어떻게 실행되는지 잘 모른다면 다음 내용을 잘 이해해두기 바란
다. 만약 여러분이 try...except 블록 내에 한 개 이상의 명령을 실행하고 해당 프
로그램 실행 중 오류가 발생한다면 프로그램이 갑자기 종료되거나 Traceback이 출
력되지 않는다. 그 대신 해당 프로그램은 예외 블록으로 이동되어 적합한 연산을 실
행할 수 있다. 예를 들어 유용한 오류 메시지를 출력하거나 이외의 활동을 실행할 수
있다.
이러한 내용은 여러분이 try...except 블록 내의 변환을 실행하고 유효하지 않은
입력에 대해 유용한 오류 메시지를 출력한다.

```
>>> try:
        a = float(input('Enter a number: '))
except ValueError:
        print('You entered an invalid number')
```

처리하려는 특정 유형의 예외를 상세히 정의할 필요가 있음을 알아두자.
ValueError 예외를 처리하기 원한다면 이를 except ValueError로 정의한다.
이제 3/4과 같은 유효하지 않은 값을 입력한다면 다음 ❶과 같은 오류 메시지를
출력하는 것이 유용하다.

```
Enter a number: 3/4
```
❶ `You entered an invalid number`

input() 함수를 이용해 어떤 종류의 입력값이 필요한지 사용자에게 알려주는 프롬프트 명령을 정의할 수 있다.

```
>>> a = input('Input an integer: ')
```

예를 들어 사용자가 입력값으로 정수를 입력하도록 힌트 메시지를 보여줄 수 있다.

```
Input an integer: 1
```

이 책에 있는 많은 프로그램에서는 입력으로 숫자를 입력하도록 요청해, 입력 숫자에 대한 연산을 수행하기 전에 변환을 해야만 한다. 여러분은 다음과 같이 입력과 변환을 한 개의 명령문으로 실행할 수도 있다.

```
>>> a = int(input())
1
>>> a + 1
2
```

이 작업은 사용자가 정수를 입력하는 경우 잘 작동한다. 하지만 이전에 보았던 바와 같이 입력값이 부동소수점 숫자(1.0과 같은 정수라 하더라도)인 경우 오류가 발생한다.

```
>>> a = int(input())
1.0
Traceback (most recent call last):
  File "<pyshell#42>", line 1, in <module>
```

숫자 · 연산 **33**

```
        a=int(input())
ValueError: invalid literal for int() with base 10: '1.0'
```

이 오류를 방지하기 위해 앞에서 설명한 분수 오류 처리와 같이 ValueError 감지를 설정할 수 있다. 즉, 정수를 가정한 프로그램에서 작동하지 않는 부동소수점 숫자를 감지하게 된다. 비록 파이썬이 부동소수점 숫자로 인식했으나 실제로는 정확한 파이썬 유형인 정수로 입력하면 잘 작동하는 플래그 숫자가 될 것이다.

다시 한 번 말하자면 is_integer() 메소드를 이용해 소수점 다음에 유의한 자릿수를 갖는 모든 숫자를 필터링하기 위해 is_integer()를 이용한다.

다음 예제를 살펴보자.

```
>>> 1.1.is_integer()
False
```

1.1이 정수인지 확인하고 실제로 1.1은 부동소수점 숫자이므로 결과가 거짓인 메소드 is_integer()를 호출한다. 다른 측면에서 부동소수점 숫자로서 1.0을 갖는 메소드가 호출되면 해당 결과는 참이 된다.

```
>>> 1.0.is_integer()
True
```

is_integer()를 이용하면 1.0과 같은 비정수 입력값을 필터링할 수 있다. 좀 더 큰 프로그램에 적합한 메소드를 맞춰보는 방법을 알아보자.

입력값으로 분수와 복소수

앞에서 배운 Fraction 클래스는 '3/4'과 같은 문자열을 Fraction 객체로 변환할 수 있다. 실제로 분수를 입력받을 수 있는 방법이다.

```
>>> a = Fraction(input('Enter a fraction: '))
Enter a fraction: 3/4
>>> a
Fraction(3, 4)
```

입력값으로 3/0과 같은 분수를 입력해보자.

```
>>> a = Fraction(input('Enter a fraction: '))
Enter a fraction: 3/0
Traceback (most recent call last):
  File "<pyshell#2>", line 1, in <module>
    a = Fraction(input('Enter a fraction: '))
  File "/usr/lib64/python3.3/fractions.py", line 167, in __new__
    raise ZeroDivisionError('Fraction(%s, 0)' % numerator)
ZeroDivisionError: Fraction(3, 0)
```

ZeroDivisionError 예외 메시지는 0을 분모로 갖는 입력값이 유효하지 않음을
말해준다. 사용자가 프로그램 중 분수를 입력값으로 넣는다면, 이와 같은 오류가
발생한다. 따라서 항상 이러한 예외를 동반하는 것이 좋다. 여러분은 다음과 같은
코드를 개발할 수 있을 것이다.

```
>>> try:
        a = Fraction(input('Enter a fraction: '))
except ZeroDivisionError:
        print('Invalid fraction')
Enter a fraction: 3/0
Invalid fraction
```

이제 프로그램의 사용자가 분모에 0을 입력하면 항상 무효 분수invalid fraction 메
시지가 출력된다.

유사하게 complex() 함수는 2 + 3j와 같은 문자열을 복소수로 변환할 수 있다.

```
>>> z = complex(input('Enter a complex number: '))
Enter a complex number: 2+3j
>>> z
(2+3j)
```

만약 문자열 '2 + 3j'(공백 포함)를 입력한다면 Value Error 오류 메시지가 발생
하게 된다.

```
>>> z = complex(input('Enter a complex number: '))
Enter a complex number: 2 + 3j
Traceback (most recent call last):
  File "<pyshell#43>", line 1, in <module>
    z = complex(input('Enter a complex number: '))
ValueError: complex() arg is a malformed string
```

문자열을 복소수로 변환할 때 다른 숫자 유형에 대해 수행한 것처럼 ValueError
예외 상황을 감지하는 기능을 구현하는 것은 좋은 생각이다.

수리적 연산을 수행하는 프로그램 작성

기본 개념에 대해 이미 학습했으므로 좀 더 진보하고 유용한 몇 가지 프로그램을
만들기 위해 이들을 파이썬의 조건부 반복 명령과 묶을 수 있다.

정수 팩터 계산

0이 아닌 정수 a로 또 다른 정수 b를 나눌 때 나머지가 0이라면 a는 b의 팩터factor
라고 한다. 예제에서와 같이 2는 모든 짝수 정수의 팩터다. 0이 아닌 정수 a가 또
다른 정수 b의 팩터인지 여부를 알아내기 위해 다음과 같은 함수를 작성할 수 있다.

```
>>> def is_factor(a, b):
        if b % a == 0:
```

```
        return True
    else:
        return False
```

나머지 계산을 위해 1장 앞부분에서 소개한 % 연산자를 사용했다. 여러분이 4가 1024의 팩터인지와 같은 문제를 해결하기 위해 is_factor() 함수를 사용할 수 있다.

```
>>> is_factor(4, 1024)
True
```

모든 양의 정수 n에 대해서 모든 양의 팩터를 알아내는 방법은 무엇인가? n을 1부터 n까지 개별 정수로 나눈 후 나머지를 확인하자. 만약 나머지가 0이라면 팩터가 된다. range() 함수를 사용해 숫자 1과 n 사이의 값을 대상으로 하는 프로그램을 작성하라.

전체 프로그램을 작성하기 전에 range()가 작동하는 방법을 살펴보자. 일반적인 range() 함수의 사용은 다음과 같다.

```
>>> for i in range(1, 4):
        print(i)
1
2
3
```

for 루프를 설정하고 range 함수에 두 개의 인자를 부여하자. range() 함수는 첫 번째 인자(시작값)로 설정한 정수부터 시작하고, 두 번째 인자(중지값)로 설정한 값 직전의 정수까지 계속 수행한다. 이 경우에 파이썬은 1부터 시작해 4에서 멈추는 range 내 숫자를 출력한다. 파이썬은 4를 출력하지 않으며 중지 직전의 값인 3까지 출력한다.

또한 range() 함수는 인자로 정수만을 받는다는 점을 잘 알아두기 바란다.

```
>>> for i in range(5):
        print(i)
0
1
2
3
4
```

또한 여러분은 range 함수를 시작값 없이 사용할 수 있으며 이 경우에 0부터 시작하는 것으로 설정한다. 예를 들면 다음과 같다. range() 함수에 의해 생성된 두 개의 연속 정수 간의 차이를 증분값step value이라 한다. 기본적으로 증분값은 1로 설정되어 있다. 증분값을 다르게 설정하려면 3번째 인자값을 설정한다(증분값을 설정하기 위해서는 필히 시작값을 설정해야 한다). 예를 들어 다음 프로그램은 10 이하의 홀수 숫자를 출력한다.

```
>>> for i in range(1,10,2):
        print(i)
1
3
5
7
9
```

range() 함수를 사용하는 방법을 살펴보았으므로 팩터-계산 프로그램을 알아보자. 상당히 긴 프로그램을 작성했으므로 인터랙티브한 IDLE 프롬프트에 이 프로그램을 작성하는 대신 IDLE 편집기에서 이를 작성하도록 한다. 이를 위해 여러분은 IDLE 내에 File ▶ New Window를 선택해 편집기를 시작할 수 있다. 코드에 3개의 작은 따옴표로 주석을 다는 것을 시작한다. 작은 따옴표 사이의 텍스트는 파이썬에서 프로그램의 일부로 실행되지 않는다. 단지 프로그램 코드에 대한 설명 내용이 된다.

```
'''
정수 팩터를 계산한다.
'''

def factors(b):
❶    for i in range(1, b+1):
        if b % i == 0:
            print(i)
if __name__ == '__main__':
    b = input('Your Number Please: ')
    b = float(b)
❷    if b > 0 and b.is_integer():
        factors(int(b))
    else:
        print('Please enter a positive integer')
```

factors() 함수는 1과 range() 함수를 이용해 ❶에서의 입력 정수 사이의 모든 정수에 대해 반복 실행하는 for 루프를 정의한다. 이 코드에서 사용자가 입력한 정수 b까지 반복해 중단값이 b+1로 선언되도록 한다. 프로그램은 입력 숫자를 개별 정수 i로 나누어 나머지가 없는지 여부를 확인하고 가능한 경우에는 화면에 출력한다.

프로그램을 실행(Run ▶ Run Module)하면 여러분에게 숫자값을 입력할 것을 요구한다. 숫자가 양의 정수이면, 팩터가 출력된다. 예를 들면 다음과 같다.

```
Your Number Please: 25
1
5
25
```

만약 비정수나 음의 정수를 입력한다면 이 프로그램은 오류 메시지를 출력하며 여러분에게 양의 정수 입력을 요구한다.

숫자 · 연산 **39**

```
Your Number Please: 15.5
Please enter a positive integer
```

이 방법은 프로그램의 유효하지 않은 입력을 항상 확인해 프로그램을 좀 더 사용자 편의 위주로 만들기 위한 방법이다. 프로그램은 양의 정수인 팩터를 찾아내기만 하면 되므로 입력 숫자가 0을 초과하는가와 ❷is_integer() 메소드를 이용해 정수인지를 확인한다. 입력값이 양수가 아니면, 프로그램은 오류 메시지 대신에 사용자 편의 안내 지시사항을 출력한다.

곱 테이블 생성

n이 정수이고 $a \times n = b$인 3개의 숫자 a, b, n을 알아보자.

b는 a와 n의 곱이라고 말할 수 있다. 예를 들어 4는 2 곱하기 2이고, 2014는 512 곱하기 2이다.

곱하기 테이블은 모든 숫자의 곱하기 결과를 보여준다. 예를 들어, 2의 곱하기 테이블은 다음과 같다(아래는 첫 번째 3개의 곱하기 결과다).

$$2 \times 1 = 2$$
$$2 \times 2 = 4$$
$$2 \times 3 = 6$$

다음 프로그램은 사용자가 입력한 모든 숫자에 대해 10까지의 곱을 만들어낸 결과다. 이 프로그램에서는 print() 함수와 format() 메소드를 이용해 결과를 보다 읽기 쉽게 만들었다. 이 프로그램의 작동 방법을 간단하게 설명하겠다.

format() 메소드는 레이블에 플러그인해 설정함으로써 문자열을 보기 좋고 읽기 쉽게 형식을 정해 출력한다. 예를 들어 청과물 상점에서 구매한 모든 과일의 이름을 각각에 대해 만든 레이블을 갖고 있어 일관성 있는 문장으로 출력하려면 다음과 같이 format() 메소드를 사용해야 한다.

```
>>> item1 = 'apples'
>>> item2 = 'bananas'
>>> item3 = 'grapes'
>>> print('At the grocery store, I bought some {0} and {1} and {2}'.format(item1, item2, item3))
At the grocery store, I bought some apples and bananas and grapes
```

청과물 상점에서 apples, bananas, grapes를 구매했다.

우선 서로 다른 문자열(apples, bananas, grapes)을 참조하는 3개의 레이블(item1, item2, item3)을 생성하자. 다음으로 print() 함수에 문자열과 중괄호({})로 둘러싼 3개의 위치placeholders인 {0}, {1}, {2}를 입력한다. 마지막으로 생성한 3개의 레이블 다음에 format()을 붙인다. 이 명령은 파이썬에 3개의 위치를 순서대로 나열한 레이블로 저장한 값으로 채운다. 파이썬은 첫 번째 레이블은 {0}으로 교체하고, 두 번째 레이블을 {1}로 교체하며 나머지도 동일하다.

출력하기를 원하는 값을 가리키는 레이블을 반드시 갖고 있을 필요는 없다. 다음과 같이 해당 값들을 .format() 안에 입력할 수도 있다.

```
>>> print('Number 1: {0} Number 2: {1} '.format(1, 3.578))
Number 1: 1 Number 2: 3.578
```

위치의 개수와 레이블 또는 값의 개수는 같아야 함을 주의해야 한다.

format()이 작동하는 방법을 보았기 때문에 곱 테이블 프로그램multiplication table printer을 살펴보자.

```
'''
곱 테이블 출력기
'''
def multi_table(a):
❶    for i in range(1, 11):
        print('{0} x {1} = {2}'.format(a, i, a*i))
if __name__ == '__main__':
    a = input('Enter a number: ')
    multi_table(float(a))
```

함수 `multi_table()`은 프로그램의 메인 기능을 실행한다. 이 함수는 숫자형 인자 a를 취해 곱 테이블을 출력한다. 1에서 10까지 곱 테이블을 출력하기 위해 ❶에서 for 루프를 이용해 숫자 a에 대해 1에서 10까지의 곱을 출력했다.

여러분이 이 프로그램을 실행할 때 숫자 하나를 입력하면, 프로그램은 곱 테이블을 출력한다.

```
Enter a number : 5
5.0 x 1 = 5.0
5.0 x 2 = 10.0
5.0 x 3 = 15.0
5.0 x 4 = 20.0
5.0 x 5 = 25.0
5.0 x 6 = 30.0
5.0 x 7 = 35.0
5.0 x 8 = 40.0
5.0 x 9 = 45.0
5.0 x 10 = 50.0
```

곱 테이블이 얼마나 멋지고 깔끔하게 출력되었는가? 결과 출력을 위해 읽기 쉽고 정리된 템플릿에 따라 `.format()` 메소드를 사용했기 때문이다.

숫자가 출력되는 방법을 좀 더 제어하기 위해 `format()` 메소드를 사용할 수 있다. 예를 들어 숫자를 소수점 둘째 자리까지만 출력하기 위해 `format()` 메소드를 설정할 수 있다. 예제는 다음과 같다.

```
>>> '{0}'.format(1.25456)
'1.25456'
>>> '{0:.2f}'.format(1.25456)
'1.25'
```

앞에서 보여준 첫 번째 명령은 입력한 숫자를 정확히 출력한다. 두 번째 명령은 위치 지정자place holder를 {0:.2f}로 변경했으며 부동소수점 숫자를 의미하는 f로서 소수점 이하 두 자리만을 출력하기를 원한다는 것을 의미한다. 출력된 결과에서 볼 수 있듯이 소수점 이후에 2개의 숫자만 있다. 설정한 값보다 소수점 이하 숫자가 더 많다면 반올림을 한다. 예를 들면 다음과 같다.

```
>>> '{0:.2f}'.format(1.25556)
'1.26'
```

1.25556은 소수점 둘째 자리 값에서 가장 가까운 값으로 반올림해 1.26을 출력한다. 만약 .2f를 사용하고 출력하려는 반올림한 결과가 정수이면 끝에 0이 추가된다.

```
>>> '{0:.2f}'.format(1)
'1.00'
```

정확히 두 개의 숫자만 출력하기로 설정했으므로 소수점 이후 두 개의 0이 추가되었다.

측정 단위 변환

국제 측정 단위 체계는 7개의 기본 측정값base quantities을 정의하고 있다. 또한 기본 측정기준은 파생 측정값이라고 하는 다른 측정값을 갖는다. 길이(폭, 높이, 깊이), 시간, 중량, 온도는 7개 기본 측정값 중 4개다. 이 측정값은 각각 표준 측정 단위(미터, 초, 킬로그램, 켈빈)를 갖는다.

하지만 이러한 표준 측정 단위는 각각 여러 개의 비표준 측정 단위를 갖는다. 아마도 여러분은 섭씨 30도가 화씨 86도나 303.15켈빈보다 익숙할 것이다. 그렇다면 303.15켈빈은 화씨 86도의 3배가 된다고 할 수 있을까? 절대 아니다. 동일한 물리적 양인 온도를 측정하더라도 서로 다른 측정 단위로 표시되기 때문에 화씨 86도를 303.15켈빈과 숫자값으로 비교할 수 없다. 측정 단위가 동일할 경우에만 두 개의 물리적 측정값을 비교할 수 있다.

서로 다른 측정 단위 간 변환을 쉽게 하지 못할 경우가 있을 것이다. 이러한 이유로 인해 고등학교에서 서로 다른 측정 단위의 변환을 다루는 문제를 배운다. 하지만 파이썬은 고등학교 학생과는 달리 상당한 수학적 기술을 갖고 있으므로 루프문으로 숫자 변환을 반복적으로 하는 데 어려움이 없다. 단위 변환을 실행하기 위해 프로그램을 작성하는 것을 살펴보자.

길이부터 시작하겠다. 길이 측정을 위해 미국과 영국에서는 인치와 마일이 자주 사용된다. 하지만 대부분의 다른 국가에서는 센티미터와 킬로미터를 사용한다.

인치는 2.54센티미터와 같으므로 곱 연산을 이용하면 인치로 측정한 값을 센티미터로 변환할 수 있다. 센티미터 측정값을 100으로 나누면 미터 측정값이 된다. 예를 들어 25.5인치를 미터로 변환하는 방법은 다음과 같다.

```
>>> (25.5 * 2.54) / 100
0.6476999999999999
```

다른 측면에서 1마일은 1.609킬로미터와 같다. 따라서 목적지가 650마일 떨어져 있으면 650×1.609킬로미터 떨어져 있는 것과 같다.

```
>>> 650 * 1.609
1045.85
```

온도 변환을 살펴보자. 화씨를 섭씨로 변환하거나 반대로 변환하는 방법을 알아보자. 화씨로 표현한 온도는 다음 공식을 이용해 섭씨로 변환할 수 있다.

$$C = (F - 32) \times \frac{5}{9}$$

F는 화씨 온도고, C는 섭씨와 같다. 화씨 986도는 정상인 사람의 체온이라는 것을 알 수 있다. 파이썬에서 섭씨 온도를 알아내기 위해 다음 공식을 실행한다.

```
>>> F = 98.6
>>> (F - 32) * (5 / 9)
37.0
```

화씨 98.6도 온도로 레이블 *F*를 만든다. 다음으로 이 온도를 동일한 섭씨 온도로 변환하는 공식을 실행해 섭씨 37.0도가 되도록 한다.

섭씨에서 화씨로 온도를 변환하려면 다음 공식을 사용한다.

$$F = \left(C \times \frac{9}{5} \right) + 32$$

유사한 방법으로 이 공식을 실행할 수 있다.

```
>>> C = 37
>>> C * (9 / 5) + 32
98.60000000000001
```

값 37(인간의 체온 - 섭씨)로 레이블 *C*를 생성한다. 다음으로 공식을 이용해 섭씨를 화씨로 변환하면 결과는 98.6도가 된다.

이 변환 공식을 반복해서 사용해야 하는 것은 일반적인 절차chore다. 단위 변환 프로그램을 작성해보자. 이 프로그램은 사용자가 실행하기 위한 변환을 선택하고 관련 입력값을 받아 계산 결과를 출력한다. 프로그램은 다음과 같다.

```
'''
단위 변환: 마일과 킬로미터
'''

def print_menu():
    print('1. Kilometers to Miles')
    print('2. Miles to Kilometers')

def km_miles():
    km = float(input('Enter distance in kilometers: '))
    miles = km / 1.609

    print('Distance in miles: {0}'.format(miles))

def miles_km():
    miles = float(input('Enter distance in miles: '))
```

```
    km = miles * 1.609

    print('Distance in kilometers: {0}'.format(km))

if __name__ == '__main__':
❶    print_menu()
❷    choice = input('Which conversion would you like to do?: ')
    if choice == '1':
        km_miles()

    if choice == '2':
        miles_km()
```

위 프로그램은 다른 경우에 비해 길이가 길다. 하지만 실제로 살펴보면 간단하므로 걱정할 필요는 없다. ❶부터 살펴보자. print_menu() 함수를 호출하면 두 개의 단위 변환 선택 메뉴가 출력된다. ❷에서는 사용자가 두 개의 변환 중 하나를 선택한다. 만약 1번(kilometers to miles)을 선택했다면, 함수 km_miles()가 호출된다. 만약 2번(miles to kilometers)을 선택했으면 함수 miles_km()이 호출된다. 사용자는 가장 먼저 두 개의 함수에서 변환 대상 단위로 거리를 입력해야 한다(km_miles()는 킬로미터이고 miles_km()는 마일이다). 프로그램은 해당 공식을 이용해 변환을 실행하고 결과를 표시한다.

다음은 해당 프로그램의 샘플이다.

```
1. Kilometers to Miles
2. Miles to Kilometers
❶ Which conversion would you like to do?: 2
Enter distance in miles: 100
Distance in kilometers: 160.900000
```

❶에서 사용자는 선택값을 입력해야 한다. 2(miles to kilometers)를 선택한 후 사용자는 킬로미터로 변환할 마일값을 입력하며 변환 결과를 얻게 된다.

이 프로그램은 마일과 킬로미터 간 변환을 한다. 하지만 이후에 이 프로그램을 이용해 다른 단위의 변환도 수행할 수 있도록 확장하겠다.

이차방정식의 근 구하기

$x+500-79=10$과 같은 일차방정식에 대한 해 x를 구하기 위해 필요한 작업은 무엇인가? 여러분은 방정식 한 쪽이 상수만을 갖도록 정리해 다른 쪽에 x만을 남겨두도록 한다. 이 작업의 결과는 $x=10-500+79$가 된다.

우측에 표현된 식의 값을 알아내면 해 x의 값을 알게 된다. 이 값을 일차방정식의 근이라고 한다. 파이썬에서는 다음과 같이 실행할 수 있다

```
>>> x = 10 - 500 + 79
>>> x
-411
```

이와 같은 문제는 선형 방정식을 해결한 사례다. 일단 양쪽의 식을 재정리했다면, 수식은 충분히 간단한 상태가 된다. 일차방정식과 다른 $x^2+2x+1=0$과 같은 방정식에 대해 x의 해를 찾기 위해서는 이차방정식 해의 공식으로 알려진 복잡한 수식을 계산해야 한다. 이차방정식quadratic equation의 형태는 $ax^2+bx+c=0$이고 a, b, c는 상수다. 이 방정식의 해를 계산하는 공식은 다음과 같다.

$$x_1 = \frac{-b+\sqrt{b^2-4ac}}{2a} \quad \text{와} \quad x_2 = \frac{-b-\sqrt{b^2-4ac}}{2a}$$

이차방정식은 2개의 해를 갖는다. 두 개의 값이 동일한 값이 될 수도 있지만 x에 대한 2개의 값이 만들어진다. 이차방정식 해의 공식에 대해 x_1과 x_2로 표시했다. 하지만 두 값에 대해 이차방정식의 값이 동일하다.

방정식 $x^2+2x+1=0$에서 이차방정식 상수를 찾아보면 $a=1$, $b=2$, $c=1$이 된다. 이 값을 근의 공식에 직접 넣어 x_1과 x_2의 값을 계산한다. 파이썬에서 a, b, c의 값을 레이블 a, b, c에 저장한다.

```
>>> a = 1
>>> b = 2
>>> c = 1
```

다음으로 두 공식은 b^2-4ac를 갖고 있으며, 신규 레이블 D를 $D = \sqrt{b^2 - 4ac}$ 로 설정한다.

```
>>> D = (b**2 - 4*a*c)**0.5
```

보다시피 b^2-4ac를 계산해 제곱근을 구한다. 예제 x_1과 x_2의 계산식을 다음과 같이 계산할 수 있다.

```
>>> x_1 = (-b + D)/(2*a)
>>> x_1
-1.0
>>> x_2 = (-b - D)/(2*a)
>>> x_2
-1.0
```

이 경우에 근의 값 두 개는 동일하다. 또한 이 값을 이차방정식 x^2+2x+1에 대입하면 해당 방정식의 값은 0이 된다.

다음 프로그램은 모든 과정을 함수 roots()로 구현했으며 a, b, c의 값을 매개변수로 취해 근의 값을 계산하고 출력한다.

```
'''
이차방정식의 해 계산기
'''

def roots(a, b, c):
    D = (b*b - 4*a*c)**0.5
    x_1 = (-b + D)/(2*a)
    x_2 = (-b - D)/(2*a)
    print('x1: {0}'.format(x_1))
```

```
    print('x2: {0}'.format(x_2))

if __name__ == '__main__':
    a = input('Enter a: ')
    b = input('Enter b: ')
    c = input('Enter c: ')
    roots(float(a), float(b), float(c))
```

가장 먼저 레이블 a, b, c를 이용해 이차방정식의 3개의 상수값을 참조한다. 다음으로 인자 3개 값을 부동소수점 숫자로 변환하고 roots() 함수를 호출한다. 이 함수는 a, b, c를 이차방정식 공식에 대입해 방정식의 해를 구한 다음 출력한다.

프로그램을 실행한 후 사용자는 이차방정식의 a, b, c의 값을 입력해야 한다.

```
Enter a: 1
Enter b: 2
Enter c: 1
x1: -1.000000
x2: -1.000000
```

상수값으로 다른 값들을 갖는 여러 이차방정식을 해결해 해당 프로그램이 근을 정확히 계산하는지 알게 될 것이다.

또한 여러분은 이차방정식이 근으로 복소수도 가질 수 있다는 점을 알게 될 것이다. 예를 들어 방정식 $x^2+x+1=0$의 근은 둘 다 모두 복소수다. 위 프로그램은 복소수인 해도 계산해낼 수 있다. $a=1$, $b=1$, $c=1$인 경우의 프로그램을 다시 한 번 시도해보자.

```
Enter a: 1
Enter b: 1
Enter c: 1
x1: (-0.49999999999999994+0.8660254037844386j)
x2: (-0.5-0.8660254037844386j)
```

위에 출력된 근들은 복소수(j로 표시됨)이며, 해당 프로그램은 해를 계산하고 표시하는 데 아무런 문제가 없다.

학습 내용

1장을 마치느라 수고했다! 1장에서 정수, 부동소수점수, 분수(분수나 부동소수점 표현), 복소수를 인식하는 프로그램을 학습했다. 여러분은 곱 테이블을 생성하고, 단위 변환을 실행하며, 이차방정식의 해를 구하는 프로그램을 만들어 보았다. 나는 여러분이 이미 수학 계산을 수행할 수 있는 프로그램을 작성하는 첫 단계를 경험했다는 점에 흥분하고 있을 거라고 확신한다. 더 진행하기 전에, 1장에서 학습한 것을 확대 적용해볼 수 있는 기회를 제공하는 프로그래밍 문제를 풀어보자.

프로그래밍 연습

다음은 1장의 개념을 연습하기 위한 문제다. 각 문제는 다양한 방법으로 해결 가능하지만 샘플 해답은 웹사이트(http://www.nostarch.com/doingmathwithpython/)를 참고하기 바란다.

#1: 짝수-홀수 자판기

숫자 한 개를 입력받은 후 다음 두 가지 작업을 실행하는 '짝수-홀수 자판기' 프로그램을 만들어 보라.

1. 입력 숫자가 짝수인지 홀수인지를 출력한다.
2. 입력 숫자 다음에 위치하는 9개 짝수 또는 홀수 숫자를 표시한다.

입력 숫자가 2이면, 해당 프로그램은 짝수even를 출력하고, 2, 4, 6, 8, 10, 12, 14, 16, 18, 20을 출력한다. 똑같이 입력 숫자가 1이면, 해당 프로그램은 홀수odd를 출력하고, 1, 3, 5, 7, 9, 11, 13, 15, 17, 19를 출력한다.

프로그램은 is_integer() 메소드를 이용해 입력값이 소수점 이하 자리에 유의한 값을 갖는 숫자이면 오류 메시지를 출력한다.

#2: 개선된 곱 테이블 생성

곱 테이블 생성자는 자체만으로 멋진 프로그램이다. 하지만 이 프로그램은 첫 10
개 숫자의 곱만을 출력한다. 생성자를 개선해 사용자가 숫자와 어떤 숫자까지 곱
연산을 할 것인지 설정할 수 있도록 한다. 예를 들어 9단을 첫 15개까지 출력하는
테이블을 보고 싶다고 하자.

#3: 개선된 단위 변환

1장에서 작성한 단위 변환 프로그램은 킬로미터와 마일 간 변환에만 한정되어 있
다. 이 프로그램을 확장해 질량 단위(킬로그램과 파운드)와 온도 단위(섭씨와 화씨)를 변
환하는 프로그램을 작성하라.

#4: 분수 계산기

두 분수 간 기초 수학 연산을 실행할 수 있는 계산기를 작성하라. 사용자는 두 분수
와 실행하고자 하는 값을 선택해야 한다. 시작 부분을 보면 다음과 같으며 추가 연
산만으로 해당 프로그램을 작성하는 방법은 다음과 같다.

```
'''
분수 연산
'''
from fractions import Fraction
def add(a, b):
    print('Result of Addition: {0}'.format(a+b))

if __name__ == '__main__':
    a = Fraction(input('Enter first fraction: '))
    b = Fraction(input('Enter second fraction: '))
    op = input('Operation to perform - Add, Subtract, Divide, Multiply: ')
    if op == 'Add':
        add(a,b)
```

이미 여러분은 이러한 프로그램에서 대부분의 요소를 보아왔다. ❶과 ❷는 사용자가 2개의 분수를 입력하도록 한다. 다음으로 두 개의 분수에 대해 어떠한 연산을 실행할지를 사용자가 선택한다. 다용자가 'Add'를 입력하면 두 분수의 합을 계산하기 위해 함수 add()를 호출한다. add() 함수는 합 연산을 실행 후 결과를 출력한다. 프로그램 실행 예는 다음과 같다.

```
Enter first fraction: 3/4
Enter second fraction: 1/4
Operation to perform - Add, Subtract, Divide, Multiply: Add
Result of Addition: 1
```

뺄셈, 나눗셈, 곱셈과 같은 연산 기능을 추가해보라. 예를 들어 두 분수의 차를 계산하는 방법은 다음과 같다.

```
Enter first fraction: 3/4
Enter second fraction: 1/4
Operation to perform - Add, Subtract, Divide, Multiply: Subtract
Result of Subtraction: 2/4
```

나눗셈의 경우 사전에 사용자에게 첫 번째 분수를 두 번째 분수로 나눌지 또는 그 반대의 연산을 실행할지 여부를 물어보도록 해야 한다.

#5: 사용자에게 Exit(종료하기) 권한 부여

지금까지 개발한 모든 프로그램은 입/출력에 대해 한 번만 실행했다. 예를 들어 곱 테이블을 출력하는 프로그램을 생각해보자. 사용자가 해당 프로그램을 실행 후 숫자를 입력하면 곱 연산결과 테이블을 출력 후 프로그램이 종료된다. 만약 사용자가 또 다른 숫자의 곱 테이블을 출력하려 한다면, 해당 프로그램을 재실행해야 한다.

만약 사용자가 프로그램을 종료할지 또는 계속 실행할지 여부를 선택할 수 있다면 좀 더 편리하게 될 것이다. 이 프로그램을 작성하는 데 있어 주요 핵심은 종료를

료를 명시적으로 요청하지 않는다면 계속 반복 실행하는 무한루프(반복)를 설정하는 것이다. 이와 같은 프로그램의 예제는 다음과 같다.

```
'''
종료(exit) 의사표시가 입력될 때까지
'''

def fun():
    print('I am in an endless loop')
if __name__ == '__main__':
    while True:
        fun()
        answer = input('Do you want to exit? (y) for yes ')
        if answer == 'y':
            break
```

❶에서 while True를 사용해 무한루프를 정의했다. while 루프문은 설정 조건이 False가 아니면 블록문을 계속 실행한다. 루프의 조건은 상수값 True를 선택했으므로, 인터럽트를 하기 전까지는 계속 프로그램을 실행한다. 루프문 내부에서 문자열 I am in an endless loop를 출력하는 함수 fun()을 호출한다. ❷에서 사용자에게 "Do you want to exit?"를 묻는다. 사용자가 y를 입력하면 break 문을 이용해 반복문을 빠져 나온다. break는 루프 내 다른 명령을 실행하지 않고 내부 루프에서 빠져 나온다. 만약 사용자가 다른 값을 입력하거나 엔터키를 누르면, while 루프문은 실행을 계속한다. 즉 사용자가 종료하기exit를 요청하기 문자열(I am in an endless loop)을 계속 출력한다. 다음은 해당 프로그램의 일부 실행 결과다.

```
I am in an endless loop
Do you want to exit? (y) for yes n
I am in an endless loop
Do you want to exit? (y) for yes n
I am in an endless loop
Do you want to exit? (y) for yes n
I am in an endless loop
```

```
Do you want to exit? (y) for yes y
```

이 예제에 근거해 사용자가 종료를 원할 때까지 계속 실행하는 곱 테이블 생성자를 재작성하라. 재작성한 프로그램은 아래와 같다.

```
'''
사용자에 실행중지 권한을 부여한 곱 연산 테이블 출력기
'''
def multi_table(a):
    for i in range(1, 11):
        print('{0} x {1} = {2}'.format(a, i, a*i))
if __name__ == '__main__':
    while True:
        a = input('Enter a number: ')
        multi_table(float(a))

        answer = input('Do you want to exit? (y) for yes ')
        if answer == 'y':
            break
```

이 프로그램을 이전에 작성한 프로그램과 비교해보면, 유일하게 while 루프문이 추가되었다는 점이 다르다. 이 루프문은 사용자에게 숫자를 입력하라는 지시와 multi_table() 함수에 대한 호출을 요청한다.

프로그램을 실행하면, 숫자 입력을 요청하고 예전 프로그램과 같이 곱 연산 테이블을 출력한다. 하지만 사용자가 해당 프로그램을 종료하기를 원하는지 여부를 묻는 점이 다르다. 사용자가 프로그램을 종료하지 않는다면, 또 다른 숫자에 대한 곱 연산 결과 테이블을 출력할 준비를 하게 된다. 다음은 프로그램의 실행 결과 예다.

```
Enter a number: 2
2.000000 x 1.000000 = 2.000000
2.000000 x 2.000000 = 4.000000
2.000000 x 3.000000 = 6.000000
2.000000 x 4.000000 = 8.000000
```

```
2.000000 x 5.000000 = 10.000000
2.000000 x 6.000000 = 12.000000
2.000000 x 7.000000 = 14.000000
2.000000 x 8.000000 = 16.000000
2.000000 x 9.000000 = 18.000000
2.000000 x 10.000000 = 20.000000
Do you want to exit? (y) for yes n
Enter a number:
```

1장의 다른 프로그램을 대상으로 사용자가 프로그램을 종료할 때까지 실행을
계속하도록 변경해보라.

2장
그래프로 데이터 가시화

2장에서 여러분은 숫자형 데이터를 표현하는 방법(파이썬으로 그래프를 그리기)을 학습할 것이다. 제일 먼저 숫자 라인과 카르테지안 평면에 대해 논의해보자. 다음으로 플로팅 라이브러리인 맷플롯립에 대해 알아보고 그래프를 만들기 위한 방법을 학습한다. 또한 그래프를 이용해 데이터를 명확하고 직관적으로 표현하는 방법을 알아본다. 마지막으로 그래프를 이용해 만유인력universal gravitation과 포물선 운동projectile motion에 대한 뉴턴의 법칙을 탐색한다. 시작해보자.

카르테지안 좌표평면의 이해

그림 2.1과 같은 수평선을 생각해보자. 수평선상에 −3부터 3까지 정수가 표시되어 있으나, 2개의 숫자 사이에는 모든 가능한 숫자(1.1, 1.2, 1.3 등)가 가능하다.

그림 2.1 수평선

수평선은 특성을 시각측면에서 직관적으로 만든다. 예를 들어, 0을 기준으로 오른쪽에 위치한 모든 숫자는 양수이고, 왼쪽에 위치한 숫자는 음수다. 숫자 a가 또 다른 숫자 b의 오른쪽에 위치한다면 a는 항상 b보다 크고 b는 a보다 작다.

수평선의 끝에 위치한 화살표는 해당 라인이 무한대로 확장될 수 있으며, 아무리 큰 값을 갖더라도 해당 라인의 모든 점은 실수다.

그림 2.2와 같이 배치된 2개의 라인을 생각해보자. 2개의 라인은 점 0에서 서로 수직으로 교차한다. 2개의 교차라인은 카르테지안 좌표평면Cartesian coordinate plane이나 x-y평면이 되며 수평선 값은 x축이라 하고, 수직선 값은 y축이라고 한다.

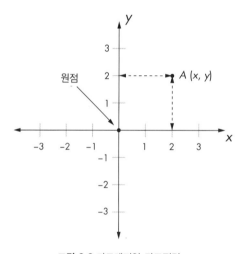

그림 2.2 카르테지안 좌표평면

수평/수직선으로 구성된 평면상에 무한 개의 많은 점이 존재한다. 한 개의 숫자 대신 한 쌍의 숫자를 이용해 한 개의 점을 표현한다. 예를 들어 그림상의 점 A는 두 개의 숫자인 x와 y로 설명하며, 일반적으로 (x, y)로 표시하고 해당 점의 좌표라고 호칭한다. 그림 2.2의 x는 x축상에서 원점으로부터의 거리를 말하고, y는 y축상에서 원점으로부터의 거리를 말한다. 2개의 축이 서로 만나는 점은 원점이고 (0,0) 좌표를 갖는다.

카르테지안 좌표평면은 2개의 숫자 집합 간의 거리를 가시화할 수 있도록 한다. 이 책에서 집합set이라는 용어는 숫자 집합을 의미한다(5장에서 수학의 집합이 무엇인가와 파이썬에서 집합으로 작업하는 방법에 대해서 알아보겠다). 2개의 숫자 집합(온도, 야구스코어, 학급 시험 점수)이 무엇을 표현하든 상관없이 여러분이 필요한 것은 숫자 자체다. 이를 이용해 여러분은 눈금종이에 그래프를 그리거나 파이썬을 이용해 컴퓨터상에 그림을 그릴 수 있다. 이 책의 나머지 부분에서는 플롯plot을 2개의 숫자 집합을 플로팅하는 작업을 의미하는 용어로 사용하겠다. 또한 그래프graph는 플롯의 결과인 카르테지안 평면상의 선, 곡선, 점의 집합으로 사용한다.

리스트와 튜플을 이용한 작업

파이썬으로 그래프를 만들 때, 리스트lists와 튜플tuples을 사용한다. 이것은 파이썬에서 여러 값을 저장하기 위한 2개의 다른 방법이다. 대부분의 경우 튜플과 리스트는 유사하지만 한 가지 주요한 차이점을 갖고 있다. 리스트를 이용할 경우, 값을 추가할 수 있고 순서를 변경할 수 있다. 이와는 달리 튜플에서는 값이 고정되어 있어 변경이 불가능하다. 튜플은 74페이지의 '그래프 개인화'에서 그래프의 범위를 변경하는 방법을 설명하는 과정에서 설명한다. 우선 리스트의 특성 몇 가지를 살펴보겠다.

여러분은 대괄호([]) 사이에 콤마로 구분된 값을 입력해 리스트를 만들 수 있다. 다음 명령은 simplelist라는 리스트를 만든다.

```
>>> simplelist = [1, 2, 3]
```

이제 여러분은 레이블과 리스트 내 숫자의 위치에 해당하는 인덱스 값을 이용해 개별 숫자(1,2,3)를 참조할 수 있다. simplelist[0]은 첫 번째 숫자를 참조하며,

simplelist[1]은 두 번째 숫자를 참조하고 simplelist[2]는 세 번째 숫자를 참조한다.

```
>>> simplelist[0]
1
>>> simplelist[1]
2
>>> simplelist[2]
3
```

리스트의 첫 번째 아이템은 인덱스 0에 위치하며, 두 번째 아이템은 인덱스 1에 위치한다. 나머지도 동일하다. 즉 리스트 내 위치는 1이 아니라 0부터 시작한다.

리스트는 문자도 저장할 수 있다.

```
>>> stringlist = ['a string','b string','c string']
>>> stringlist[0]
'a string'
>>> stringlist[1]
'b string'
>>> stringlist[2]
'c string'
```

리스트를 이용하는 장점 중의 하나는 개별 값에 대해 별도의 레이블을 생성할 필요가 없다는 점이다. 여러분은 리스트에 대한 레이블을 생성하고 각 아이템을 참조하기 위해 인덱스 위치를 사용한다. 또한 여러분은 새로운 값을 저장할 필요가 있을 때마다 리스트에 추가할 수 있으므로 사전에 얼마나 많은 숫자나 문자를 저장할 필요가 있는지 알지 못하는 경우에 가장 적합하다.

공백 리스트empty list는 아이템이나 요소elements가 전혀 없는 리스트며 다음과 같이 만든다.

```
>>> emptylist = []
```

비어 있는 리스트는 여러분의 리스트 내에 있는 아이템에 대해 사전에 잘 알지 못하지만 프로그램을 실행하는 동안 값을 채워야 하는 경우에 사용한다. 이와 같은 경우에 공백 리스트를 만든 다음 append() 메소드를 이용해 아이템을 추가한다.

❶ >>> emptylist
[]
❷ >>> emptylist.append(1)
>>> emptylist
[1]
❸ >>> emptylist.append(2)
>>> emptylist
❹ [1, 2]

❶에서 공백 리스트는 비어 있는 상태로 시작한다. 다음으로 ❷에서 리스트에 숫자 1을 추가한 다음 ❸에서 숫자 2를 추가한다. 따라서 ❹에서 리스트는 [1, 2]가 된다. 명령 .append()를 사용할 경우 해당 값은 리스트의 맨 끝부분에 추가된다. 이와 같은 과정을 방법으로 리스트에 새로운 값을 추가한다. 다른 방법도 있기는 하지만 2장에서는 다루지 않겠다.

튜플을 만드는 것은 리스트와 유사하지만 아래와 같이 사각괄호 대신에 둥근 괄호를 사용해야 한다.

>>> simpletuple = (1, 2, 3)

여러분은 simpletuple의 개별 숫자를 리스트와 같이 괄호 안의 해당 인덱스를 이용해 참조할 수 있다.

>>> simpletuple[0]
1
>>> simpletuple[1]
2
>>> simpletuple[2]

또한 음수 인덱스negative indices를 이용해 리스트와 튜플을 참조할 수 있다. 예를 들어 simplelist[-1]과 simpletuple[-1]은 리스트나 튜플의 마지막 요소를 참조한다. 또한 simplelist[-2]와 simpletuple[-2]는 마지막에서 두 번째 요소를 참조한다.

리스트와 같이 튜플은 값으로 문자열을 사용할 수 있다. 또한 emptytuple=()와 같이 요소가 없는 공백 튜플을 생성할 수 있다. 하지만 현재 튜플에 새로운 값을 추가하기 위한 append() 메소드는 존재하지 않는다. 따라서 공백 튜플에 값을 추가할 수는 없다. 튜플은 만들어지면, 해당 튜플의 내용 변경은 불가능하다.

리스트나 튜플에 대한 실행 반복

다음과 같이 for 루프를 이용해 리스트나 튜플에 대해 실행을 반복할 수 있다.

```
>>> l = [1, 2, 3]
>>> for item in l:
        print(item)
```

위 코드는 리스트 내 아이템을 출력한다.

```
1
2
3
```

튜플 내 아이템도 동일한 방법으로 가져올 수 있다.

때로는 리스트나 튜플의 아이템에 대한 위치나 인덱스를 알아야 하는 경우도 있다. 이를 위해 리스트의 모든 아이템에 대해 enumerate() 함수를 사용해 아이템뿐만 아니라 아이템의 인덱스도 리턴할 수 있다. 리스트 내의 아이템을 참조하기 위해서는 레이블 인덱스와 아이템을 사용한다.

```
>>> l = [1, 2, 3]
>>> for index, item in enumerate(l):
        print(index, item)
```

위 코드는 다음 결과를 출력한다.

```
0 1
1 2
2 3
```

이러한 내용은 튜플에 대해서도 작동한다.

맷플롯립을 이용한 그래프 생성

맷플롯립matplotlib을 사용해 파이썬으로 그래프를 만들 수 있다. 맷플롯립은 파이썬의 패키지로 해당 기능과 관련된 여러 모듈의 집합이다. 해당 모듈은 숫자를 플로팅하고 그래프를 만드는 데 있어 유용하게 사용된다. 맷플롯립은 파이썬의 표준라이브러리로 만들어지지 않았으므로 이를 별도로 설치해줘야 한다. 맷플롯립에 대한 설치 지침은 부록 A에서 설명한다. 이 패키지를 설치한 다음에는 파이썬 셸을 시작한다. 부록 A의 설치지침서에 설명한 대로, 여러분은 IDLE 셸을 이용하거나 파이썬의 내장 셸을 사용할 수 있다

그려보자. 이 그래프를 생성하려면 가장 먼저 2개의 숫자 리스트를 만든다. 한 개는 이러한 점의 x좌표값을 저장하기 위한 용도이며, 나머지는 y좌표값을 저장하기 위한 용도다. 다음 2개의 명령은 이러한 작업을 실행해 2개의 리스트 x_numbers와 y_numbers를 생성한다.

```
>>> x_numbers = [1, 2, 3]
>>> y_numbers = [2, 4, 6]
```

지금부터 그래프를 만들어 보겠다.

```
>>> from pylab import plot, show
>>> plot(x_numbers, y_numbers)
[<matplotlib.lines.Line2D object at 0x7f83ac60df10>]
```

첫 번째 행에서 맷플롯립 패키지의 일부인 pylab 모듈로부터 중요한 plot()
와 show() 함수를 임포트했다. 다음으로 두 번째 행에서 plot() 함수를 호출했다.
plot() 함수의 첫 번째 인자는 x축상에 표시하고자 하는 숫자의 리스트고, 두 번
째 인자는 y축상에 표시하고자 하는 숫자의 리스트다. plot() 함수는 객체(좀 더 정
확히 말하면 객체를 포함한 리스트)를 반환한다. 이 객체는 해당 그래프를 생성하라고 파
이썬에 요청하게 될 그래프에 대한 정보를 포함한다. 이 단계에서 여러분은 그래프
제목과 같은 정보를 추가할 수 있다. 또한 추가 정보 없이 해당 그래프를 표시할 수
도 있다. 이번에는 추가 정보 없이 그래프를 그려보자.

plot() 함수는 그래프를 만들기만 한다. 실제로 그래프를 표시하기 위해서는
show() 함수를 호출해야 한다.

```
>>> show()
```

위 코드를 실행하면 그림 2.3과 같이 맷플롯립 윈도우 내에 그래프를 볼 수 있
다. 표시된 그래프 모양은 PC의 운영체제별로 다르다. 하지만 그래프의 내용은 동
일해야 한다.

원점(0,0)에서 시작하는 대신, x축은 숫자 1부터 시작하고 y축은 숫자 2부터 시
작한다. 두 개의 리스트별로 각각 최소값이 있다. 또한 여러분은 각 축에 표시된 값
의 증분(y축의 경우 2.5, 3.0, 3.5 등)을 알 수 있어야 한다. 74페이지의 '그래프 개인화'
에서 축별 레이블과 그래프 제목을 추가하는 방법과 축별 증분값을 제어하는 방법

을 배운다.

맷플롯립 윈도우를 닫기 전까지 인터랙티브한 셸 내에 추가 명령을 입력할 수 없는 점을 잘 알아두기 바란다. 프로그래밍을 계속하기 위해서는 우선 그래프 윈도우를 닫아야 한다.

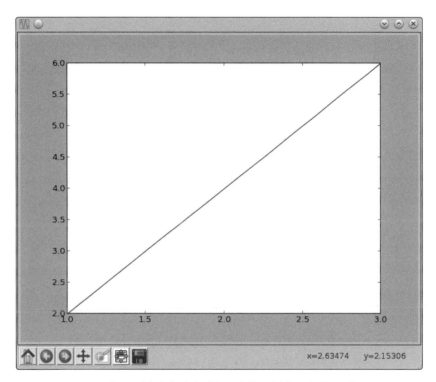

그림 2.3 점 (1,2), (2,4), (3,6)을 통과하는 직선을 보여주는 그래프

그래프에 점 표시

만약 플로팅을 위해 제공한 점을 그래프에 표시하기 원한다면, plot() 함수를 호출하는 과정에서 키워드 인자를 추가로 사용할 수 있다.

```
>>> plot(x_numbers, y_numbers, marker='o')
```

marker='o'을 입력해, 파이썬이 리스트 내의 각 점을 o과 같은 모양의 작은 점으로 표시하도록 한다. show()를 다시 입력했다면, 점 모양으로 표시된다(그림 2.4를 참고한다).

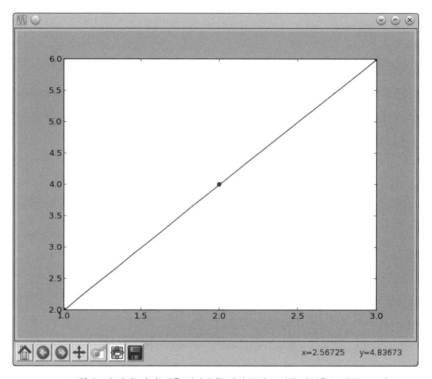

그림 2.4 (1,2), (2,4), (3,6)을 지나며 한 개의 점이 표시된 라인을 보여주는 그래프

(2,4)의 점 표시는 쉽게 볼 수 있지만 다른 점들은 그래프의 코너에 숨겨져 있다. 여러분은 'o', '*', 'x', '+'와 같은 몇 가지 표시 옵션을 선택할 수 있다. marker=의 사용은 해당 점들을 연결하는 라인을 포함하는 것을 기본 설정으로 한다. marker=을 생략해 설정한 점만 표시하고 선으로는 연결하지 않은 그래프도 만들 수 있다.

```
>>> plot(x_numbers, y_numbers, 'o')
[<matplotlib.lines.Line2D object at 0x7f2549bc0bd0>]
```

이 명령에서 'o'은 각각의 값을 점으로 표시해야 함을 의미한다. 하지만 점들 간 연결하는 선은 없어야 한다. show() 함수를 호출해 그래프를 표시해보면 그림 2.5와 같다.

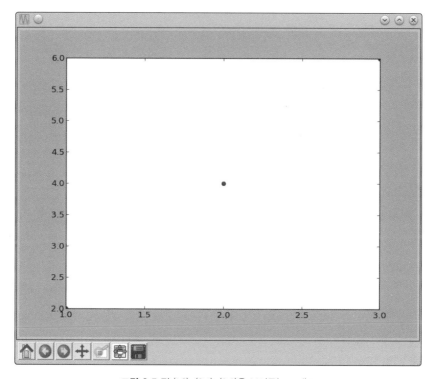

그림 2.5 점 (1,2), (2,4), (3,6)을 보여주는 그래프

그림 2.5와 같이 그래프에 점들만 있을 뿐 이를 연결해주는 라인은 없다. 이전 그래프에서 보았듯이 첫 번째와 마지막 점은 거의 볼 수 없다. 하지만 곧 이러한 점들을 변경하는 방법을 배울 것이다.

뉴욕시의 연간 평균온도를 그래프로 표시

약간 큰 데이터 집합을 대상으로 맷플롯립의 많은 특성을 알아보자. 뉴욕시의 연간 평균온도는 센트럴파크에서 측정한다. 2000년부터 2012년 동안의 데이터 값은 화씨 53.9, 56.3, 56.4, 53.4, 54.5, 55.8, 56.8, 55.0, 55.3, 54.0, 56.7, 56.4, 57.3 도다. 이 데이터는 랜덤하게 뒤섞여 놓은 숫자처럼 보인다. 하지만 이 데이터를 그래프로 그려보면 매년 평균온도의 변동추이를 좀 더 명확하게 볼 수 있다.

```
>>> nyc_temp = [53.9, 56.3, 56.4, 53.4, 54.5, 55.8, 56.8, 55.0, 55.3, 54.0, 56.7, 56.4, 57.3]
>>> plot(nyc_temp, marker='o')
[<matplotlib.lines.Line2D object at 0x7f2549d52f90>]
```

리스트 nyc_temp 내 평균온도를 저장한다. 다음으로 리스트 nyc_temp와 표시문자열만을 전달하는 함수 plot()을 호출한다. 한 개의 리스트에 대해 plot()을 이용할 때, 이 숫자들은 y축상에 자동으로 표시된다. x축상의 해당 값은 리스트 내 개별 값의 위치로서 표시된다. 즉 첫 번째 온도값 53.9는 리스트 내 위치가 0이기 때문에(리스트의 위치는 1이 아닌 0부터 시작한다) x축 값이 0인 지점에 표시된다. 결과적으로 x축상의 숫자는 0부터 12까지의 값을 가지며 13년 동안의 온도 데이터에 해당한다.

그림 2.6의 그래프를 표시하려면 show()를 입력한다. 이 그래프는 평균온도가 매년 상승과 하강을 하고 있음을 보여준다. 그래프로 표시한 숫자를 살펴보면 서로 많이 떨어져 있지 않다. 하지만 이 그래프는 변동을 좀 더 두드러지게 보여준다. 어떻게 한 것인가? 맷플롯립은 y축의 범위를 표시할 데이터만을 포함할 수 있도록 하는 영역으로만 설정했다. 따라서 이 그래프상에서 y축은 53.0에서 시작하고 최고값은 57.5로 설정했다. y축의 범위를 작게 조정함으로써 변동폭이 좀 더 현실감 있게 보이도록 했다. 각 축의 범위를 제어하는 방법은 74페이지의 '그래프 개인화'에서 학습한다.

y축상의 숫자는 부동소수점 숫자(그래프로 표시할 대상 값)이고 x축상의 숫자는 정수다. 맷플롯립은 이와는 다른 방법으로 처리할 수도 있다.

해당 연도에 대한 표시 없이 온도를 그래프에 표시하는 것은 빠르고 연간 변동을 쉽게 가시화할 수 있는 방법이다. 하지만 이 그래프를 다른 누구에게 제공한다면 각 온도에 해당하는 연도값을 보여주는 것이 좀 더 명확한 표현 방법이 될 것이다. 이를 위해서는 또 다른 리스트를 생성한 다음 plot() 함수를 호출하면 된다.

```
>>> nyc_temp = [53.9, 56.3, 56.4, 53.4, 54.5, 55.8, 56.8, 55.0, 55.3, 54.0, 56.7, 56.4, 57.3]
>>> years = range(2000, 2013)
>>> plot(years, nyc_temp, marker='o')
[<matplotlib.lines.Line2D object at 0x7f2549a616d0>]
>>> show()
```

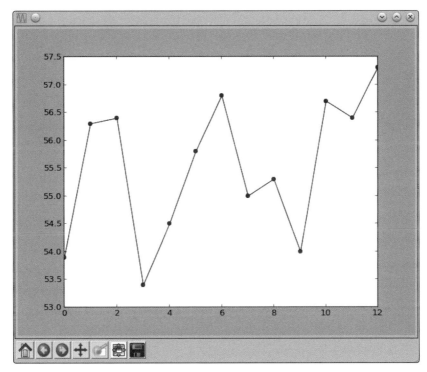

그림 2.6 2000–2012년 동안 뉴욕시의 연간 평균온도를 표시한 그래프

1장에서 2000년부터 2012년까지 설정하기 위해서는 range() 함수를 사용한다. 이제 *x*축상에 연도가 표시되어 있음을 알 수 있다(그림 2.7참고).

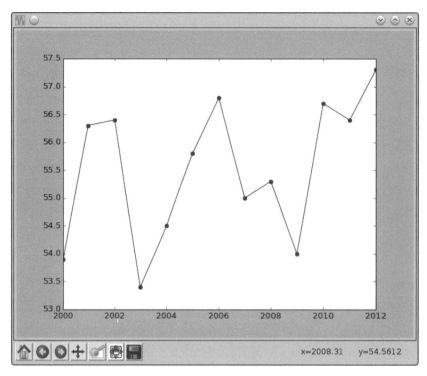

그림 2.7 x축에 연도를 표시한 뉴욕시의 연간 평균온도 그래프

뉴욕시의 월간 온도 비교

뉴욕시를 살펴보면서, 평균 월간온도가 연도별로 어떻게 변동했는지를 알아보자. 이를 통해 한 개의 그래프상에서 여러 개의 라인을 표시하는 방법을 알 수 있다. 3 개 연도(2000, 2006, 2012)를 선택하자. 3개 연도에 대해 12개월에 대한 평균온도를 그래프로 표시한다.

우선 화씨로 측정한 온도를 저장할 리스트 3개를 생성한다. 각 리스트는 매년 1 월부터 12월까지 평균온도에 해당하는 12개의 숫자로 이루어진다.

```
>>> nyc_temp_2000 = [31.3, 37.3, 47.2, 51.0, 63.5, 71.3, 72.3, 72.7, 66.0, 57.0, 45.3, 31.1]
>>> nyc_temp_2006 = [40.9, 35.7, 43.1, 55.7, 63.1, 71.0, 77.9, 75.8, 66.6, 56.2, 51.9, 43.6]
>>> nyc_temp_2012 = [37.3, 40.9, 50.9, 54.8, 65.1, 71.0, 78.8, 76.7, 68.8, 58.0, 43.9, 41.5]
```

첫 번째 리스트는 2000년에 해당하는 값이고 나머지 2개 리스트는 각각 2006년과 2012년에 해당하는 값이다. 3개 데이터 집합을 각각 3개의 그래프별로 표시할 수 있지만 이 경우에는 연도별로 상호 비교가 어렵게 된다. 따라서 한 개 그래프에 3개 연도 월별 평균온도값을 표시하자!

모든 온도를 비교하기 위한 가장 확실한 방법은 다음과 같이 3개 데이터를 한 개의 그래프상에 모두 표시하는 것이다.

```
>>> months = range(1, 13)
>>> plot(months, nyc_temp_2000, months, nyc_temp_2006, months, nyc_temp_2012)
[<matplotlib.lines.Line2D object at 0x7f2549c1f0d0>, <matplotlib.lines.Line2D
object at 0x7f2549a61150>, <matplotlib.lines.Line2D object at 0x7f2549c1b550>]
```

우선 range 함수를 이용해 1에서 12까지 months 리스트를 만들어 보자. 다음으로 3개의 리스트 쌍을 갖는 plot() 함수를 호출한다. 각 쌍은 x축상에 표시할 월리스트와 y축상에 표시할 평균 월별 온도 리스트(2000, 2006, 2012년)로 이루어진다. 지금까지 한 번에 한 개의 리스트에 대해서만 plot()을 사용했다. 하지만 실제로 여러 개의 리스트 쌍을 plot() 함수에 입력할 수 있다. 각 리스트는 콤마로 구분되어 있어, plot() 함수는 자동으로 각 쌍에 대해 다른 선을 그리게 된다.

plot() 함수는 한 개가 아닌 3개의 객체 리스트를 리턴한다. show()를 호출하면 맷플롯립은 3개의 곡선을 서로 다른 것으로 고려하고 그래프를 그려준다. Show()를 호출해 실행한 결과는 그림 2.8과 같다.

한 개의 그래프상에 3개를 모두 표시하게 되었다. 파이썬은 각 라인에 대해 서로 다른 색상을 자동 선택해 표시해 해당 데이터 집합을 구분할 수 있도록 한다.

한 번에 3개의 리스트쌍을 갖는 plot 함수를 호출하는 대신 별도로 한 쌍에 대해 한 번씩 리스트에 3개의 plot 함수를 호출할 수도 있다.

```
>>> plot(months, nyc_temp_2000)
[<matplotlib.lines.Line2D object at 0x7f1e51351810>]
>>> plot(months, nyc_temp_2006)
```

```
[<matplotlib.lines.Line2D object at 0x7f1e5ae8e390>]
>>> plot(months, nyc_temp_2012)
[<matplotlib.lines.Line2D object at 0x7f1e5136ccd0>]
>>> show()
```

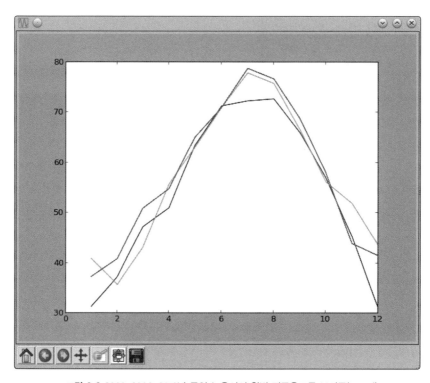

그림 2.8 2000, 2006, 2012년 동안 뉴욕시의 월별 평균온도를 보여주는 그래프

맷플롯립은 아직 표시되지 않은 그래프는 추적하지 않았다. 따라서 plot()을 3번
호출한 후에 show()를 호출하면 표시되는 그래프는 모두 동일 그래프에 표시된다.

하지만 색상별 연도표시가 없는 문제가 있다. 이를 해결하기 위해 함수 legend()
를 사용해 그래프에 해당 설명legend을 추가할 수 있다. 설명은 작은 표시박스로 그
래프의 서로 다른 부분이 의미하는 것을 확인시켜 주는 기능을 갖고 있다. 여기서
는 설명을 이용해 각 색상라인의 의미하는 연도를 표시한다. 설명을 추가하려면 우
선 이전과 같이 plot() 함수를 호출한다.

```
>>> plot(months, nyc_temp_2000, months, nyc_temp_2006, months, nyc_temp_2012)
[<matplotlib.lines.Line2D object at 0x7f2549d6c410>, <matplotlib.lines.Line2D
object at 0x7f2549d6c9d0>, <matplotlib.lines.Line2D object at 0x7f2549a86850>]
```

다음으로 pylab에서 legend 함수를 임포트해 다음과 같이 실행한다.

```
>>> from pylab import legend
>>> legend([2000, 2006, 2012])
<matplotlib.legend.Legend object at 0x7f2549d79410>
```

그래프상에서 개별 그래프를 확인하는 데 사용할 레이블의 목록과 함께 legend()
함수를 호출한다. 이 레이블은 plot() 함수에 입력한 리스트 쌍의 순서대로 입력
한다. 즉 2000은 plot() 함수에 입력한 첫 번째 그래프에 대한 레이블이고, 2006
은 두 번째 그래프이며, 2012는 세 번째 그래프다. 또한 함수에서 레전드의 위치를
설정하기 위한 두 번째 인자를 설정할 수 있다. 기본 설정으로는 항상 그래프의 상
단우측에 위치한다. 하지만 하단중앙, 좌측중앙, 상단중앙 등과 같이 특정 위치를
설정할 수도 있다. 또한 위치인자를 'best'로 설정하면 그래프에 방해되지 않도록
레전드를 위치시킬 수 있다.

마지막으로 show()를 호출해 그래프를 표시한다.

```
>>> show()
```

그래프(그림 2.9)에서 볼 수 있듯이 이번에는 상단우측 코너에 레전드 박스가 위
치한다. 이 박스는 2000년, 2006년, 2012년의 연평균기온을 표시한다.

그래프를 참고하면 두 가지 흥미로운 사실을 도출해 낼 수 있다. 3개 연도별로
가장 높은 온도는 7월 근처(x축상의 7에 해당)이고, 해당온도가 2000년부터 계속 증
가하고 있으며, 증가폭이 2000년과 2006년 사이에 매우 크다는 사실을 알 수 있
다. 그래프상에 3개 라인을 모두 표시했으므로 이와 같은 관계를 살펴보기 쉽다.
즉 몇 개의 긴 목록을 보거나 3개 라인을 그래프 한 개씩 따로 보는 경우보다 이
경우가 좀 더 명확하다.

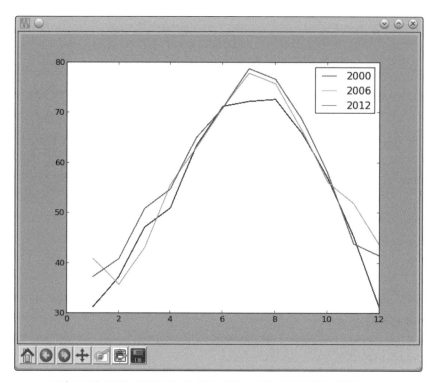

그림 2.9 각 색상별 해당 연도를 의미하는 레전드 포함 뉴욕시의 평균 월별 온도 그래프

그래프 개인화

레전드를 추가해 그래프를 개인화하는 방법에 대해 이미 학습했다. 이제 그래프를
조작하고 x축과 y축에 레이블을 추가해 의미를 좀 더 명확하게 하기 위한 다른 방
법들을 배워보겠다.

타이틀과 레이블 추가

title() 함수를 사용하면 그래프상에 타이틀을 추가할 수 있다. 또한 xlabel()과
ylabel() 함수를 사용하면 x와 y축에 레이블을 추가할 수 있다. 마지막 그래프를
다시 생성한 다음 모든 부가 정보를 추가하자.

```
>>> from pylab import plot, show, title, xlabel, ylabel, legend
>>> plot(months, nyc_temp_2000, months, nyc_temp_2006, months, nyc_temp_2012)
[<matplotlib.lines.Line2D object at 0x7f2549a9e210>, <matplotlib.lines.Line2D
object at 0x7f2549a4be90>, <matplotlib.lines.Line2D object at 0x7f2549a82090>]
>>> title('Average monthly temperature in NYC')
<matplotlib.text.Text object at 0x7f25499f7150>
>>> xlabel('Month')
<matplotlib.text.Text object at 0x7f2549d79210>
>>> ylabel('Temperature')
<matplotlib.text.Text object at 0x7f2549b8b2d0>
>>> legend([2000, 2006, 2012])
<matplotlib.legend.Legend object at 0x7f2549a82910>
```

함수 3개(title(), xlabel(), ylabel())는 그래프상에 표시하고자 하는 텍스트와 함
께 호출된다. show() 함수를 호출하면 신규로 추가된 정보를 그래프에 표시한다(그
림 2.10).

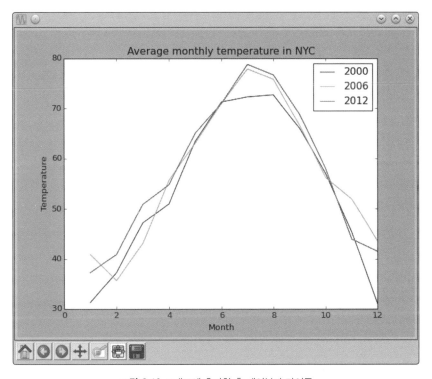

그림 2.10 그래프에 추가한 축 레이블과 타이틀

3개의 신규 정보를 추가함으로써, 그래프는 이해하기가 좀 더 수월해졌다.

축 조정

지금까지 양 축상에 숫자는 plot() 함수에 제공된 데이터에 근거해 파이썬이 자동으로 결정했다. 대부분의 경우 이 기능은 실행이 잘 되지만, 때로는 그림 2.7의 뉴욕시 평균 연간온도를 표시하는 그래프와 같이 데이터를 표시하는 데 있어 자동범위 설정이 가장 명확한 방법이 아닌 경우도 있다. 심지어 자동 선택된 y축 범위가매우 좁아서 작은 온도변화도 상당히 크게 보이는 경우도 있다. axis() 함수를 사용하면 축의 범위를 조정할 수 있다. 이 함수는 해당 축의 현재 범위를 가져와서 신규 범위로 설정하는 데 사용할 수 있다.

다시 한 번 2000년부터 2012년까지 뉴욕시의 매년 평균온도를 이용해 앞에서 그린 그래프를 만들어 보자.

```
>>> nyc_temp = [53.9, 56.3, 56.4, 53.4, 54.5, 55.8, 56.8, 55.0, 55.3, 54.0, 56.7, 56.4, 57.3]
>>> plot(nyc_temp, marker='o')
[<matplotlib.lines.Line2D object at 0x7f3ae5b767d0>]
```

axis() 함수를 임포트해 실행하자.

```
>>> from pylab import axis
>>> axis()
(0.0, 12.0, 53.0, 57.5)
```

이 함수는 x축에 대한 범위(0.0, 12.0)와 y축에 대한 범위(53.0, 57.5)의 4개 숫자로 구성된 튜플을 리턴한다. 이 값은 앞에서 만든 그래프와 동일한 범위의 값이다. y축을 53.0 대신 0부터 시작해보자.

```
>>> axis(ymin=0)
(0.0, 12.0, 0, 57.5)
```

y축에 대한 시작값(ymin=0으로 설정)으로 axis() 함수를 호출하면 범위가 변경되고 반환된 튜플은 변경된 해당 값을 확인시켜준다. 만약 show() 함수를 호출해 그래프를 표시하면, y축은 0부터 시작하고 연도별 평균온도 값의 차이는 상대적으로 작아 보인다(그림 2.11을 참고한다).

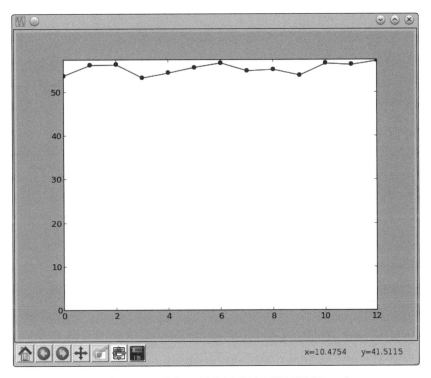

그림 2.11 2000에서 2012년까지 뉴욕시의 연간 평균온도 그래프

유사한 방법으로 xmin, xmax, ymax를 사용하면 x축에 대한 최소값, 최대값과 y축에 대한 최대값을 설정할 수 있다. 만약 4개 값 모두를 변경한다면 axis([0,10,0,20])과 같이 리스트로 입력한 4개의 범위값으로 axis() 함수를 호출해 좀 더 쉽게 설정할 수 있다. 이 함수는 x축의 범위를 (0,10)으로 y축의 범위를 (0,20)으로 설정한다.

pyplot을 사용해 그래프 그리기

pylab 모듈은 지금까지 보아온 IDLE 셸과 같은 대화식 셸에서 그래프를 만드는 데 유용하다. 하지만 상대적으로 큰 프로그램의 일부로서 IDLE 셸을 벗어나 맷플롯립을 이용할 경우 pyplot 모듈이 상대적으로 좀 더 효율적이다. 물론 pylab에서 배운 모듈 메소드는 pyplot에서도 동일하게 동작한다.

다음 프로그램은 pyplot 모듈을 사용해 2장의 첫 번째 그래프를 다시 생성한다.

```
'''
pyplot을 사용한 간단한 그래프
'''
❶ import matplotlib.pyplot

❷ def create_graph():
    x_numbers = [1, 2, 3]
    y_numbers = [2, 4, 6]

    matplotlib.pyplot.plot(x_numbers, y_numbers)
    matplotlib.pyplot.show()

if __name__ == '__main__':
    create_graph()
```

❶에서 import matplotlib.pyplot을 이용해 pyplot 모듈을 임포트한다. 이 명령은 맷플롯립 패키지에서 전체 pyplot 모듈을 임포트하는 것을 의미한다. 이 모듈에서 정의한 어떤 함수나 클래스 정의를 참조하기 위해서는 사용하기 원하는 함수나 클래스가 item인 matplotlib.pyplot.item 문구를 사용해야 한다.

이 방법은 지금까지 실행한 단일 함수나 클래스를 임포트하는 것과 다르다. 예를 들어 1장에서 from fractions import Fraction으로 Fraction 클래스를 임포트했다. 전체 모듈을 임포트하는 것은 해당 모듈에서 많은 함수를 사용할 경우 유용하다. 개별 모듈을 임포트하는 대신 한 번에 전체 모듈을 임포트해 필요할 때 서로 다른 함수를 참조할 수 있다.

pylab으로 앞에서 한 것과 동일한 방법으로 ❷의 create_graph() 함수로 그래프상에 표시하고 싶은 두 개의 숫자 리스트를 생성한 다음 이를 plot() 함수에 전달한다. 하지만 이번에는 matplotlib.pyplot.plot()을 이용해 함수를 호출한다. 이 명령은 맷플롯립 패키지의 pyplot 모듈에 정의한 plot() 함수를 호출함을 의미한다. 다음으로 show() 함수를 호출해 그래프로 표시한다. 앞에서 했던 것과 이번에 숫자를 그래프로 표시한 방법의 차이는 함수 호출의 메커니즘이다.

코드 입력을 줄이려면 import matplotlib.pylot을 plt로 입력해 pylot 모듈을 임포트한다.

```
'''
pyplot을 이용해 그래프 그리기
'''
import matplotlib.pyplot as plt

def create_graph():
    x_numbers = [1, 2, 3]
    y_numbers = [2, 4, 6]
    plt.plot(x_numbers, y_numbers)
    plt.show()

if __name__ == '__main__':
    create_graph()
```

matplotlib.pyplot 대신 축약한 plt를 이용해 해당 함수를 호출할 수 있다.

앞으로 2장과 이 책의 남은 부분의 대화식 셸에서는 pylab을 사용하고 나머지 부분에서는 pyplot을 사용한다.

그래프 저장

그래프를 저장할 필요가 있다면 savefig() 함수를 사용해 해당 그래프를 저장할 수 있다. 이 함수는 이미지 파일로 해당 그래프를 저장해 보고서나 프리젠테이션에서 사용할 수 있다. PNG, PDF, SVG를 포함한 몇 개의 이미지 형식 중 선택할 수 있다.

이에 대한 예제 명령은 다음과 같다.

```
>>> from pylab import plot, savefig
>>> x = [1, 2, 3]
>>> y = [2, 4, 6]
>>> plot(x, y)
>>> savefig('mygraph.png')
```

이 프로그램은 현 디렉토리에서 해당 그래프를 이미지 파일은 mygraph.png
로 저장한다. 마이크로 소프트 윈도우에서는 파이썬을 설치한 C:\Python33이 된
다. 리눅스에서는 로그인한 홈 디렉토리(/home/⟨username⟩)다. 맥에서는 IDLE가
파일을 기본 설정값인 ~/Documents에 저장한다. 다른 디렉토리에 파일을 저장
하고 싶다면 전체 경로를 설정해야 한다. 예를 들어 윈도우에서 이미지를 C:\에
mygraph.png로 저장하고 싶다면 다음과 같이 savefig() 함수를 호출한다.

```
>>> savefig('C:\mygraph.png')
```

만약 이미지 조회 프로그램에서 해당 이미지를 오픈한다면 show() 함수를 호
출해 이미 보았던 것과 동일한 그래프를 보게 될 것이다(이미지 파일은 그래프만을 갖
고 있지 show() 함수에 의해 나타난 전체 윈도우를 갖고 있지 않음을 알아두기 바란다). 다양한
이미지 형태를 설정하려면 간단히 파일에 적합한 확장형을 설정한다. 예를 들어
mygraph.svg는 SVG 이미지 파일을 만든다.

그림을 저장하기 위한 또 다른 방법은 show()를 실행할 때 나타나는 윈도우에서
Save 버튼을 사용하는 방법이다.

수식으로 그래프 그리기

지금까지는 관측한 과학 측정값에 근거해 그래프상의 점을 표시했다. 이 그래프에
서는 x와 y의 모든 값을 이미 배치해 두었다. 예를 들어 기록한 온도와 날짜는 뉴욕
시 그래프를 만들기 위한 시간대에 이미 활용이 가능하며 월 또는 연도별로 온도가
변경되는 정도를 보여준다. 이 절에서는 수학 공부를 이용해 그래프를 그려보겠다.

만유인력에 대한 뉴턴의 법칙

만유인력에 대한 뉴턴의 법칙에 의하면 질량이 m_1인 물체는 질량이 m_2의 물체를 다음 공식의 힘 F로 끌어당긴다.

$$F = \frac{Gm_1m_2}{r^2}$$

식에서 r은 두 물체 간의 거리이고 G는 중력 상수다. 수식을 이용해 두 물체 간 거리가 증가하게 되면 힘 F에 어떤 일이 벌어지게 되는지 알아보자.

첫 번째 물체의 질량(m_1)은 0.5kg이고 두 번째 물체의 질량(m_2)은 1.5kg이라 하자. 중력 상수의 값은 6.674×10^{-11} N m^2 kg^{-2}이다. 19개 거리(100m, 150m, 200m, 250m, 300m, ..., 1000m)별로 두 물체 간 중력을 계산하자. 다음 프로그램은 이러한 계산을 실행하고 그래프를 그린다.

```
'''
두 물체 간 거리와 인장력 간 관계
'''

import matplotlib.pyplot as plt

#그래프 그리기
def draw_graph(x, y):
    plt.plot(x, y, marker='o')
    plt.xlabel('Distance in meters')
    plt.ylabel('Gravitational force in newtons')
    plt.title('Gravitational force and distance')
    plt.show()

def generate_F_r():
    #r에 대한 값을 생성하기
    r = range(100, 1001, 50)
    #F의 계산값을 저장하기 위한 공백 리스트
    F = []

    #상수, G
    G = 6.674*(10**-11)
    #두 개의 질량값
```

❶

```
        m1 = 0.5
        m2 = 1.5

        #힘을 계산하고 리스트 F에 추가한다.
❷       for dist in r:
            force = G*(m1*m2)/(dist**2)
            F.append(force)

        #draw_graph함수를 호출한다.
❸       draw_graph(r, F)

if __name__=='__main__':
    generate_F_r()
```

generate_F_r() 함수는 앞에서 나온 프로그램에서 대부분의 작업을 수행한다. ❶에서 range() 함수를 사용해 거리에 대한 값을 50단위로 구분해 생성한 후 리스트 r에 저장했다. range의 마지막 값은 1000을 포함해야 하는 관계로 1001로 설정했다. 다음으로 각 거리별로 해당 중력값을 저장하게 될 빈 공백 리스트(F)를 생성했고, 이어서 중력 상수를 참조할 레이블(G)과 두 질량값을 참조할 레이블(m1, m2)을 생성했다. ❷에서 for 루프를 이용해 거리 리스트(r)에서 개별 값에 대한 힘을 계산했다. 힘에 대한 레이블force을 이용해 계산한 힘의 값을 참조하도록 했고 이 값을 리스트(F)에 추가했다. 마지막으로 ❸에서 거리 리스트와 계산된 힘 리스트를 이용해 draw_graph()를 호출했다. 실행 결과는 그림 2.12의 그래프이고 그래프의 x축은 힘을, y축은 거리를 표시한다.

거리(r)가 증가할수록 인장력gravitational force은 감소한다. 이러한 유형의 관계에 따라 중력은 두 물체 간의 거리에 반비례한다고 말한다. 또한 두 변수 중 하나의 값이 변경되면, 다른 변수는 동일 비율로 변하지 않는 경우도 있다. 이러한 관계를 비선형 관계nonlinear relationship라고 한다. 결과적으로 직선 대신 곡선 모양의 그래프를 얻게 되었다.

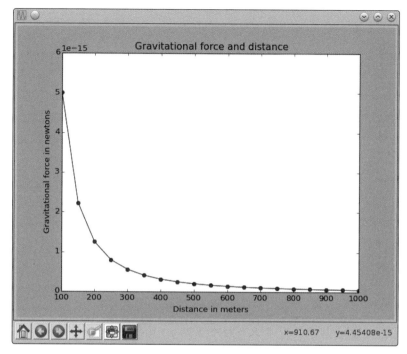

그림 2.12 중력과 거리제곱값 간의 관계

포물선 운동

일상생활에서 익숙한 것을 그래프로 그려보자. 여러분이 운동장에서 공을 던지면 그림 2.13과 같이 공은 포물선 운동을 하게 된다.

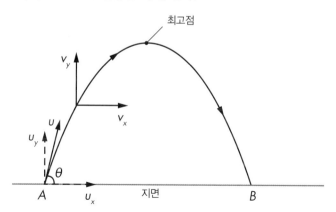

그림 2.13 최고점, 지면지점 A에서 각도(θ)에 속도(u)로 던진 공이 지점(B)에 도달하게 되는 운동

그림에서 공을 지점 A에서 던지면 지점 B에 도달하게 된다. 이와 같은 유형의 운동을 포물선 운동이라고 한다. 여러분의 목적은 물체의 궤적을 그래프로 표현하기 위해 포물선 운동방정식을 이용해 던진 지점으로부터 지면에 다시 도달할 때까지 공의 위치를 가시화하는 것이다.

공을 던질 때 공은 초기 속도를 갖고 속도의 방향은 지면과의 각도를 형성한다. 초기 속도 u와 지면과의 각도 θ(세타)는 그림 2.13과 같다. 이 공은 두 가지 속도 요인을 갖는다. 하나는 x방향으로 $u_x = u\cos\theta$를 계산하고, 다른 하나는 y방향으로 $u_y = u\sin\theta$를 계산한다.

공이 이동할 때마다 공의 속도는 변화게 되고 V를 이용해 변경된 속도를 표시한다. 공의 속도 요인 중 수평요인은 V_x이고, 수직요인은 V_y가 된다. 간단하게 정리하면 수평요인(V_x)은 물체가 움직이는 동안 변하지 않는다. 하지만 수직요인(V_y)은 중력의 영향을 받아 방정식 $V_y = U_y - gt$에 의해 감소하게 된다. 이 방정식에서 g는 중력가속도이고, t는 속도가 측정된 시간이다. 다음과 같이 정리할 수 있다.

$$v_y = u\sin\theta - gt$$

속도의 수평요인은 변하지 않기 때문에, 수평 이동거리(S_x)는 $S_x = u(\cos\theta)t$가 된다. 하지만 속도의 수직요인은 변하며 수직이동거리는 다음 공식으로 계산할 수 있다.

$$S_y = u(\sin\theta)t - \frac{1}{2}gt^2$$

S_x와 S_y는 공이 날아가는 동안 특정 시점에서의 공의 x와 y좌표다. 이 방정식을 이용하면 포물선을 그리는 프로그램을 만들 수 있으며, 방정식에서 시간(t)은 초 단위로 측정하고 속도는 m/s로 측정하며 공을 던지는 각도(θ)는 각도로 측정하고 중력가속도(g)는 m/s^2으로 측정한다.

하지만 프로그램을 작성하기 전에 공이 지면에 닿기 전 얼마나 오랫동안 공중에 있는지를 알아야 한다. 또한 이에 근거해 어느 시점에서 공의 포물선 운동표시를 멈추어야 하는지를 알고 있어야 한다. 이를 위해서는 우선 공이 어느 시점에 지면으로부터 최고 지점에 위치하는지를 알아야 한다. 공은 수직속도 요인(V_y)이 0이될 때 최고 위치에 도달하며 이때 $V_y = u\sin\theta - gt = 0$이 된다. 따라서 값 t는 다음 공식을 이용해 계산한다.

$$t = \frac{u\sin\theta}{g}$$

최고 위치에 도달할 때 시간을 t_{peak}라 하자. 공은 최고 위치에 도달한 다음 동일한 t_{peak}초 동안 하강해 지면에 도달한다. 따라서 공중에 머물게 되는 총시간(t_{flight})은 다음과 같다.

$$t_{flight} = 2t_{peak} = 2\frac{u\sin\theta}{g}$$

초기 속도(u)는 5m/s에 각도(θ)는 45도로 공을 던진다고 하자. 총 체공시간을 계산하기 위해 $u=5$, $\theta=45$, $g=9.8$을 방정식에 대입하면 다음 수식이 된다.

$$t_{flight} = 2\frac{5\sin45}{9.8}$$

이 경우에 공의 체공시간은 0.72154초(소수점 다섯째 자리에서 반올림)가 된다. 공은 이 시간 동안 공중에 있으며, 포물선을 그리기 위해 일정간격으로 x와 y좌표를 계산한다. 해당 좌표를 최대한 자주 계산하는 것이 바람직하다. 2장에서는 0.001초마다 해당 좌표를 계산하겠다.

동일 간격별로 부동소수점 숫자 생성

지금까지 range() 함수를 사용해 동일한 간격별로 정수를 만들었다. 즉 1부터 10 사이에 정수를 1마다 한 개씩 만들고 싶다면, range(1,10)을 사용한다. 만약 다른 단계값step value을 원한다면 range 함수의 세 번째 인자를 설정하도록 한다. 불행히도 부동소수점 숫자를 만들기 위한 내장 함수는 없다. 예를 들어 0에서 0.72상에 0.001 간격으로 구분된 값을 만드는 함수가 없다. 이러한 문제를 해결하기 위해 while 루프를 이용해 자체 제작 함수를 만들면 다음과 같다.

```
'''
두 개의 주어진 값 사이에 존재하는 동일 간격의 부동소수점 숫자를 생성하기
'''
```

```
def frange(start, final, increment):
    numbers = []
❶    while start < final:
❷        numbers.append(start)
        start = start + increment

    return numbers
```

앞에서 3개의 값으로 숫자 범위의 시작, 종료 지점값과 두 값의 차이를 참조하는 증분값increment을 인자로 하는 frange() 함수("floating point" range)를 정의했다. ❶에서 while 루프를 시작해 start 값이 final 값보다 작을 때까지 실행을 계속한다. 루프가 반복되는 동안 start가 참조하는 값은 ❷의 리스트 number에 저장한 다음 증분값을 start 값에 더한다. 마지막으로 리스트 numbers를 리턴한다.

이 함수를 사용해 다음에 설명한 포물선 그리기 프로그램에서 동일 간격으로 구분된 시간을 생성한다.

포물선 그리기

다음 프로그램은 입력한 속도와 각도로 투척한 공의 궤적을 그린다.

```
'''
공중에 투척한 물체의 포물선 궤적 그리기
'''

from matplotlib import pyplot as plt
import math

def draw_graph(x, y):
    plt.plot(x, y)
    plt.xlabel('x-coordinate')
    plt.ylabel('y-coordinate')
    plt.title('Projectile motion of a ball')

def frange(start, final, interval):

    numbers = []
```

```
        while start < final:
            numbers.append(start)
            start = start + interval

        return numbers
    def draw_trajectory(u, theta):

❶      theta = math.radians(theta)
        g = 9.8

        # 체공시간
❷      t_flight = 2*u*math.sin(theta)/g
        # 시간간격을 계산하기
        intervals = frange(0, t_flight, 0.001)
        # x와 y좌표에 대한 리스트
        x = []
        y = []
❸      for t in intervals:
            x.append(u*math.cos(theta)*t)
            y.append(u*math.sin(theta)*t - 0.5*g*t*t)

        draw_graph(x, y)

    if __name__ == '__main__':
❹      try:
            u = float(input('Enter the initial velocity (m/s): '))
            theta = float(input('Enter the angle of projection (degrees): '))
        except ValueError:
            print('You entered an invalid input')
        else:
            draw_trajectory(u, theta)
            plt.show()
```

이 프로그램에서는 표준 라이브러리 math 모듈에 정의한 함수 radians(), cos(), sin()을 사용했다. 따라서 프로그램 초기에 이 모듈을 임포트해야 한다. draw_trajectory() 함수는 두 개의 인자인 던진 공의 속도인 u와 투척한 공의 지면과의 각도인 θ를 이용한다. math 모듈의 사인과 코사인 함수는 각도를 라디안 단위로 받는다. 따라서 ❶에서 math.radians() 함수를 이용해 각도(θ)를 라디안

값으로 변환했다. 다음으로 레이블(g)을 만들어 중력 9.8m/s² 가속도의 값을 참조하도록 했다. ❷에서는 체공시간을 계산해 start, final, increment를 각각 0, t_flight, 0.001로 설정한 다음 frange() 함수를 이용했다. ❸에서는 매순간 x와 y와 좌표를 계산해 결과값을 두 개의 리스트 x, y에 저장했다. 이 좌표를 계산하기 위해 앞에서 언급한 거리 S_x와 S_y에 대한 공식을 사용했다.

마지막으로 x, y 좌표와 draw_graph() 함수를 호출해 포물선 궤적을 표시했다. draw_graph() 함수는 show() 함수를 호출하지 않는다. 이유에 대해서는 다음 프로그램을 살펴보면 알게 될 것이다. ❹에서는 사용자가 잘못된 값을 입력하는 경우 오류 메시지를 표시하기 위해 try...except 블록을 사용했다. 이 프로그램에 대한 유효한 입력값은 정수 또는 부동소수점 숫자다. 이 프로그램을 실행하면 필요한 값을 입력하도록 요청한 다음 그림 2.14와 같은 포물선 궤적을 그린다.

Enter the initial velocity (m/s): **25**
Enter the angle of projection (degrees): **60**

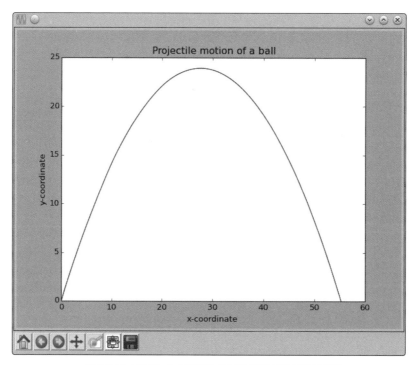

그림 2.14 속도 25m/s 투하각도 60도로 던진 공의 포물선 궤적

서로 다른 초기 속도에 따른 궤적 비교

앞에서 만든 프로그램을 이용해 여러분은 흥미로운 실험을 할 수 있었다. 예를 들어 투척한 각도는 갖고 있지만 속도가 서로 다른 3개의 공은 어떠한 궤적을 갖게 될 것인가? 공 3개의 궤적을 한 개의 그래프에 표시하려면 이전 프로그램의 main 코드 블록을 다음과 같이 변경한다.

```
if __name__ == '__main__':

    # 서로 다른 3개의 초기 속도 리스트
❶   u_list = [20, 40, 60]
    theta = 45
    for u in u_list:
        draw_trajectory(u, theta)

    # 레전드를 추가한 후 그래프를 표시하기
❷   plt.legend(['20', '40', '60'])
    plt.show()
```

프로그램 사용자가 속도와 각도를 입력하는 대신, ❶에서 속도가 20, 40, 60인 리스트(u_list)를 생성했고 투척한 각도(레이블 theta 이용)를 45도로 설정했다. theta와 u_list 내 3개 값별로 draw_trajectory() 함수를 실행해 x와 y의 좌표를 계산하고 draw_graph() 함수를 호출한다. show() 함수를 호출하면 모든 3개의 그림이 같은 그래프상에 표시된다. 여러 그림을 한 개의 그래프상에 표시했으므로 show()를 호출하기 전에 ❷에서 각 라인의 속도를 표시하기 위해 레전드를 추가한다. 앞의 프로그램을 실행한 결과는 그림 2.15와 같다.

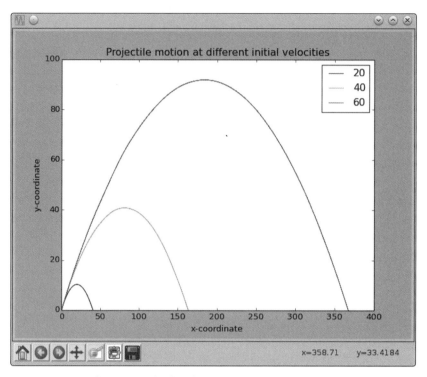

그림 2.15 60도 각도와 초기 속도 20, 40, 60m/s로 투척한 공의 궤적

학습 내용

2장에서는 맷플롯립을 이용한 그래프를 만드는 기초 기술에 대해 알아보았다. 여러분은 값의 집합 한 개를 그래프로 표시하는 방법, 여러 도표를 한 개의 그래프상에 표시하는 방법, 그래프의 다양한 부분을 레이블링해 좀 더 많은 정보를 제공하는 방법을 배웠다. 그래프를 이용해 도시의 온도 변화를 분석했고, 뉴턴의 만류인력의 법칙을 학습했다. 또한 물체의 투척 운동에 대해 학습했다. 3장에서는 파이썬을 이용해 통계학을 학습하겠다. 또한 숫자 집합 간의 관계를 쉽게 이해하기 위해 그래프를 그리는 방법에 대해 배울 것이다.

프로그래밍 연습

2장에서 학습한 내용을 이용한 몇 가지 연습문제가 있다. 샘플 해답은 웹사이트 (http://www.nostarch.com/doingmathwithpython/)를 참고하기 바란다.

#1: 낮 동안 온도는 어떻게 변화하는가?

구글 검색엔진에서 'New York Weather'와 같은 검색어를 입력하면 여러 검색 결과 중에서 오늘 하루 시간대별로 온도를 보여주는 그래프를 보게 될 것이다. 이 그래프를 만들어 보는 것이 1번 연습 과제다.

여러분이 선택한 도시에 대해 낮 동안 여러 시간대별 온도를 검색한다. 데이터를 이용해 프로그램상에서 두 개의 리스트를 만든 다음, x축에 낮시간 대를 표시하고 y축에 해당 온도를 표시한 그래프를 만든다. 이 그래프는 해당 일의 시간대별로 온도가 얼마나 변동했는지를 알려준다. 다른 도시에 대해서도 프로그램을 실행하고 동일한 그래프에 해당 변동 추이를 그래프로 그려보면 두 도시 간의 온도변화를 비교해볼 수 있다.

낮시간 대는 '10:11 AM'이나 '09:21 PM'과 같은 문자열로 표시할 수 있다.

#2: 이차방정식을 그림으로 탐색해보기

1장에서 $x^2+2x+1=0$과 같은 이차방정식의 근을 계산하는 방법을 학습했다. 이 방정식을 $y=x^2+2x+1$과 같이 작성해 함수로 만들 수 있다. 모든 x의 값에 대해 이차함수는 y값을 생성한다. 예를 들어 $x=1$, $y=4$이다. 서로 다른 6개의 x값에 대해 y값을 계산하는 프로그램은 다음과 같다.

```
'''
이차 계산기 함수
'''

#x의 값을 가정하기
```

```
❶ x_values = [-1, 1, 2, 3, 4, 5]
❷ for x in x_values:
      #이차함수의 값을 계산하기
      y = x**2 + 2*x + 1
      print('x={0} y={1}'.format(x, y))
```

❶에서 서로 다른 6개의 x값 리스트를 생성해보았다. ❷에서 for 루프는 각 값에 대한 함수의 값을 계산하였고 레이블 y를 이용해 결과 리스트를 참조하도록 했다. 다음으로 x의 값과 y의 해당 값을 출력했다. 프로그램을 실행하면 다음 결과를 볼 수 있다.

```
x=-1 y=0
x=1 y=4
x=2 y=9
x=3 y=16
x=4 y=25
x=5 y=36
```

결과의 첫 행은 함수를 0으로 만드는 값이므로 x의 값은 이차방정식의 해가 된다.

프로그래밍 연습 과제 함수의 그래프를 생성하는 기능을 개발해 현 프로그램을 개선하도록 한다. 6개의 x값 대신 10개 이상의 값을 이용해 그래프를 그리도록 하자. 함수를 이용해 y값을 계산하고 두 값의 집합을 이용해 그래프를 그린다.

그래프를 만들어 y의 값이 x에 따라 어떻게 변동하는지 분석해보자. 변동 패턴이 선형인가 아니면 비선형인가?

#3: 투척 궤적 비교 프로그램 개선

이번 프로그래밍 연습 과제는 궤적 비교 프로그램을 개선하는 것이다. 우선 주어진 속도, 투척각도에 대한 체공시간, 최대 수평이동거리, 최대 수직이동거리를 계산해 출력하는 프로그램을 개발한다.

다른 개선 기능은 사용자가 입력한 모든 초기 속도, 투척각도에 대해 프로그램이 실행하도록 하는 것이다. 예를 들어 다음은 사용자에게 값을 입력하도록 하는 예제 프로그램이다.

```
How many trajectories? 3
Enter the initial velocity for trajectory 1 (m/s): 45
Enter the angle of projection for trajectory 1 (degrees): 45
Enter the initial velocity for trajectory 2 (m/s): 60
Enter the angle of projection for trajectory 2 (degrees): 45
Enter the initial velocity for trajectory(m/s) 3: 45
Enter the angle of projection for trajectory(degrees) 3: 90
```

이외에 사용자가 오류값을 입력했을 경우 try...except 블록을 이용해 오류 입력 여부를 확인할 수 있도록 해야 한다.

#4: 비용 가시화

나는 항상 월말에 스스로 내 자신에게 묻곤 한다. "도대체 내 돈이 모두 어디로 가버린 거야?" 물론 이러한 질문은 나만이 겪는 것이 아니라고 확신한다.

연습문제에서는 주간 비용의 비교를 쉽게 할 수 있는 막대차트 제작 프로그램을 작성하도록 한다. 가장 먼저 프로그램은 비용에 대한 분류 개수와 분류별 주간 총비용을 입력하도록 한다. 다음으로 해당 비용을 보여주는 막대차트를 만들도록 한다.

다음은 프로그램의 실행 결과다.

```
Enter the number of categories: 4
Enter category: Food
Expenditure: 70
Enter category: Transportation
Expenditure: 35
Enter category: Entertainment
Expenditure: 30
Enter category: Phone/Internet
Expenditure: 30
```

그림 2.16은 비용을 비교하기 위해 생성한 막대차트다. 여러분이 월말에 주간 막대차트를 저장한다면, 서로 다른 분류별 주간 변동 비용을 볼 수 있을 것이다.

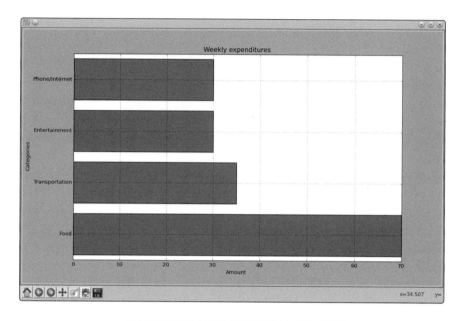

그림 2.16 분류한 항목별 주간 비용을 보여주는 막대차트

맷플롯립을 이용해 막대차트를 생성하는 방법을 설명하지 않았지만 한 번 시도해보자.

막대차트는 맷플롯립의 `barh()` 함수를 이용해 만들 수 있다. 또한 `barh()` 함수도 `pyplot` 모듈에 정의되어 있다. 그림 2.17은 지난주 동안 걸었던 걸음의 수를 보여준다. 요일은 일요일Sum, 월요일Mon, 화요일Tue 등으로 참고하도록 했다. 수평막대는 *y*축에서 시작하고 막대별로 중심은 *y*좌표가 되도록 해야 한다. 각 막대의 길이는 해당 걸음의 수를 의미한다.

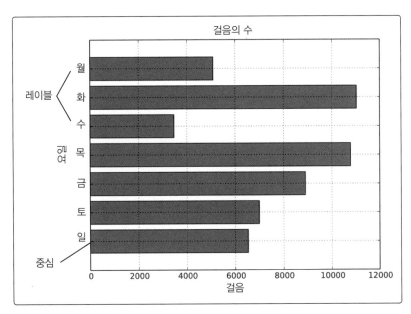

그림 2.17 한 주 동안 걸었던 걸음의 수를 보여주는 막대차트

다음 프로그램은 막대차트를 생성한다.

```
'''
수평 막대차트를 그리는 프로그램의 예
'''

import matplotlib.pyplot as plt
def create_bar_chart(data, labels):
    #막대의 수
    num_bars = len(data)
    #리스트는 y축상의 포인트로 각 막대의 중심은 y축 좌표 [1,2,3,...]이 된다.
    positions = range(1, num_bars+1)
    plt.barh(positions, data, align='center')
    #각 막대의 레이블을 설정한다.
    plt.yticks(positions, labels)
    plt.xlabel('Steps')
    plt.ylabel('Day')
    plt.title('Number of steps walked')
    #눈으로 측정하는 데 도움이 되도록 눈금을 표시한다.
    plt.grid(
```

❶ (positions = range(1, num_bars+1))
❷ (plt.barh(positions, data, align='center'))

```
    plt.show()

if __name__ == '__main__':
    #지난주 걸었던 걸음의 수
    steps = [6534, 7000, 8900, 10786, 3467, 11045, 5095]
    #해당 요일
    labels = ['Sun', 'Mon', 'Tue', 'Wed', 'Thu', 'Fri', 'Sat']
    create_bar_chart(steps, labels)
```

create_bar_chart() 함수는 두 개의 인자로 데이터(막대를 이용해 표현하려는 숫자 리스트)와 레이블(값에 대한 해당 레이블 리스트)을 갖는다. 각 막대의 중심값은 ❶에서 range() 함수를 이용해 1, 2, 3, 4 등으로 설정했다.

다음으로 ❷에서 barh() 함수를 호출해 첫 번째 두 인자로 positions와 data를 전달하고 키워드 인자로 align='center'를 전달했다. 키워드 인자는 리스트로 설정한 y축상의 위치에 막대의 중심이 오도록 했다. 다음으로 각 막대에 대한 레이블과 축별 레이블을 설정하고 yticks() 함수를 이용해 그래프 제목을 설정했다. 또한 grid() 함수를 호출해 눈금을 표시해 걸음 수를 눈으로 측정하기 쉽도록 했다. 마지막으로 show() 함수를 호출했다.

#5: 피보나치 순열과 황금비 간의 관계 탐색

피보나치 순열(1,1,2,3,5....)은 숫자열로 i번째 숫자는 이전 두 숫자의 합이 된다. 즉 숫자 (i-2)와 (i-1)의 합이다. 이 순열에서 연속 위치한 숫자는 흥미로운 관계를 보여준다. 순열을 계속 전개함에 따라 연속한 숫자쌍의 비율은 거의 동일하게 된다. 이 값을 황금비golden ratio라고 한다. 수치적으로 황금비는 1.61803398...이며 음악, 건축, 자연에서 폭넓게 연구되는 주제다. 예를 들어 황금비에 접근한다는 점을 입증하기 위해 100개의 숫자를 대상으로 연속된 피보나치 숫자 간 비를 그래프상에서 그리는 프로그램을 작성하라. 처음 n개의 피보나치 숫자 목록을 리턴하는 아래 프로그램은 문제를 해결하는 데 큰 도움이 됨을 알 수 있을 것이다.

```
def fibo(n):
```

```
if n == 1:
    return [1]
if n == 2:
    return [1, 1]
# n > 2
a = 1
b = 1
# 순열의 첫 번째
series = [a, b]
for i in range(n):
    c = a + b
    series.append(c)
    a = b
    b = c

return series
```

두 개의 구성값 프로그램의 결과는 그림 2.18과 같은 그래프여야 한다.

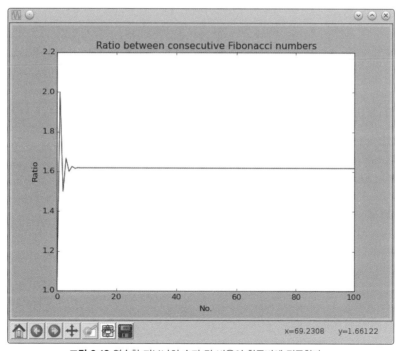

그림 2.18 연속한 피보나치 숫자 간 비율이 황금비에 접근한다

3장
통계값을 이용한 데이터 설명

3장에서는 파이썬을 이용해 통계를 살펴본다. 이를 통해 데이터 집합에 대한 학습 및 설명은 물론 이해도를 높일 수 있도록 한다. 몇 가지 기본 통계 측정값에 해당하는 평균, 중위수, 최빈수, 범위를 살펴본 후 고급 측정값에 해당하는 분산과 표준편차를 알아본다. 다음으로 두 데이터 집합 간의 관계를 정량화할 수 있는 상관계수를 계산하는 방법을 살펴본다. 3장 후반부에서는 산점도에 대해 알아볼 것이다. 이 방법과 함께 파이썬 언어와 표준라이브러리 모듈에 대해서도 알아본다. 가장 일반적으로 사용하는 통계값 중 하나인 평균mean부터 시작하자.

NOTE 통계학에서 몇몇 통계값은 모집합 데이터인가 아니면 표본인가에 따라 약간씩 차이가 있다. 3장에서는 모집단에 대한 계산 방법으로 설명한다.

평균 계산

평균은 숫자 집합을 요약하는 일반적이고 직관적인 방법이다. 'average'에는 다른 종류의 평균이 존재하지만 일반적인 사용으로 평균mean을 'average'라고 부른다. 표본숫자 집합을 취해 평균을 계산해보자.

지난 12일(이 기간을 A라고 하자) 동안 기부금을 받는 학교 자선행사가 있다고 하자. 이 기간에 다음 12개 숫자는 해당 일자에 벌어들인 기부 금액의 총액(달러)이다.

100, 60, 70, 900, 100, 200, 500, 500, 503, 600, 1000, 1200

총합을 구한 다음 기간(일)의 합으로 나누어 평균을 계산한다. 이 경우 기부금 숫자의 합은 5733이다. 만약 5733을 기간 12로 나누면 477.75가 되며, 이 값은 일별 평균 기부액이 된다. 이 값은 특정일에 얼마나 많은 금액이 기부되었는가에 대한 일반적인 생각이다.

이제 우리는 숫자 집합에 대해 평균을 계산하고 출력하는 프로그램을 작성할 수 있다. 앞에서 보았던 것처럼 평균을 계산하려면 숫자 리스트의 합을 취한 다음 이 값을 리스트 내의 아이템의 수로 나누어야 한다. 이러한 작업을 매우 쉽게 해주는 두 개의 파이썬 함수로 sum()과 len()을 살펴보자.

숫자 리스트에 대해 sum() 함수를 사용하면 리스트 내의 모든 숫자를 합하고 해당 결과를 리턴한다.

```
>>> shortlist = [1, 2, 3]
>>> sum(shortlist)
6
```

len() 함수를 사용하면 리스트의 길이를 구할 수 있다.

```
>>> len(shortlist)
3
```

리스트에 대해 len() 함수를 사용하면 shortlist에 3개의 아이템이 있으므로 3을 리턴한다. 이제 donations 리스트의 평균을 계산하는 프로그램을 작성할 준비가 되어 있다.

```
'''
평균 계산하기
'''

def calculate_mean(numbers):
❶    s = sum(numbers)
❷    N = len(numbers)
     # 평균계산
❸    mean = s/N

     return mean
if __name__ == '__main__':
❹    donations = [100, 60, 70, 900, 100, 200, 500, 500, 503, 600, 1000, 1200]
❺    mean = calculate_mean(donations)
     N = len(donations)
❻    print('Mean donation over the last {0} days is {1}'.format(N, mean))
```

가장 먼저 숫자 리스트인 numbers를 인자로 하는 함수 calculate_mean()을 정의하자. ❶에서 sum() 함수를 이용해 리스트 내의 숫자를 더하고 총합을 저장할 레이블 s를 만든다. ❷에서는 len() 함수를 사용해 리스트의 길이를 계산하고 이 값을 저장할 레이블 N을 만든다. 다음으로 ❸에서와 같이 총합(S)을 구성원의 개수(N)로 나누어 평균을 계산한다. ❹에서 기부액을 값으로 갖는 리스트 donations를 만든다. ❺에서 한 개 인자로 리스트 형을 갖는 calculate_mean() 함수를 호출한다. ❻에서 계산된 평균을 출력한다.

프로그램의 실행 결과는 다음과 같다.

```
Mean donation over the last 12 days is 477.75
```

---

calculate_mean() 함수는 모든 리스트의 합과 길이를 계산한 다음 평균을 계산하며, 이 함수를 재활용해 다른 숫자 집합에 대한 평균도 계산할 수 있다.

일별 평균 기부금은 477.75다. 처음 며칠 동안은 기부금이 평균금액보다 작고 마지막 이틀 동안의 기부액이 매우 높은 것은 큰 의미가 없다. 평균값은 데이터를 요약하는 한 가지 방법이지만 데이터에 대한 모든 정보를 제공하지는 않는다. 하지만 평균과 비교해볼 때 데이터에 대해 좀 더 많은 정보를 제공하는 다른 통계측정값이 있다.

중위수 계산

숫자 집합에 대한 중위수는 또 다른 종류의 평균average이다. 중위수를 계산하려면 오름차순으로 숫자를 정렬한다. 리스트 내 숫자의 개수가 홀수이면, 리스트의 중간에 위치한 숫자가 중위수다. 리스트 내 숫자의 개수가 짝수이면 중간에 위치한 숫자 두 개의 평균을 계산해 중위수를 계산한다. 앞에서 사용한 donations 리스트(100, 60, 70, 900, 100, 200, 500, 500, 500, 600, 1000, 1200)의 중위수를 계산해보자.

작은 것에서 가장 큰 것까지 정렬한 숫자 리스트는 60, 70, 100, 100, 200, 500, 500, 503, 600, 900, 1000, 1200이 된다. 리스트 내 아이템의 개수는 짝수(12)개이므로 중위수를 계산하기 위해 두 개의 중간 숫자를 이용해 평균을 계산한다. 이 경우 중간 숫자는 6번째와 7번째 숫자인 500과 500이고 두 숫자의 평균은 (500+500)/2=500이 된다. 따라서 중위수는 500이 된다.

이번 예제에 대해서 13번째 날에 대한 또 다른 기부금 총합을 추가해 리스트가 다음과 같이 되도록 하자.

100, 60, 70, 900, 100, 200, 500, 500, 503, 600, 1000, 1200, 800

다시 한 번 리스트를 정렬해 60, 70, 100, 100, 200, 500, 500, 503, 600, 800, 900, 1000, 1200이 되도록 하자. 리스트(홀수 개) 내 13개의 숫자가 있으므로 리스트의 중위수는 중간 값이 된다. 이 경우에는 7번째 숫자인 500이다.

숫자 리스트의 중위수를 계산하는 프로그램을 작성하기 전에 다른 경우에 해당하는 리스트의 중간값을 자동으로 계산하는 방법에 대해 생각해보자. 리스트(N)의 길이가 홀수이면 중위수는 (N+1)/2의 위치에 있는 값이다. N의 짝수이면 두 개의 중간요소는 N/2와 (N/2)+1이 된다. 이번 절의 첫 번째 예제의 경우 N=12이므로 두 개의 중간 요소는 12/2(=6번째)와 12/2+1(=7번째) 요소가 된다. 두 번째 예제에서는 N=13이므로 7번째 요소 (N+1)/2가 중간요소가 된다.

중위수를 계산하는 함수를 작성하려면 리스트를 오름차순으로 정렬해야 한다. 다행히도 sort() 메소드가 이러한 기능을 한다.

```
>>> samplelist = [4, 1, 3]
>>> samplelist.sort()
>>> samplelist
[1, 3, 4]
```

이제 숫자 리스트의 중위수를 계산하는 다음 프로그램을 작성할 수 있다.

```
'''
중위수 계산하기
'''

def calculate_median(numbers):
❶    N = len(numbers)
❷    numbers.sort()

     #중위수 계산하기
     if N % 2 == 0:
         #N이 짝수이면
         m1 = N/2
         m2 = (N/2) + 1
         #정수로 변환해, 위치 찾기
❸       m1 = int(m1) - 1
❹       m2 = int(m2) - 1
❺       median = (numbers[m1] + numbers[m2])/2
     else:
❻       m = (N+1)/2
         #정수로 변환해, 위치 찾기
```

```
        m = int(m) - 1
        median = numbers[m]
    return median
if __name__ == '__main__':
    donations = [100, 60, 70, 900, 100, 200, 500, 500, 503, 600, 1000, 1200]
    median = calculate_median(donations)
    N = len(donations)
    print('Median donation over the last {0} days is {1}'.format(N, median))
```

프로그램의 전체 구조는 평균을 계산한 초기 프로그램의 구조와 유사하다. calculate_median() 함수는 숫자 리스트를 입력받은 평균을 계산한다. ❶에서 리스트의 길이를 계산하고 값을 참고하기 위한 레이블(N)을 생성한다. 다음으로 ❷에서 sort() 메소드를 이용해 리스트를 정렬한다.

다음으로 N이 짝수인지 여부를 확인한다. 만약 짝수이면 정렬된 리스트에서 중간 요소인 N/2과 (N/2)+1에 위치하는 m1과 m2를 계산한다. 다음 두 명령(❸과 ❹)은 m1과 m2를 두 가지 방법으로 조정한다. 첫 번째 int() 함수를 이용해 해당 값 m1과 m2를 정수 형태로 변환한다. 이는 결과가 정수이더라도 나누기 연산자의 결과는 항상 부동소수점 숫자로 리턴되어야 하기 때문이다. 예를 들면 다음과 같다.

```
>>> 6/2
3.0
```

리스트 내 인덱스로 부동소수점 숫자를 사용할 수 없다. 따라서 int()를 이용해 결과를 정수로 변환한다. 파이썬에서 리스트 내 위치는 0에서부터 시작하므로 m1과 m2로부터 1을 뺀다. 이 명령은 리스트에서 6번째와 7번째 숫자를 구하기 위해 인덱스 5와 6의 숫자를 요청해야 함을 의미한다. ❺에서 중간에 위치한 두 숫자의 평균으로 중위수를 계산한다.

❻에서 리스트 내 아이템의 수가 홀수이면 프로그램이 int()를 적용하고 1을 빼어 적합한 인덱스를 찾아내어 중위수를 계산한다. 마지막으로 프로그램은 donations 리스트의 중위수를 계산한 다음 이 값을 반환한다. 프로그램을 실행하

면 중위수는 500이 된다.

```
Median donation over the last 12 days is 500.0
```

알다시피 평균(477.75)과 중위수(500)는 특정 리스트 내 꽤 근접한 값이지만 중위수가 약간 높다.

최빈수를 계산하고 빈도 테이블 생성

평균값이나 중위수를 알아내는 대신, 가장 자주 발생한 숫자를 알아내기 원한다면 무엇을 해야 하는가? 이 숫자는 최빈값mode이라고 한다. 예를 들어 한 클래스에 20명 학생의 수학시험 점수(10점 만점)를 고려해보자.

7, 8, 9, 2, 10, 9, 9, 9, 9, 4, 5, 6, 1, 5, 6, 7, 8, 6, 1, 10

리스트의 최빈수는 어떤 점수가 리스트 내에서 가장 빈번하게 발생했는가를 보여줄 것이다. 이 리스트에서는 9점이 가장 빈번히 발생함을 알 수 있다. 따라서 9는 숫자 리스트에서 최빈수가 된다. 최빈수를 계산하는 대표 공식은 없다. 단순히 특정 숫자가 얼마나 많이 발생하는지 카운트하고 가장 빈번한 숫자를 알아내는 것이다.

최빈수를 계산하는 프로그램을 작성하려면 파이썬이 리스트 내의 각 숫자의 발생 빈도를 계산해 가장 빈발하는 숫자를 출력하도록 해야 한다. collections 모듈의 Counter 클래스는 표준 라이브러리이며 실제로 사용하기에 간단하다.

가장 공통적인 요소 알아내기

데이터 집합에서 가장 공통적인 숫자를 알아내기 위한 작업은 가장 빈발하는 숫자를 찾아내는 서브 프로그램으로 생각할 수 있다. 예를 들어 여러분이 가장 빈발하는 점수 대신에 가장 빈발하는 점수 5개를 알아내야 한다면 어떻게 해야 하는가? 이러한 질문에 쉽게 대응하기 위해서는 Counter 클래스에서 most_common() 메소드를 이용한다. 다음 예를 살펴보자.

```
>>> simplelist = [4, 2, 1, 3, 4]
>>> from collections import Counter
>>> c = Counter(simplelist)
>>> c.most_common()
[(4, 2), (1, 1), (2, 1), (3, 1)]
```

5개의 숫자 리스트로 시작해 collections 모듈에서 Counter를 임포트하자. 다음으로 Counter 객체를 생성하며 c를 이용해 해당 객체를 참고한다. 다음으로 most_common() 메소드를 호출한다. 이 메소드는 가장 일반적인 요소를 기준으로 정렬된 리스트를 리턴한다.

리스트의 각 구성원은 튜플이다. 첫 번째 튜플의 첫째 요소는 가장 빈발하는 숫자이고, 둘째 요소는 발생한 숫자다. 두 번째, 세 번째 그리고 네 번째 튜플은 나타난 대상 숫자의 횟수와 함께 다른 숫자를 포함한다. 이 결과에 의하면 4가 2회로 가장 많이 발생하며 다른 숫자는 한 번씩만 발생한다. 동일 횟수가 발생하는 숫자는 most_common()에 의해 임의의 순서대로 리턴한다.

most_common() 메소드를 호출하면 리턴 대상인 가장 빈발한 요소들의 인자로서 반환하기 원하는 가장 빈발하는 요소의 횟수를 사용할 수 있다. 예를 들어 가장 빈발하는 요소를 알아내려면, 인자 1과 함께 호출한다.

```
>>> c.most_common(1)
[(4, 2)]
```

만약 2를 인자로 사용하면 다음 결과를 얻는다.

```
>>> c.most_common(2)
[(4, 2), (1, 1)]
```

이제 most_common 메소드로 리턴된 결과는 두 개의 튜플을 갖는 리스트다. 첫 번째 값이 가장 빈발하는 요소이고, 다음은 두 번째로 빈발하는 요소다. 물론 이 경우에 가장 빈발하는 몇 가지 요소가 있어서 함수가 2 또는 3이 아닌 1을 리턴한다는 사실은 임의적인 것이 아니라 이미 앞에서 언급한 것과 같다.

most_common() 메소드는 발생 횟수와 숫자를 리턴한다. 만약 숫자만을 원한다면 발생 횟수에 대해서는 큰 고려를 하지 않는다. 다음은 해당 정보를 가져오는 방법이다.

❶ ```
>>> mode = c.most_common(1)
>>> mode
[(4, 2)]
```
❷ ```
>>> mode[0]
(4, 2)
```
❸ ```
>>> mode[0][0]
4
```

❶에서는 레이블 mode를 사용해 most_common() 메소드가 리턴하는 결과를 참고했다. mode[0]과 함께 이 리스트의 첫 번째 요소를 수집하고 있다. 게다가 ❷는 튜플값을 제공한다. 튜플의 첫 번째 요소가 필요하므로 mode[0][0]으로 해당 자료를 가져올 수 있다. ❸의 결과는 4개의 가장 일반적 요소이거나 모드가 된다.

most_common() 메소드 방법의 작동 방법을 알아두었으니 해결하는 데 적용해보자.

## 최빈값 찾기
숫자 리스트에 대한 최빈값mode을 계산하는 프로그램을 작성할 수 있다.

```
'''
최빈값 계산
'''

from collections import Counter
```
```

```
     def calculate_mode(numbers):
❶       c = Counter(numbers)
❷       mode = c.most_common(1)
❸       return mode[0][0]

  if __name__=='__main__':
      scores = [7, 8, 9, 2, 10, 9, 9, 9, 9, 4, 5, 6, 1, 5, 6, 7, 8, 6, 1, 10]
      mode = calculate_mode(scores)

      print('The mode of the list of numbers is: {0}'.format(mode))
```

calculate_mode() 함수는 인자로 전달된 숫자의 최빈값을 계산하고 리턴한다. 최빈값을 계산하기 위해서는 collections 모듈에서 Counter 클래스를 임포트하고 ❶에서 Counter 객체를 생성한다. 다음으로 ❷에서 이전에 본 것과 같이 most_common() 메소드를 사용한다. 가장 빈발하는 숫자와 빈도로 구성된 튜플을 갖는 리스트를 레이블 mode에 할당한다. 마지막으로 mode[0][0]을 이용해 리스트에서 가장 빈발하는 숫자를 찾아낸다.

나머지 프로그램은 앞에서 보았던 테스트 스코어의 리스트에 calculate_mode 함수를 적용한다. 프로그램을 실행하면 다음 결과를 얻어낼 수 있다.

```
The mode of the list of numbers is: 9
```

두 개 이상의 숫자와 빈발 횟수가 같은 경우는 어떻게 해야 하는가? 예를 들어 숫자 목록 5, 5, 5, 4, 4, 4, 9, 1, 3의 경우 4와 5가 3회 발생한다. 이러한 경우 숫자 리스트는 여러 숫자를 최대 빈발 숫자로 갖는다. 따라서 모든 빈발 숫자를 계산하는 프로그램을 개발해야 한다. 이를 위해 변경된 프로그램은 다음과 같다.

```
'''
    여러 최빈값을 갖는 숫자 리스트를 대상으로 최빈값 계산하기

'''

from collections import Counter
```

```
def calculate_mode(numbers):

    c = Counter(numbers)
❶   numbers_freq = c.most_common()
❷   max_count = numbers_freq[0][1]

    modes = []
    for num in numbers_freq:
❸       if num[1] == max_count:
            modes.append(num[0])
    return modes

if __name__ == '__main__':
    scores = [5, 5, 5, 4, 4, 4, 9, 1, 3]
    modes = calculate_mode(scores)
    print('The mode(s) of the list of numbers are:')
❹   for mode in modes:
        print(mode)
```

❶에서 최빈값을 계산하는 대신, 모든 숫자와 출현 빈도를 계산한다. ❷에서 해당 숫자가 발생한 횟수의 최대값에 해당하는 최대 빈도값을 갖는 값을 알아낸다. 다음으로 ❸에서 최대 빈도와 같은 횟수를 갖는 숫자를 찾아낸다. 이 조건을 만족하는 각각의 숫자를 최빈값이라 하며 리스트 modes에 추가한 다음 최종 결과 리스트를 리턴한다.

❹에서는 calculate_mode() 함수에서 리턴되는 리스트를 대상으로 반복하고 각 숫자들을 출력한다.

이전 프로그램을 실행하면 다음과 같은 결과를 얻게 된다.

```
The mode(s) of the list of numbers are:
4
5
```

최빈값 대신 모든 숫자의 빈도를 알아내려고 한다면 어떻게 해야 하는가? 개별 빈도 테이블은 명칭과 같이 숫자 집합 내에서 해당 숫자가 발생한 횟수를 보여주는 테이블이다.

빈도 테이블 생성

다음 테스트 점수 리스트를 다시 생각해보자.

7, 8, 9, 2, 10, 9, 9 ,9 ,9, 4, 5, 6, 1, 5, 6, 7, 8, 6, 1, 10

이 리스트에 대한 빈도 테이블은 표 3.1과 같다. 각 숫자에 대해 발생 빈도는 두 번째 열 값이다.

표 3.1 빈도 테이블

점수	빈도
1	2
2	1
4	1
5	2
6	3
7	2
8	2
9	5
10	2

두 번째 열에서 개별 빈도의 합을 더하면 모든 점수의 총 빈도가 된다(예제의 경우에는 20이 된다).

most_common() 메소드를 한 번 더 사용해 주어진 숫자 집합에 대한 빈도 테이블을 출력할 수 있다. most_common() 메소드에 대해 인자를 제공하지 않는다면 모든 숫자와 해당 숫자의 발생 빈도로 구성된 튜플 리스트를 반환한다는 점을 알아두자. 간단히 빈도 테이블을 표시하기 위해 리스트에서 개별 숫자와 빈도를 출력하자.

프로그램은 다음과 같다.

```
'''
여러 숫자 리스트에 대한 빈도 테이블
'''

from collections import Counter

def frequency_table(numbers):
    table = Counter(numbers)
    print('Number\tFrequency')
    for number in table.most_common():
        print('{0}\t{1}'.format(number[0], number[1]))

if __name__=='__main__':
    scores = [7, 8, 9, 2, 10, 9, 9, 9, 9, 4, 5, 6, 1, 5, 6, 7, 8, 6, 1, 10]
    frequency_table(scores)
```

❶

❷

frequency_table() 함수는 전달된 숫자 리스트의 빈도 테이블을 출력한다. ❶ 에서 가장 먼저 Counter 객체를 생성하고 이를 참조하는 레이블 table을 만든다. ❷에서는 for 루프를 이용해 각 튜플에 대해 첫 번째 구성 숫자(자체 숫자)와 두 번째 숫자(해당 숫자의 발생 빈도)를 출력한다. 테이블에 공간을 두기 위해 개별 값 사이에 대해 탭을 출력하려면 \t를 사용한다. 이 프로그램을 실행하면 다음 결과를 얻게 된다.

점수	빈도
9	5
6	3
1	2
5	2
7	2
8	2
10	2
2	1
4	1

most_common() 함수는 빈도 기준으로 해당 숫자를 내림차순으로 목록화해 리턴한다. 만약 표 3.1과 같이 빈도가 작은 값부터 큰 값 순서로 해당 숫자를 출력하기 위해서는 튜플 리스트를 재정렬해야 한다.

이를 위해서는 앞에서 다룬 빈도 테이블 프로그램에서 sort() 메소드만 변경해야 한다.

```
'''
숫자 리스트에 대한 빈도 테이블 숫자 기준으로 정렬한 테이블을 표시하도록 개선함
'''

from collections import Counter

def frequency_table(numbers):
    table = Counter(numbers)
❶    numbers_freq = table.most_common()
❷    numbers_freq.sort()

    print('Number\tFrequency')
❸    for number in numbers_freq:
        print('{0}\t{1}'.format(number[0], number[1]))

if __name__ == '__main__':
    scores = [7, 8, 9, 2, 10, 9, 9, 9, 9, 4, 5, 6, 1, 5, 6, 7, 8, 6, 1, 10]
    frequency_table(scores)
```

❶에서 most_common() 메소드가 리턴한 리스트를 numbers_freq에 저장한 다음 ❷에서 sort() 메소드를 호출해 이 값을 정렬한다. 마지막으로 ❸에서 for 루프를 사용해 정렬된 튜플을 살펴보고 각 숫자와 빈도를 출력한다. 이 프로그램을 실행하면 표 3.1과 같이 다음 테이블을 참고할 수 있다.

점수	빈도
1	2
2	1
4	1

5	2
6	3
7	2
8	2
9	5
10	2

이 절에서는 숫자 리스트를 설명하기 위한 3가지 일반적인 측정값 평균, 중위수, 모드에 대해 알아보았다. 이 값은 유용하지만 이 값만으로 파악한다면 데이터의 다른 측면을 제대로 보여주지 못할 수도 있다. 다음으로 숫자 컬렉션에 대한 많은 결론을 도출할 수 있는 다른 고급 통계측정값을 살펴보겠다.

산포정도 측정

다음에 살펴볼 통계 계산 값은 산포를 측정해 데이터 집합 내의 숫자가 어느 정도 평균에서 떨어져 있는지를 알아낸다. 산포를 측정하는 3가지 값으로 범위range, 분산variance, 표준편차standard deviation를 알아보겠다.

숫자 집합의 범위 알아내기

다시 한 번 다음과 같이 기간 A 동안 기부금 리스트를 고려해보자.

100, 60, 70, 900, 100, 200, 500, 500, 503, 600, 1000, 1200

일별 평균 기부금은 477.75였다. 하지만 평균만을 보면 모든 기부금이 좁은 범위 내(예를 들면 400과 500 사이)에 위치하는지를 알지 못한다. 또한 그 이상으로 넓은 범위 내(예를 들어 60과 1200 사이)에 위치하는지를 모른다. 범위는 숫자 리스트에 대해 가장 큰 수와 작은 수 간의 차이가 된다. 여러분은 평균은 동일하지만 범위는 상당히 다른 숫자 그룹을 갖고 있어 평균mean, 중위수median, 최빈수mode를 보는 것으로부터 알아낼 수 있는 것 이상의 정보를 제공한다는 것을 알 수 있다.

다음은 앞에서 설명한 기부금 리스트의 범위를 계산하는 프로그램이다.

```
'''
범위(range) 알아내기
'''

def find_range(numbers):
❶    lowest = min(numbers)
❷    highest = max(numbers)
     # Find the range
     r = highest-lowest
❸    return lowest, highest, r

if __name__ == '__main__':
    donations = [100, 60, 70, 900, 100, 200, 500, 500, 503, 600, 1000, 1200]
❹    lowest, highest, r = find_range(donations)
    print('Lowest: {0} Highest: {1} Range: {2}'.format(lowest, highest, r))
```

find_range() 함수는 리스트에 대한 범위를 계산한다. 우선 ❶과 ❷에서 min()
과 max() 함수를 사용해 최소값과 최대값을 계산한다. 함수 이름이 말해주듯, 숫자
리스트 내의 최소와 최대값을 알아낸다.

이 차이를 의미하는 레이블 r을 이용해 가능성이 높은 숫자와 낮은 숫자 간 차
이를 취해 범위를 계산한다. ❸에서는 모든 3개의 숫자(최저값, 최고값, 범위)를 리턴
한다. 이 책에서 처음으로 함수로부터 여러 개(3개)의 값을 리턴하는 방법을 살펴보
았다. ❹에서는 3개의 레이블을 이용해 find_range() 함수에서 리턴되는 3개의 값
을 저장하겠다. 마지막으로 이 값을 출력한다. 이 프로그램을 실행하면 다음 결과
를 얻게 된다.

```
Lowest: 60 Highest: 1200 Range: 1140
```

이 결과를 통해 하루의 총 기부액은 꽤 많은 영역에 퍼져 있음(범위: 1140)을 알
수 있다. 즉 작게는 60에서 많게는 1200까지 분포한다.

분산과 표준편차 계산

범위는 숫자 집합에 있는 두 개의 극단값 간의 차이를 계산한다. 하지만 평균에서 모든 개별 숫자가 변동하는 정도에 대해 좀 더 많이 알고 싶다면 어떻게 해야 하는 가? 숫자들이 모두 유사하고 평균 근처에 모여 있는지 아니면 모두 차이가 커서 양 극단치에 가깝게 쏠려있는가? 숫자 리스트에 대해 더 많은 정보를 알려주는 두 가지 산포 관련 측정값은 분산variance과 표준편차standard deviation다. 이 값 중에 한 개를 계산하려면, 각 숫자와 평균 간의 차이를 계산한다. 분산은 차이의 제곱을 평균한 값이다. 분산값이 높다는 점은 평균에서 멀리 떨어져 있음을 의미한다. 낮은 분산은 값들이 평균에 가깝게 뭉쳐있음을 의미한다. 분산은 다음 공식을 이용해 계산한다.

$$\text{분산} = \frac{\sum \left(x_i - x_{\text{mean}} \right)^2}{n}$$

공식에서 x_i는 개별 값(일간 총 기부액)을 의미하고, x_{mean}은 이 숫자들의 평균(일간 평균 기부액)을 의미한다. 게다가 n은 리스트 내 값들의 총수다(기부액을 받은 날짜의 수). 리스트 내 각 값에 대해 해당 숫자와 평균 간 차이를 취해 이 값을 제곱한다. 다음으로 모든 제곱 차이를 더하고 이 값을 n으로 나누면 분산이 된다.

만약 표준편차도 계산하기를 희망한다면 분산의 제곱근을 구하면 된다. 평균의 표준편차 내에 있는 값은 꽤 일반적이다. 하지만 평균으로부터 3개 이상의 표준편차의 값만큼 떨어진 값은 비정상 또는 이상치outliers라고 한다.

산포에 대해 두 측정값인 분산과 표준편차를 갖는 이유는? 간단히 두 개의 측정값은 여러 상황에서 유용하다. 분산을 계산하기 위해 사용한 공식으로 되돌아가서 여러분은 평균으로부터 차이의 제곱에 대한 평균이므로 제곱 단위로 표현된다는 것을 알 수 있다. 수학공식을 위해 제곱근보다는 제곱으로 작업하는 것이 좀 더 좋다. 다른 측면에서 보면 표준편차는 모집단 데이터와 같은 단위로 표현해야 한다. 예를 들어 기부금 리스트(모멘트에서 수행한 것처럼)에 대한 결과는 이해하기 어려운 제곱달러로 표시해야 한다. 이와는 달리 표준편차는 기부금과 같은 단위인 달러로 표시할 수 있다.

다음 프로그램은 숫자 리스트에 대한 분산과 표준편차를 계산한다.

```
'''
숫자 리스트에 대한 분산과 표준편차 계산
'''

def calculate_mean(numbers):

    s = sum(numbers)
    N = len(numbers)
#평균 계산
mean = s/N

    return mean

def find_differences(numbers):
#평균 계산
mean = calculate_mean(numbers)
#평균과의 차이를 계산하기
diff = []
for num in numbers:
        diff.append(num-mean)

    return diff

def calculate_variance(numbers):

#차이의 리스트를 계산하기
    diff = find_differences(numbers)
    # Find the squared differences
    squared_diff = []
    for d in diff:
        squared_diff.append(d**2)
    # 분산을 계산하기
    sum_squared_diff = sum(squared_diff)
    variance = sum_squared_diff/len(numbers)
    return variance

if __name__ == '__main__':
```

❶ diff = find_differences(numbers)

❷ for d in diff:

❸ variance = sum_squared_diff/len(numbers)

```
donations = [100, 60, 70, 900, 100, 200, 500, 500, 503, 600, 1000, 1200]
variance = calculate_variance(donations)
print('The variance of the list of numbers is {0}'.format(variance))
std = variance**0.5
print('The standard deviation of the list of numbers is {0}'.format(std))
```
❹

함수 `calculate_variance()`는 전달된 숫자 리스트의 분산을 계산한다. 우선 ❶에서 `find_differences()` 함수를 호출해 평균과 각 숫자의 차이를 계산한다. `find_differences()` 함수는 리스트로서 평균과 기부금 간의 차이를 반환한다. 이 함수에서는 이전에 작성한 `calculate_mean()` 함수를 사용해 평균기부금을 계산한다. 다음으로 ❷에서 이러한 차이값의 제곱을 계산하고 `squared_diff`라는 리스트에 저장한다. 다음으로 `sum()` 함수를 이용해 차의 제곱합을 구한 다음 ❸에서 분산을 계산한다. ❹에서는 분산의 제곱근을 취해 표준편차를 계산한다.

바로 앞에서 본 프로그램을 실행할 때 다음 결과를 얻을 수 있다.

```
The variance of the list of numbers is 141047.35416666666
The standard deviation of the list of numbers is 375.5627166887931
```

분산과 표준편차가 둘 다 모두 크다면, 이는 일별 총 기부금이 평균에서 크게 벗어난다는 것을 의미한다. 평균값이 같은 다음 기부금 집합에 대한 분산과 표준편차를 비교해보자.

382, 389, 377, 397, 396, 368, 369, 392, 398, 367, 393, 396

이 경우에 분산과 표준편차는 각각 135.38888888888889와 11.63567311713804가 된다. 분산과 표준편차가 상대적으로 낮다는 것은 개별 숫자들이 평균에 가깝게 위치해 있음을 의미한다. 그림 3.1은 이러한 점을 가시적으로 보여준다.

두 기부 리스트에 대한 평균 기부금은 유사하다. 따라서 두 라인을 중첩시키면 그림에서 한 개의 라인처럼 보이게 될 것이라고 오해하게 된다. 하지만 두 번째 리스트의 기부금이 평균에 상대적으로 매우 가까운데 이러한 현상은 낮은 분산값으로부터 추론해볼 수 있다.

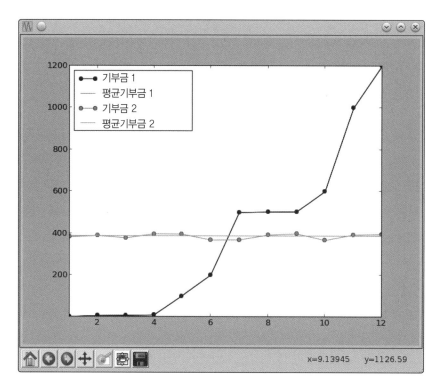

그림 3.1 평균기부액 기부금 변동

두 데이터 집합 간 상관관계 계산

이 절에서는 두 숫자 집합 간 관계의 특성과 강도를 알려주는 통계측정값(피어슨 상관계수)을 계산하는 방법에 대해 알아보겠다. 피어슨 상관계수는 간단히 상관계수라고도 한다. 이 값은 선형 관계의 강도를 측정한다. 두 데이터 집합이 비선형 관계에 있을 때 상관계수를 알아내기 위해서는 다른 측정값을 이용해야 한다(이 책에서는 이에 대해 설명은 하지 않도록 한다.) 상관계수는 양의 값 또는 음의 값을 가지며 −1 이상과 1 이하 사이의 범위를 갖는다.

상관계수가 0이면 두 데이터 간에 선형 관계가 전혀 없음을 의미한다(이 값은 두 값이 서로 독립임을 의미하지는 않는다. 예를 들어 두 값 사이에는 비선형 관계가 있을 수 있다). 상관계수가 1이거나 1에 가까우면 매우 강한 양의 선형 관계가 있음을 의미한다. 정확히 상관계수가 1이면 완전한 양의 상관관계이다. 유사하게 상관계수가 -1이거나 -1에 가까우면 강한 음의 상관관계가 있음을 의미하며 -1은 완벽한 음의 상관관계다.

상관관계와 우연성

통계학에서는 자주 "상관관계가 우연을 의미하지는 않는다"라는 문구를 읽게 된다. 이 문구는 두 개의 관측값 집합이 매우 강한 상관관계일지라도, 한 개의 변수가 다른 변수의 원인이 됨을 의미하지는 않는다. 두 개의 변수가 강한 상관관계에 있을 때, 때로는 두 변수에 영향을 주고 상관관계를 설명하는 3번째 인자가 있을 가능성이 높다. 고전적인 사례를 들면 아이스크림 판매량과 범죄율 간의 상관관계. 일반적인 도시에서 두 변수 간의 관계를 추적해보면 여러분은 상관관계를 쉽게 찾아낼 수 있다. 하지만 이러한 관계가 아이스크림 판매량이 범죄율에 영향을 미친다고 할 수 없다. 또한 그 반대로 영향을 준다고 할 수 없다. 아이스크림 판매량과 범죄율은 여름 동안 날씨가 더워질수록 상승하기 때문에 상관관계가 높다. 물론 이러한 현상으로 인해 뜨거운 날씨가 범죄율을 높이는 원인이 된다고 볼 수는 있다. 즉 상관관계 이면에는 더 복잡한 원인들이 숨어 있다.

상관계수 계산

상관계수는 다음 공식을 이용해 계산한다.

$$상관계수 = \frac{n\sum xy - \sum x \sum y}{\sqrt{\left(n\sum x^2 - (\sum x)^2\right)\left(n\sum y^2 - (\sum y)^2\right)}}$$

위 공식에서 n은 각 숫자 집합에 해당하는 값으로 총 개수다(총 개수는 동일한 값이어야 한다). 두 숫자의 집합은 x와 y라고 하자(어떤 명칭을 부여하던 상관은 없다). 나머지 용어는 다음과 같다.

$\sum xy$ 집합 x와 y의 각 요소에 대한 곱의 합

$\sum x$ 집합 x 숫자의 합

$\sum y$ 집합 y 숫자의 합

$(\sum x)^2$ 집합 x 숫자의 합의 제곱

$(\sum y)^2$ 집합 y 숫자의 합의 제곱

$\sum x^2$ 　　집합 x 숫자 제곱의 합

$\sum y^2$ 　　집합 y 숫자 제곱의 합

이러한 항목을 계산했다면 앞의 공식에 따라 해당 항목을 조합해 상관계수를 계산할 수 있다. 작은 리스트에 대해 많은 노력을 기울이지 않고 손으로도 계산이 가능하다. 하지만 각 집합의 숫자 총 개수가 늘어날수록 복잡해진다.

곧이어 상관계수를 계산하는 프로그램을 작성하겠다. 이 프로그램에서는 zip() 함수를 사용해 두 집합에 있는 숫자의 곱의 합을 계산할 수 있다. zip() 함수가 작동하는 방법의 예는 다음과 같다.

```
>>> simple_list1 = [1, 2, 3]
>>> simple_list2 = [4, 5, 6]
>>> for x, y in zip(simple_list1, simple_list2):
        print(x, y)

1 4
2 5
3 6
```

zip() 함수는 x와 y 내 해당 항목의 쌍을 리턴한다. 또한 이 함수는 다른 연산을 수행하기 위해 앞의 코드에서 출력 기능과 같이 루프 내에서 사용할 수 있다. 만약 두 리스트의 길이가 다르다면 길이가 작은 리스트의 모든 요소를 읽었을 때 해당 함수가 종료된다.

이제 상관계수를 계산하는 프로그램을 살펴보자.

```
def find_corr_x_y(x,y):
    n = len(x)

    # 곱의 합을 계산하기
    prod = []
❶   for xi,yi in zip(x,y):
        prod.append(xi*yi)
❷   sum_prod_x_y = sum(prod)
❸   sum_x = sum(x)
```

```
❹      sum_y = sum(y)
       squared_sum_x = sum_x**2
       squared_sum_y = sum_y**2

       x_square = []
❺      for xi in x:
           x_square.append(xi**2)
       # 합 계산
       x_square_sum = sum(x_square)

       y_square=[]
       for yi in y:
           y_square.append(yi**2)
       # 합 계산
       y_square_sum = sum(y_square)
   # 상관계수를 계산하는 공식을 사용한다.
❻      numerator = n*sum_prod_x_y - sum_x*sum_y
       denominator_term1 = n*x_square_sum - squared_sum_x
       denominator_term2 = n*y_square_sum - squared_sum_y
❼      denominator = (denominator_term1*denominator_term2)**0.5
❽      correlation = numerator/denominator

       return correlation
```

find_cor_x_y() 함수는 상관계수를 계산하기 위한 두 개의 숫자 x와 y를 인자로 갖는다. 함수 시작 부분에서 리스트의 길이를 계산한 후 이를 참조하는 레이블 n을 생성한다. 다음으로 ❶에서 zip() 함수를 사용하는 for 루프문을 이용해 각 리스트의 대상 값의 곱 연산을 계산한다(각 리스트의 첫째 아이템을 곱한 다음 각 리스트의 둘째 아이템 및 나머지 아이템에 대해서도 실행한다). append() 메소드를 사용해 prod라는 리스트에 곱의 결과를 추가한다.

❷에서 sum() 함수를 이용해 prod에 저장된 곱의 합을 계산한다. ❸과 ❹에서 x와 y의 숫자합을 계산한다(다시 한 번 sum() 함수를 사용한다). 다음으로 x와 y 내 요소합의 제곱을 계산하고 이를 각각 참조하기 위해 squared_sum_x와 squared_sum_y를 만든다.

❺에서 시작한 루프에서 x내 주 요소의 제곱을 계산하고 이 제곱값들의 합을 계

산한다. 다음으로 x내 각 요소에 대해서도 동일하게 실행한다. 이제 상관계수를 계산하는 데 필요한 모든 항목을 확보했다. 이를 ❻, ❼, ❽에서 실행했다. 마지막으로 상관계수를 리턴한다. 상관계수는 통계학 연구(유명미디어와 과학논문 등)에서 자주 인용되는 측정값이다. 때로는 상관계수를 이미 알고 있으며 이 값의 강도를 알아내기를 원하는 경우가 있다. 130페이지의 'csv 파일에서 데이터 읽어오기'에서 한 개 파일에서 가져온 데이터 간 상관계수를 계산할 때 이 예제를 살펴볼 것이다. 이 외에도 상관관계의 존재 유무를 다음 예제와 같이 검증해볼 수 있다.

고등학교 성적 등급과 대학입학시험 성적

이번 절에서는 가상의 고등학생 10명에 대해 고등학교 성적과 대학입학시험 성적 간 상관관계 여부를 알아보겠다. 표 3.2는 연구대상 및 실험 데이터 리스트다. '고등학교 성적 등급' 열은 해당 고등학교에서 학생의 성적 등급을 퍼센트 점수로 계산한 결과이다. '대학입학시험 성적' 열은 대학 입학 테스트에 대한 퍼센트 점수다.

표 3.2 고등학교 성적 등급과 대학입학시험 성적

고등학교 성적 등급	대학입학시험 성적
90	85
92	87
95	86
96	97
87	96
87	88
90	89
95	98
98	98
96	87

이 데이터를 분석하려면 산점도를 살펴봐야 한다. 그림 3.2는 앞의 데이터 집합에 대한 산점도로 x축은 고등학교 성적 등급이고 y축은 해당 대학입학시험 성적이다.

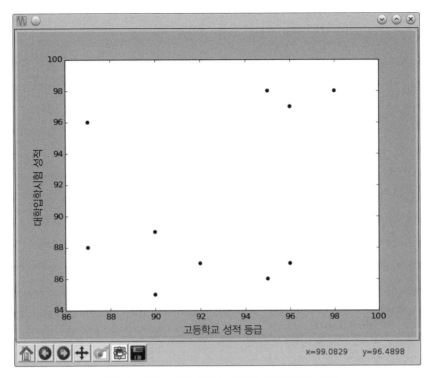

그림 3.2 고등학교 성적 등급과 대학입학시험 성적의 산점도

데이터의 산점도는 고등학교 최고 등급의 학생이 반드시 대학입학시험에서 상대적으로 좋은 성적을 얻지 않으며 반대의 경우도 동일하다. 낮은 고등학교 성적을 갖고 있는 몇 명의 학생은 대학입학시험에서 좋은 성적을 거두었다. 반면에 다른 학생들은 최상의 등급을 가졌지만 대학시험에서는 상대적으로 낮은 성적을 거두었다. 만약 앞의 프로그램을 이용해 두 데이터 집합의 상관계수를 계산하면 대략적으로 0.32가 됨을 알 수 있다. 이 값은 상관관계가 존재하지만 강도는 높지 않음을 알 수 있다. 만약 상관계수가 1에 가깝다면 산점도는 좋은 모양이 나오게 됨을 알 수 있다. 즉 모든 점들의 대각 직선에 상대적으로 가깝게 위치함을 알 수 있다.

표 3.2의 고등학교 성적 등급은 수학, 과학, 영어, 사회과학 성적의 평균이다. 대학시험은 다른 과목에 비해 수학에 상대적으로 높은 가중치를 두고 있음을 가정하자. 대학입학시험 성적 결과에 대해 학생들의 전체 고등학교 성적 등급을 살펴보기

보다는 수학 등급만을 살펴보자. 이제 표 3.3은 수학 성적(퍼센트 값)과 대학입학시험 성적이다. 산점도는 그림 3.3과 같다.

표 3.3 고등학교 수학 성적 등급과 대학입학시험 성적

고등학교 수학 성적 등급	대학입학시험 성적
83	85
85	87
84	86
96	97
94	96
86	88
87	89
97	98
97	98
85	87

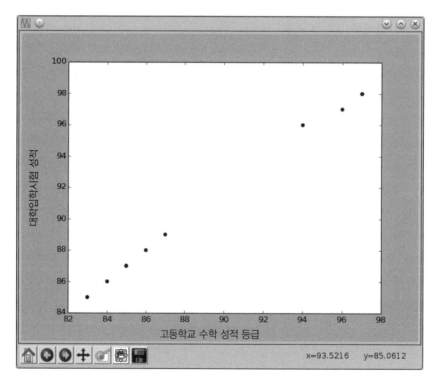

그림 3.3 고등학교 수학시험 성적등급과 대학입학시험 성적의 산점도

이제 산점도(그림 3.3)는 직선을 따라 거의 완벽하게 위치한 데이터 점을 보여준다. 고등학교 수학 성적과 대학입학 성적 간 상관관계가 매우 높음을 알려준다. 이 경우 상관계수는 거의 1이 된다. 산점도와 상관계수를 이용해 실제로 고등학교 수학시험 성적등급과 대학입학시험 성적 사이에는 강한 상관관계가 존재한다라는 결론을 내릴 수 있다.

산점도

앞의 절에서는 처음으로 산점도가 두 숫자 집합 간 상관관계의 존재가 있음을 알려주고 있다. 이 절에서는 4개의 데이터 집합을 살펴보고 산점도 분석의 중요도에 대해 알아보겠다. 이 데이터 셋에 대해 기존의 통계측정값은 모두 동일하다. 하지만 각 데이터 집합의 산점도는 중요한 차이를 보여준다.

우선 파이썬에서 산점도를 만드는 방법을 살펴보자.

```
>>> x = [1, 2, 3, 4]
>>> y = [2, 4, 6, 8]
>>> import matplotlib.pyplot as plt
>>> plt.scatter(x, y)
<matplotlib.collections.PathCollection object at 0x7f351825d550>
>>> plt.show()
```

❶에서 scatter() 함수를 이용해 숫자 x와 y의 두 리스트 간 산점도를 만들도록 하자. 이 산점도와 2장에서 만들어본 산점도의 유일한 차이는 plot() 함수 대신 scatter() 함수를 사용한 점이다. 다시 한 번 산점도를 출력하려면 show() 함수를 호출해야 한다.

산점도에 대해 좀 더 많이 살펴보려면 중요한 통계연구 결과인 프란시스 안스콤 francis Anscombe이 작성한 'Graphs in Statistical Analysis'를 살펴보자.[1] 이 연구는

---

1 프란시스 안스콤(F.J. Anscombe) 'Graphs in Statistical Analysis' 미국 통계학자 27, no.1 (1973): 17-21

4개의 다른 데이터 집합을 고려하며 이를 안스콤의 콰르텟Anscombe quartet(콰르텟은 사중주를 의미함)라고 한다.

데이터 집합은 표 3.4와 같다(원래 연구에서 재구성함).

표 3.4 안스콤의 콰르텟 – 거의 동일한 통계측정값을 갖는 4개의 다른 데이터셋

A		B		C		D	
X1	Y1	X2	Y2	X3	Y3	X4	Y4
10.0	8.04	10.0	9.14	10.0	7.46	8.0	6.58
8.0	6.95	8.0	8.14	8.0	6.77	8.0	5.76
13.0	7.58	13.0	8.74	13.0	12.74	8.0	7.71
9.0	8.81	9.0	8.77	9.0	7.11	8.0	8.84
11.0	8.33	11.0	9.26	11.0	7.81	8.0	8.47
14.0	9.96	14.0	8.1	14.0	8.84	8.0	7.04
6.0	7.24	6.0	6.13	6.0	6.08	8.0	5.25
4.0	4.26	4.0	3.1	4.0	5.39	19.0	12.5
12.0	10.84	12.0	9 .13	12.0	8.15	8.0	5.56
7.0	4.82	7.0	7.26	7.0	6.42	8.0	7.91
5.0	5.68	5.0	4.74	5.0	5.73	8.0	6.89

데이터 집합 A, B, C, D는 각각 (x1, y1), (x2, y2), (x3, y3), (x4, y4)라고 하자. 표 3.5는 두 데이터 집합의 통계측정값을 소수점 둘째 자리에서 반올림했다.

표 3.5 안스콤의 콰르텟 – 통계측정값

데이터 셋	X		Y		상관관계
	평균	표준편차	평균	표준편차	
A	9.00	3.32	7.50	2.03	0.82
B	9.00	3.32	7.50	2.03	0.82
C	9.00	3.32	7.50	2.03	0.82
D	9.00	3.32	7.50	2.03	0.82

그림 3.4는 각 데이터 집합에 대한 산점도다.

각 데이터에 대해 기존 통계측정값(표 3.5 참고)인 평균, 표준편차, 상관계수를 살펴보면 이 값들은 거의 같다. 하지만 산점도에 의하면 이러한 데이터 집합들이 실제로 각각 다름을 알 수 있다. 따라서 데이터를 분석하는 데 산점도는 중요한 도구가 될 수 있으며, 데이터 집합에 대한 결과를 도출하기 전에 다른 통계값과 함께 사용해야 한다.

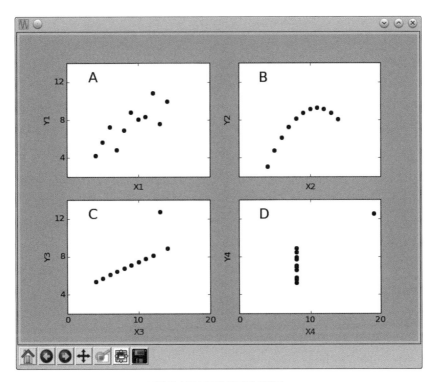

그림 3.4 안스콤의 콰르텟 산점도

파일에서 데이터 읽기

3장의 모든 프로그램에서 계산에 사용된 숫자 리스트는 모두 프로그램 자체로 작성되거나 하드코드화되어 있다. 만약 서로 다른 데이터 집합에 대한 측정값을 계산하려면 전체 신규 데이터 집합을 프로그램 내 입력해야 한다. 여러분은 사용자가 데이터를 직접 입력하는 프로그램을 만드는 방법을 알고 있다. 하지만 대량의 데이터를 대상으로 매번 사용자가 프로그램을 사용할 때마다 숫자 리스트를 입력해야 한다면 매우 불편하게 된다.

상대적으로 좋은 대안은 파일에서 사용자 데이터를 읽어오는 방법이다. 파일에서 숫자를 읽어와서 해당 데이터에 대해 수학 연산을 실행하는 간단한 예를 들어보자. 우선 신규 데이터 요소를 포함하고 있는 파일의 각 라인 단위로 간단한 텍스트 파일에서 데이터를 읽는 방법을 살펴보자. 다음으로 파일에서 데이터를 읽어오는 방법을 보여주도록 한다. 데이터는 잘 알려진 csv 포맷으로 되어 있으며 인터넷에서 다운로드할 수 있는 유용한 데이터 집합이다. 만약 파이썬으로 파일을 다루는데 익숙하지 않다면 부록 B를 참고한다.

텍스트 파일에서 데이터 읽기

3장 앞부분에서 살펴보았던 기간 A 동안의 기부금 리스트를 내용으로 하는 파일 mydata.txt를 읽어보자.

```
100
60
70
900
100
200
500
500
503
600
1000
1200
```

다음 프로그램은 이 파일을 읽고 파일 내의 숫자 합을 출력한다.

```
#파일에 저장된 숫자의 합을 계산하기
def sum_data(filename):
    s = 0
❶    with open(filename) as f:
        for line in f:
❷            s = s + float(line)
    print('Sum of the numbers: {0}'.format(s))

if __name__ == '__main__':
    sum_data('mydata.txt')
```

❶에서 sum_data() 함수는 인자 filename으로 설정된 파일을 오픈하며 이 파일을 행 단위로 읽는다(f는 파일 객체를 참조하므로 이 값이 열린 파일을 가리킨다라고 생각할 수 있다). ❷에서 각 숫자를 float() 함수로 부동소수점 숫자로 변환하고 모든 숫자를 읽을 때까지 합 연산을 실행한다. 최종 숫자는 s로 표시하며 숫자의 합을 저장하고 해당 함수의 끝부분에 출력한다.

이 프로그램을 실행하기 전에 우선 해당 데이터를 갖고 있는 mydata.txt 파일을 만들어야 한다. 다음으로 이 파일을 프로그램과 동일한 디렉토리에 저장한다. 여러분은 IDLE에서 File ▶ New Window를 클릭하고 새로운 윈도우에서 행별로 한 개씩 숫자를 입력한 다음 프로그램과 동일한 디렉토리에 mydata.txt를 저장하면 된다. 이제 프로그램을 실행하면 다음 결과를 얻게 될 것이다.

```
Sum of the numbers: 5733.0
```

3장의 모든 프로그램은 입력 데이터가 리스트로 되어 있다고 가정한다. 파일에서 데이터에 대해 이전 프로그램을 이용하려면 우선 해당 데이터에서 리스트를 생성해야 한다. 리스트를 갖게 되면 해당 통계값을 계산하기 위해 앞에서 작성한 함수를 사용할 수 있다. 다음 프로그램은 파일 mydata.txt에 저장된 숫자들의 평균을 계산한다.

```
'''
파일에 저장된 숫자의 평균을 계산한다.
'''
def read_data(filename):

    numbers = []
    with open(filename) as f:
        for line in f:
            numbers.append(float(line))
    return numbers

def calculate_mean(numbers):
    s = sum(numbers)
```

❶

```
    N = len(numbers)
    mean = s/N

    return mean

if __name__ == '__main__':
❷    data = read_data('mydata.txt')
    mean = calculate_mean(data)
    print('Mean: {0}'.format(mean))
```

calculate_mean() 함수를 호출하기 전에 파일에 저장된 숫자를 읽고 이를 리스트로 변환해야 한다. 이를 위해서는 read_data() 함수를 사용해 행별로 파일을 읽는다. ❶에서는 숫자들의 합을 계산하는 대신 이 함수는 해당 숫자를 부동소수점 숫자로 변환하고 이 값을 리스트 numbers에 추가한다. ❷에서 리스트는 레이블 data로 설정한다. 다음으로 data의 평균을 리턴하는 calculate_mean() 함수를 실행한다. 마지막으로 해당 값을 출력한다.

프로그램을 실행하면 다음 결과를 얻게 된다.

```
Mean: 477.75
```

물론 파일 내 숫자가 예제의 숫자와 다른 경우 평균값은 다를 것이다.

사용자에게 파일명을 입력하도록 요청하는 방법을 알아내고 프로그램을 변경하기 위해서는 부록 B를 참고한다. 이 기능을 통해 프로그램에서 사용자는 어떤 데이터 파일도 설정할 수 있을 것이다.

CSV 파일에서 데이터 읽어오기

콤마구분값(csv) 파일은 개별 값인 열이 콤마로 구분된 행과 열로 구성되어 있다. csv 파일의 내용은 운영체제상의 편집기나 엑셀, 오픈오피스 calc, 리브레libre 오피스 calc와 같은 다른 소프트웨어로 볼 수 있다.

몇 개의 숫자와 해당 숫자의 제곱을 데이터로 하는 표본 csv 파일은 다음과 같다.

```
Number,Squared
10,100
9,81
22,484
```

첫째 행은 헤더라고 한다. 이 경우 헤더는 파일의 첫째 열의 입력값이 숫자이고 두 번째 열은 해당 숫자의 제곱임을 알려준다. 다음 3행은 콤마로 구분된 숫자와 제곱값을 갖는다. 확장명이 .txt 파일에서 유사한 방법을 이용해 데이터를 읽어올 수 있다. 하지만 파이썬의 표준 라이브러리는 csv 파일을 읽기 위해 특정 모듈(csv)을 갖고 있으며 이 값은 해당 작업을 더 쉽게 해준다.

숫자와 제곱값을 프로그램과 동일한 디렉토리 내 파일 numbers.csv로 저장한다. 다음 프로그램은 이 파일을 읽은 다음 숫자와 해당 숫자의 제곱값에 대한 산점도를 표시해준다.

```python
import csv
import matplotlib.pyplot as plt

def scatter_plot(x, y):
    plt.scatter(x, y)
    plt.xlabel('Number')
    plt.ylabel('Square')
    plt.show()

def read_csv(filename):

    numbers = []
    squared = []
    with open(filename) as f:
❶      reader = csv.reader(f)
        next(reader)
❷      for row in reader:
            numbers.append(int(row[0]))
            squared.append(int(row[1]))
        return numbers, squared
```

```
if __name__ == '__main__':
    numbers, squared = read_csv('numbers.csv')
    scatter_plot(numbers, squared)
```

read_csv 함수는 csv 파일을 csv 모듈에 정의한 reader() 함수를 이용해 읽는다. 이 모듈은 프로그램의 초반부에 임포트한다. 또한 이 함수는 ❶에서 인자로 전달된 파일 오브젝트와 함께 호출한다. 다음으로 이 함수는 csv 파일의 첫 라인에 포인터pointer를 리턴한다. 파일의 첫째 행은 생략하기를 원하는 헤더임을 알고 있으므로 next() 함수를 이용해 포인터를 다음 행으로 이동시킨다. ❷에서 파일의 모든 행은 개별 행을 레이블 row로 참조해 읽는다. row[0]은 데이터의 첫째 열이고 row[1]은 둘째 열이 된다. 이와 같은 파일의 경우 모든 숫자가 정수이므로 int() 함수를 이용해 해당 숫자를 문자열에서 정수로 변환한 다음 두 개의 리스트에 저장한다. 이 리스트는 숫자를 갖는 열과 해당 숫자의 제곱을 갖는 열을 반환한다.

두 리스트를 갖는 scatter_plot() 함수를 호출해 산점도를 만든다. 또한 이전에 작성한 find_corr_x_y() 함수는 두 숫자 집합의 상관계수를 계산하는 데 사용할 수 있다.

좀 더 복잡한 csv 파일을 다루어보자. 브라우저에서 https://www.google.com/trends/correlate/를 열어 희망하는 검색 질의어를 입력하자. 예제의 경우에는 summer를 입력하고 search correlations 버튼을 클릭한다. 결과값은 'Correlated with summer' 헤더 아래에 리턴된다. 첫 번째 결과는 최고 상관관계를 갖는 값으로 각 결과의 바로 옆에 있는 숫자다. 그래프 위의 산점도scatter plot 옵션을 눌러보면 x축은 summer, y축은 top result로 레이블링한 산점도를 볼 수 있다. 현재 관심사는 상관도와 산점도이므로 양 축상에 도시한 정확한 숫자는 무시한다.

산점도 위에 Export data as CSV를 클릭하면 파일 다운로드가 시작된다. 이 파일은 프로그램과 같은 디렉토리 내에 저장한다.

이 csv 파일은 앞에서 본 것과는 약간 다르다. 헤더와 데이터를 보게 되기 전까지 파일의 시작 부분에 여러 개의 공백 행과 # 부호를 갖는 행이 있다. 이러한 공백 행과 # 부호를 갖는 행은 의미가 없다. 파일의 첫 행이 헤더가 되도록 하기 위해서는 어떤 S/W를 이용해 해당 파일을 오픈하더라도 수작업으로 이를 제거하도록 한다. 또한 파일의 끝부분에서 모든 공백 행을 제거한 다음 파일을 저장한다. 파이썬에서 파일을 정제하고 이를 쉽게 처리하는 단계를 데이터 전처리preprocessing라고 한다.

헤더는 몇 개의 열을 갖는다. 각 행의 첫째 열은 각 행에서 날짜 데이터다. 각 행은 이 날짜 데이터부터 시작하는 주에 대한 데이터가 된다. 둘째 열은 입력한 검색어이고, 셋째 열은 검색한 내용과 상관도가 높은 검색 내용이다. 게다가 다른 열은 입력한 내용과 상관관계 기준 내림차순으로 정렬한 결과다. 이 열의 숫자는 검색어의 z-스코어가 된다. z-스코어는 특정 주간 동안 해당 용어가 검색된 횟수와 해당 용어에 대한 주간 평균 검색 횟수 간의 차이다. 양의 z스코어는 검색 횟수가 해당 주의 평균 검색 횟수보다 높음을 의미하고, 음의 z스코어는 낮음을 의미한다.

둘째와 셋째 열에 대한 작업을 하도록 하자. 다음 read_csv() 함수를 이용해 해당 열을 읽을 수 있다.

```
def read_csv(filename):

    with open(filename) as f:
        reader = csv.reader(f)
        next(reader)

        summer = []
        highest_correlated = []
❶       for row in reader:
            summer.append(float(row[1]))
            highest_correlated.append(float(row[2]))

    return summer, highest_correlated
```

이 프로그램은 read_csv 함수의 초기 버전과 유사하다. 크게 다른 부분은 ❶에서 각 리스트에 해당 값을 추가하는 방법이다. 각 행의 둘째와 셋째 구성 항목을 읽고 이를 부동소수점 숫자로 추가한다.

다음 프로그램은 이 함수를 사용해 검색한 내용과 상관도가 가장 높은 내용 간
의 상관관계를 계산한다. 또한 이러한 값들 간 산점도를 그린다.

```
import matplotlib.pyplot as plt
import csv

if __name__ == '__main__':
    summer, highest_correlated = read_csv('correlate-summer.csv')
    corr = find_corr_x_y(summer, highest_correlated)
    print('Highest correlation: {0}'.format(corr))
    scatter_plot(summer, highest_correlated)
```

❶

csv 파일은 correlate_summer.csv 파일로 저장되었고, ❶에서 read_csv() 함
수를 호출해 둘째와 셋째 열의 데이터를 읽어본다고 하자. 다음으로 앞에서 작성한
find_corr_x_y() 함수를 두 개의 리스트인 summer와 highest_correlated를 이용
해 호출한다. 이 함수는 상관계수를 리턴하고 출력한다. 이제 앞에서 작성한 두 개
의 리스트를 이용해 scatter_plot() 함수를 호출한다. 이 프로그램을 실행하기 전
에 우선 read_csv(), find_corr_x_y(), scatter_plot() 함수의 정의를 포함시켜야
한다.

프로그램을 실행하면 상관계수를 출력하고 산점도를 표시한다. 이 두 가지 값들
은 구글의 correlate 웹사이트에서 볼 수 있는 내용과 매우 유사하다.

학습 내용

3장에서는 숫자 집합을 설명하기 위해 통계측정값과 숫자 집합 간 관계를 계산하
는 방법을 학습했다. 또한 그래프를 이용해 이 측정값을 이해할 수 있었다. 이러한
통계측정값을 계산하기 위해 프로그램을 작성하는 동안 여러 새로운 프로그래밍
도구와 개념을 배워보았다.

프로그래밍 연습

3장에서 배운 것을 시도해 다음 연습문제를 해결하라.

#1: 상관계수 계산 문제 개선

앞에서 두 숫자 집합 간 상관계수를 계산하기 위한 find_corr_x_y() 함수를 작성했다. 이 함수에서는 두 개의 숫자 집합이 동일한 길이임을 가정했다. 리스트의 길이가 같은지 확인하도록 해당 함수를 개선하라. 만약 두 리스트의 길이가 같다면, 해당 함수는 나머지 계산을 그대로 실행한다. 다르다면 상관계수를 계산할 수 없다라는 오류 메시지를 출력한다.

#2: 통계값 계산기

파일 mydata.txt 내의 숫자 리스트를 대상으로 3장에서 작성한 함수를 이용해 평균, 중위수, 최빈수, 분산, 표준편차를 출력하는 통계값 계산기를 구현하라.

#3: 다른 csv 데이터로 테스트

인터넷상에서 자유롭게 사용할 수 있는 여러 가지 흥미로운 데이터 소스를 대상으로 테스트할 수 있다. 웹사이트 http://www.quandl.com/은 이러한 데이터 소스 중의 한 곳이다. 데이터 소스를 사용하기 위해 http://www.quandl.com/WORLDBANK/USA_SP_POP_TOTL/에서 csv 파일로 데이터를 다운로드한다. 이 데이터는 1960년부터 2012년 동안 매년말 미국의 총 인구수다. 다음으로 평균, 중위수, 분산, 해당 기간 동안 인구수 차에 대한 표준편차를 계산하고 이 차이를 보여주는 그래프를 만들라.

#4: 퍼센트 위치 계산

백분위수percentile는 통계학에서 공통으로 사용되는 용어로 관측값에 대해 설정한 백분율 이하의 값들을 말한다. 예를 들어 시험에서 95분위수 점수를 득한 학생의 경우 95%의 학생이 이 학생보다 낮은 점수를 받았음을 의미한다. 예를 들어 숫자 리스트 5, 1, 9, 3, 14, 9, 7에서 50번째 분위수는 7이고 25번째 백분위수는 리스트에는 존재하지 않는 3.5다.

설정한 백분위수에 해당하는 관측값을 찾아내는 방법은 다양하지만 여기서는 한 가지만 설명하겠다.[2]

백분위수 p로 관측값을 계산한다고 하자.

1. 오름차순으로 data라고 부를 수 있는 숫자 리스트를 정렬한다.
2. 다음 수식을 계산한다.

$$i = \frac{np}{100} + 0.5$$

n은 data 내 아이템의 개수다.
3. i가 정수이면 data[i]는 백분위수 p에 해당하는 숫자다.
4. i가 정수가 아니면 k는 i의 정수 부분이고 f는 i의 분수 부분이다. 숫자 (1-f)*data[k]+f*data[k+1]은 백분위 p에서 해당 숫자다.

이러한 접근을 이용해 파일 내 숫자 집합을 취하는 프로그램을 작성하고 프로그램에서 입력으로 제공된 특정 백분율에 해당하는 숫자를 표시하라.

#5: 그룹화한 빈도 테이블 생성

이러한 도전을 위해 숫자 집합에서 그룹화한 빈도 테이블을 생성하는 프로그램을 작성하라. 그룹화한 빈도 테이블은 서로 다른 클래스에 분류한 데이터의 빈도를 표시한다. 예를 들어 110페이지의 '빈도 테이블 생성'에서 논의한 다음 점수를 고려해보자.

---

2 랜 로버트슨(Ian Robertson)(스탠포드 대학, 1월, 2004년)이 저술한 'Calculating Percentiles'(http://web. stanford.edu/class/archive/anthsci/anthsci192/anthsci192.1064/handouts/calculating%20percentiles. pdf)를 참고하라.

7, 8, 9, 2, 10, 9, 9, 9, 9, 4, 5, 6, 1, 5, 6, 7, 8, 6, 1, 10

그룹화한 빈도 테이블은 이 데이터를 다음과 같이 표시한다.

등급	빈도
1–16	6
6–11	14

테이블은 등급을 다음 두 개의 클래스로 구분한다.

1-6(1 포함, 6은 미포함)

6-11(6 포함, 11은 미포함)

위 테이블은 각 부류에 속한 등급의 수를 표시한다. 각 부류의 개수와 숫자의 범위를 결정하는 것은 테이블 생성에 포함된 두 개의 주요 단계다. 예제에서는 각 부류의 숫자 범위를 똑같이 나눈 두 부류를 살펴보겠다.

클래스를 만드는 데 있어 간단한 접근 방법은 클래스의 수를 임의로 선택할 수 있음을 가정하는 것이다.

```python
def create_classes(numbers, n):
    low = min(numbers)
    high = max(numbers)
    # 클래스의 폭(width)
    width = (high - low)/n
    classes = []
    a = low
    b = low + width
    classes = []
    while a < (high-width):
        classes.append((a, b))
        a = b
        b = a + width
    # 마지막 클래스는 크기가 width보다 작을 것이다.
    classes.append((a, high+1))
    return classes
```

create_classes() 함수는 두 개의 인자(숫자 리스트 numbers, 클래스의 개수 n)를 사용한다. 이 함수는 각 튜플이 한 개의 클래스를 표시하는 튜플 리스트를 리턴한다. 예를 들어 숫자가 7, 8, 9, 2, 10, 9, 9, 9, 9, 4, 5, 6, 1, 5, 6, 7, 8, 6, 1, 10이고 n=4이면, 리스트 [(1, 3.25), (3.25, 5.5), (5.5, 7.75), (7.75, 11)]이 된다. 일단 리스트를 갖고 있으면 다음 단계는 개별 숫자를 살펴보고 어느 클래스에 속하는지를 결정한다.

create_classes() 함수를 이용해 파일에서 숫자 리스트를 읽고 그룹화한 빈도 테이블을 출력하는 프로그램을 작성하라.

4장

SYMPY를 이용한 대수와 부호 수학

지금까지의 모든 프로그램에서 수학문제와 풀이는 숫자만을 다루었다. 하지만 또 다른 방법으로 부호와 부호 간 연산을 하는 측면에서 수학을 가르치고, 배우고, 연습하는 방법이 있다. 전형적인 대수Algebra 문제에서 x와 y를 모두 생각해보자. 이러한 수학유형을 부호 수학Symbolic math이라고 하자. 클래스 math에서 x^3+3^2+3x+1 문제를 경험해보았다. 더 이상 두려워할 것 없이 4장에서 이 문제를 해결할 수 있는 프로그램을 작성하는 방법을 학습하자. 이를 위해 부호를 포함한 수식을 작성하고 이에 근거해 연산을 수행하기 위해서는 SymPy를 사용한다. 이 방법은 3번째 라이브러리에 해당하며 프로그램에서 사용하기 위한 용도로 설치한다. 설치를 위해서는 부록 A를 참고한다.

부호와 부호 연산 정의

부호Symbols는 부호 수학의 빌딩 블록을 형성한다. 용어 부호는 방정식과 대수 식에서 사용하는 x, y, a, b에 대한 일반 명칭이다. 부호를 만들고 이용하는 것은 이전과 다른 작업이다. 다음 명령문을 생각해보자.

```
>>> x = 1
>>> x + x + 1
3
```

여기서는 레이블 x를 만들고 숫자 1을 참조하도록 한다. 다음으로 명령 x+x+1을 작성하고 실행하면 결과는 3이 된다. 부호 x에 대한 결과를 얻기 위해 어떻게 해야 하는가? 파이썬을 이용해 값 3 대신 결과가 $2x+1$이 되도록 하려면 어떻게 해야 하는가? 파이썬은 x가 참조하는 값을 모르므로 x=1 명령이 없는 상태에서 x+x+1을 사용할 수 없다.

SymPy는 이와 같은 부호 측면에서 수학 수식을 표현하고 계산할 수 있는 프로그램을 작성할 수 있는 프로그램이다. 프로그램에서 부호를 사용하려면 다음과 같은 Symbol 클래스의 객체를 생성해야 한다.

```
>>> from sympy import Symbol
>>> x = Symbol('x')
```

이를 위해서는 sympy 라이브러리에서 Symbol 클래스를 임포트한다. 다음으로 'x'를 매개변수로 전달하는 해당 클래스의 객체를 생성한다. 'x'는 인용부호 내에 있는 문자열로 작성했다. 이제 부호를 이용해 수식과 방정식을 정의할 수 있다. 예를 들어 앞에서 사용한 수식은 다음과 같다.

```
>>> from sympy import Symbol
>>> x = Symbol('x')
>>> x + x + 1
```

```
2*x + 1
```

다음 결과에서 볼 수 있듯이 부호 *x*를 기준으로 정리했다. 'x=Symbol(x)' 명령에서 왼쪽의 x는 파이썬 레이블label이다. 이 레이블은 앞에서 사용한 레이블과 동일하다. 다만 이번에는 숫자 대신 부호 x를 참조한다. 좀 더 구체적으로 실행하면 부호 'x'를 표시하는 부호 객체다. 이 레이블은 반드시 부호와 일치할 필요는 없으며 a나 var1과 같은 레이블로 사용할 수 있다. 따라서 앞의 명령을 다음과 같이 사용할 수 있다.

```
>>> a = Symbol('x')
>>> a + a + 1
2*x + 1
```

일치하지 않는 레이블을 사용하면 혼란스러울 가능성이 매우 높다. 따라서 가능하면 참조부호와 동일한 문자레이블을 사용하도록 한다.

부호 객체로 표현한 부호 찾기

모든 부호 객체에 대해, 이름의 속성은 객체가 표현한 실제 부호인 문자열이다.

```
>>> x = Symbol('x')
>>> x.name
'x'
>>> a = Symbol('x')
>>> a.name
'x'
```

여러분은 레이블에 대해 .name을 이용해 저장한 부호를 추출할 수 있다.

좀 더 명확하게 설명하면 여러분이 만든 부호는 문자열과 같이 설정되어야 한다. 예를 들어 x=Symbol(x)를 이용해 부호 x를 만들 수 없다. 따라서 x=Symbol('x')를 정의해야 한다.

부호를 여러 개 정의하려면 개개의 Symbol 객체를 생성하거나 symbols() 함수를 이용해 여러 부호를 좀 더 간단하게 정의한다. 프로그램에서 3개의 부호 x, y, z를 이용한다고 하자. 이전에 했던 것과 같이 이를 개별적으로 정의할 수 있다.

```
>>> x = Symbol('x')
>>> y = Symbol('y')
>>> z = Symbol('z')
```

하지만 symbols() 함수를 이용해 한 번에 3개를 모두 정의할 수 있다.

```
>>> from sympy import symbols
>>> x,y,z = symbols('x,y,z')
```

우선 SymPy에서 symbols 함수를 임포트한 후, 생성하려는 부호 3개를 이용해 symbols 함수를 호출한다. 3개의 부호는 콤마로 구분해 작성한다. 이 명령을 실행하면 x, y, z는 3개 부호 'x', 'y', 'z'를 참조한다.

부호를 정의했으면 이를 이용해 1장에서 학습한 기초 수학 연산(+, -, /, *, **)을 실행할 수 있다. 예를 들어 다음을 실행할 수 있다.

```
>>> from sympy import Symbol
>>> x = Symbol('x')
>>> y = Symbol('y')
>>> s = x*y + x*y
>>> s
2*x*y
```

x(x+y)의 곱을 계산할 수 있는지 알아보자.

```
>>> p = x*(x + x)
>>> p
2*x**2
```

SymPy는 간단한 덧셈과 곱셈 연산을 자동으로 실행한다. 하지만 좀 더 복잡한 수식을 입력하면 수식을 간단하게 정리하지 않은 채로 그대로 둔다. 수식을 입력하면 어떻게 되는지 살펴보자.

```
>>> p = (x + 2)*(x + 3)
>>> p
(x + 2)*(x + 3)
```

SymPy가 모든 것을 곱해 결과가 x**2+5*x+6이 될 거라고 예상할 수 있다. 하지만 실행 결과 이 수식에 대해서는 입력한 내용을 그대로 정확하게 출력한다. SymPy는 대부분의 기본 수식을 자동으로 간략하게 하고 앞에서와 같이 프로그래머가 추가로 더 간략하게 하도록 한다. 수식을 전개한 결과를 얻고 싶다면 곧 설명할 예정인 expand() 함수를 이용해야 한다.

수식 계산

이미 부호로 된 수식을 정의하는 방법을 알고 있으므로 프로그램에서 이를 사용하는 것에 대해 좀 더 알아보자.

수식을 요소화하고 전개

factor() 함수는 수식을 요소로 분해하고, expand() 함수는 수식을 전개하며 이를 개개 요소의 합으로 표현한다. 기본 대수 공식 $x^2-y^2=(x+y)(x-y)$로 해당 함수를 테스트해보자. 공식의 좌측은 전개한 버전이고 우측은 전개하기 전의 해당 요소다. 공식은 두 개의 부호를 갖고 있으므로 두 개의 부호 객체를 만든다.

```
>>> from sympy import Symbol
>>> x = Symbol('x')
>>> y = Symbol('y')
```

다음으로 factor() 함수를 임포트해 앞에서 사용한 전개한 수식의 전개 버전(수식의 좌측)을 요소화한 버전(수식의 우측)으로 변환하자.

```
>>> from sympy import factor
>>> expr = x**2 - y**2
>>> factor(expr)
(x - y)*(x + y)
```

기대했던 대로 수식을 요소화한 버전을 얻게 되었다. 요소를 전개해 원래 버전으로 되돌아가자.

```
>>> factors = factor(expr)
>>> expand(factors)
x**2 - y**2
```

신규 레이블 요소factors에 요소화한 수식을 저장한 다음 수식과 함께 expand() 함수를 호출한다. 이러한 명령을 실행할 때 시작한 원래 수식을 얻는다. 좀 더 복잡한 수식인 $x^3+3x^2y+3xy^2=y^3=(x+y)^3$으로 이 함수를 실행해보자.

```
>>> expr = x**3 + 3*x**2*y + 3*x*y**2 + y**3
>>> factors = factor(expr)
>>> factors
(x + y)**3

>>> expand(factors)
x**3 + 3*x**2*y + 3*x*y**2 + y**3
```

factor() 함수는 수식을 요소화할 수 있다. 다음으로 expand() 함수는 요소화한 수식을 전개한 결과를 리턴한다.

더 이상 가능한 요소가 없는 수식을 요소화하면, factor() 함수는 원래 수식을 리턴한다. 예를 들어 다음 예를 살펴보자.

```
>>> expr = x + y + x*y
>>> factor(expr)
x*y + x + y
```

동일한 원리로 수식에서 더 이상 전개할 수 없는 expand()에 수식을 전달하면 동일한 수식을 리턴한다.

보기 좋게 출력

수식을 출력할 때 보기 좋게 하려면 pprint() 함수를 사용한다. 이 함수는 일반적으로 논문에서 작성한 대로 수식을 출력한다. 예를 들어 수식이 다음과 같다고 가정하자.

```
>>> expr = x*x + 2*x*y + y*y
```

지금까지 수행한 대로 수식을 출력하기 위해 print() 함수를 사용하면 다음과 같다.

```
>>> expr
x**2 + 2*x*y + y**2
```

이제 pprint() 함수를 사용해 앞의 수식을 출력하자.

```
>>> from sympy import pprint
>>> pprint(expr)
```
$x^2 + 2 \cdot x \cdot y + y^2$

수식이 더 깔끔하게 보인다. 예를 들어 숫자의 자승을 여러 개의 별표 대신에 위첨자로 표현했다.

수식을 출력할 때 각 항의 순서를 변경할 수도 있다. 수식 $1+2x+2x^2$을 대상으로 실행해보자.

```
>>> expr = 1 + 2*x + 2*x**2
>>> pprint(expr)
2·x² + 2·x + 1
```

수식의 각 항은 x의 자승 순서, 즉 높은 자승부터 낮은 자승 순서로 정렬한다. 만약 수식을 반대 순서로 출력하려면 다음과 같이 init_printing() 함수를 실행한다.

```
>>> from sympy import init_printing
>>> init_printing(order='rev-lex')
>>> pprint(expr)
1+2·x + 2·x²
```

가장 먼저 init_printing() 함수를 임포트하고 주인자인 order='rev-lex'를 이용해 호출한다. 이와 같은 작업은 역 사전식 순서reverse lexicographical order로 수식을 출력한다는 것을 의미한다. 이 경우에 주인자는 파이썬이 낮은 차수의 자승을 갖는 항을 우선 출력하도록 한다.

NOTE

수식의 출력 순서를 설정하기 위해 init_printing() 함수를 사용했지만 수식이 출력되는 방법을 설정하기 위해 여러 가지 방법으로 사용할 수 있다. 더 많은 옵션을 이용해 SymPy에서 출력하는 방법을 배우려면 http://docs.sympy.org/latest/tutorial/printing.html 문서를 참고하기 바란다.

지금까지 배웠던 내용을 수열 출력 프로그램을 구현하는 데 적용해보자.

수열 출력

다음 수열을 생각해보자.

$$x + \frac{x^2}{2} + \frac{x^3}{3} + \frac{x^4}{4} + ... + \frac{x^n}{n}$$

사용자가 숫자 n을 입력하면 해당 숫자에 대한 수열을 출력한다. 수열에서 x는 부호이고 n은 프로그램 사용자가 입력한 정수다. 수열의 n번째 항은 $\frac{x^n}{n}$이다. 이러한 수열을 다음 프로그램을 이용해 출력할 수 있다.

```
'''
수열 출력하기:
x+ x**2 + x**3 + ... + x**n
   ‾‾‾   ‾‾‾         ‾‾‾
    2     3           n
'''


def print_series(n):

#역순서로 출력하는 시스템 초기화
init_printing(order='rev-lex')

    x = Symbol('x')
❶   series = x
❷       for i in range(2, n+1):
❸       series = series + (x**i)/i
    pprint(series)


if __name__ == '__main__':
    n = input('Enter the number of terms you want in the series: ')
❹   print_series(int(n))
```

---

print_series() 함수는 출력 대상 수열 내 항의 개수인 정수 n을 인자로 입력받는다. ❹에서 함수를 호출하면 init() 함수를 이용해 입력값을 정수로 변환한다. 다음으로 init_printing() 함수를 호출해 수열을 역순서로 출력하도록 설정한다.

❶에서 레이블을 이용한 수열series을 생성하고 초기값으로 x를 설정한다. 다음

으로 ❷에서 for 루프를 정의해 2부터 n까지 반복 수행한다. ❸에서는 매번 루프를 반복할 때마다 다음과 같이 각 항을 수열에 추가한다.

```
i = 2, series = x + x**2 / 2
i = 3, series = x + x**2/2 + x**3/3
```

--skip--

수열의 값은 x로 시작하지만 매번 반복할 때마다 x**i/i가 수열의 값에 추가되어 원하는 수열이 완성된다. 사용하기 편리하기 위해서는 SymPy를 추가할 수 있다. 마지막으로 pprint() 함수를 사용해 수열을 출력한다.

프로그램을 실행하면 숫자를 입력한 다음 해당 항까지 수열을 출력한다.

```
Enter the number of terms you want in the series: 5
     x²    x³    x⁴    x⁵
x + -- + -- + -- + --
     2     3     4     5
```

매번 여러 개의 항을 대상으로 실행해보자. 다음으로 x의 값에 대해 수열의 합을 계산하는 방법을 살펴보겠다.

값으로 대체

SymPy를 사용해 값을 대수 수식에 사용하는 방법을 살펴보자 이 방법을 이용해 변수의 값으로 수식의 값을 계산한다. 다음과 같이 정의할 수 있는 수식 $x^2+2xy+y^2$을 생각해보자.

```
>>> x = Symbol('x')
>>> y = Symbol('y')
>>> x*x + x*y + x*y + y*y
x**2 + 2*x*y + y**2
```

만약 이 수식을 계산하려면, subs() 메소드를 사용해 부호를 숫자로 대체할 수 있다.

❶
```
>>> expr = x*x + x*y + x*y + y*y
>>> res = expr.subs({x:1, y:2})
```

우선 ❶에서 수식을 참고하는 신규 레이블을 생성한 다음 subs() 메소드를 호출한다. subs() 메소드에 대한 인자는 파이썬 딕셔너리dictionary이며 이는 두 개의 부호레이블과 각 부호에 대해 대체하고자 하는 숫자값을 갖는다. 결과를 확인해보자.

```
>>> res
9
```

한 개의 부호를 또 다른 부호로 표시하고 subs() 메소드로 대체할 수도 있다. 예를 들어 $x=1-y$이면 앞의 수식을 다음과 같이 계산할 수 있다.

```
>>> expr.subs({x:1-y})
y**2 + 2*y*(-y + 1) + (-y + 1)**2
```

파이썬 딕셔너리

딕셔너리는 또 다른 파이썬의 데이터 구조형식 리스트와 튜플은 이미 살펴 보았던 리스트와 튜플과 같은 파이썬의 데이터 구조 형식이다. 딕셔너리는 중괄호인 {} 내부에 키-값의 쌍으로 되어 있으며 각각의 키는 한 개의 값과 매치되어 있으며 콜론으로 구분한다. 앞의 코드 리스트에서 subs() 메소드에 대한 인자로 딕셔너리 {x:1, y:2}를 입력한다. 이 딕셔너리는 두 개의 키-값 쌍인 x:1과 y:2를 갖는다. 여기서 x와 y는 키 값으로 각각 1과 2를 갖는다. 여러분은 인덱스를 이용해 리스트에서 한 개의 요소를 추출하는 것과 같이 괄호 내의 관련 키를 입력해 딕셔너리에서 값을 추출할 수 있다. 예를 들어 간단한 딕셔너리를 생성한 다음 Key1에 해당하는 값을 추출한다.

```
>>> sampledict = {"key1": 5, "key2": 20}
>>> sampledict["key1"]
5
```

딕셔너리에 대해 더 많은 것을 학습하려면 부록 B를 참고하기 바란다.

결과를 좀 더 단수화(부호만 다른 같은 항을 소거함)하려면 다음과 같이 SymPy의 simplify() 함수를 사용하도록 한다.

```
❶ >>> expr_subs = expr.subs({x:1-y})
  >>> from sympy import simplify
❷ >>> simplify(expr_subs)
  1
```

❶에서 신규 레이블, expr_subs를 생성해 x=1-y를 대체한 결과를 참조한다. 다음으로 SymPy에서 simplify() 함수를 임포트하고 이를 ❷에서 호출한다. 수식의 다른 항은 서로 소거되어 결과는 1이 된다.

비록 이전 예제에서 수식의 간략화한 버전이 있었지만 SymPy가 simplify() 함수를 이용해 이를 간략화하도록 한다.

또한 simplify() 함수는 복잡한 수식을 간략화할 수 있다. 이는 로그와 삼각 trigonometric 함수를 포함한 것과 같다. 하지만 여기서는 이를 다루지 않는다.

수열값의 계산

수열-출력 프로그램을 다시 살펴보자. 수열을 출력하는 것 외에도 특정 x값에 대한 수열의 값을 계산하는 프로그램을 만든다고 하자. 즉 두 개의 값(수열의 항의 개수와 수열값에 계산될 x의 값)을 사용자가 입력하도록 한다. 다음으로 전개한 수열식과 입력값을 해당 수열에 적용한 결과를 출력하도록 한다.

```
'''
수열 출력
x+ x**2 + x**3 + ... + x**n
    ___   ___         ___
     2     3           n
'''

from sympy import Symbol, pprint, init_printing
```

```
def print_series(n, x_value):

    # 출력 시스템을 역순서로 초기화하기
    init_printing(order='rev-lex')

    x = Symbol('x')
    series = x
    for i in range(2, n+1):
        series = series + (x**i)/i
    pprint(series)

    # x_value에 수열을 계산하기
❶   series_value = series.subs({x:x_value})
    print('Value of the series at {0}: {1}'.format(x_value, series_value))

if __name__ == '__main__':
    n = input('Enter the number of terms you want in the series: ')
❷   x_value = input('Enter the value of x at which you want to evaluate the series: ')

    print_series(int(n), float(x_value))
```

print_series() 함수는 추가인자 x_value를 사용한다. 이 인자는 수열이 계산되어야 하는 x의 값이다. ❶에서 subs() 메소드를 사용해 계산을 실행하고 레이블 series_value가 결과값을 참조하도록 한다. 다음 행에서는 결과를 출력한다.

❷에서 추가 입력 명령은 사용자가 레이블 x_value를 이용해 x의 값을 입력하도록 한다. print_series() 함수를 호출하기 전에 float() 함수를 사용해 이 값을 부동소수점 숫자로 변환한다.

프로그램을 실행하면 두 개의 값을 사용자가 입력해야 하며 실행 결과로 수열과 수열의 값을 출력한다.

```
Enter the number of terms you want in the series: 5
Enter the value of x at which you want to evaluate the series: 1.2

     x²   x³   x⁴   x⁵
x + -- + -- + -- + --
     2    3    4    5
Value of the series at 1.2: 3.51206400000000
```

샘플 실행에서 5개의 수열과 x를 1.2로 설정했다. 또한 프로그램은 이에 근거해 수열값을 계산했다.

문자열을 수식으로 변환

지금까지는 개별 수식을 작업 대상으로 하는 프로그램을 만들어 보았다. 하지만 사용자가 입력한 모든 수식을 조작할 수 있는 좀 더 일반적인 프로그램을 작성하고 싶다면 어떻게 해야 하는가? 이를 위해 사용자 입력값인 문자열을 수학 연산이 가능한 것으로 변환하는 방법이 필요하다. 이 함수는 문자열을 SymPy 객체로 변환해 SymPy의 함수를 입력값에 적용할 수 있도록 한다. 다음 사용 예제를 살펴보자.

```
❶ >>> from sympy import sympify
   >>> expr = input('Enter a mathematical expression: ')
   Enter a mathematical expression: x**2 + 3*x + x**3 + 2*x
❷ >>> expr = sympify(expr)
```

❶에서 우선 sympify() 함수를 임포트한다. 다음으로 input() 함수를 이용해 입력값으로 수학 수식을 입력하도록 한다. 이 경우 이를 참조하는 레이블 expr을 이용한다. 다음으로 ❷에서 expr을 sympify() 함수의 인자로 적용한 결과인 변환 수식을 또다시 레이블 expr이 참조하도록 한다.

여러분은 이 수식에 근거해 여러 가지 연산을 실행할 수 있다. 예를 들어 2로 수식을 곱해보자.

```
>>> 2*expr
2*x**3 + 2*x**2 + 10*x
```

사용자가 유효하지 않은 수식을 입력하면 어떤 일이 발생하는가? 살펴보자.

```
>>> expr = input('Enter a mathematical expression: ')
Enter a mathematical expression: x**2 + 3*x + x**3 + 2x
>>> expr = sympify(expr)
Traceback (most recent call last):
  File "<pyshell#146>", line 1, in <module>
    expr = sympify(expr)
  File "/usr/lib/python3.3/site-packages/sympy/core/sympify.py", line 180, in sympify
    raise SympifyError('could not parse %r' % a)
sympy.core.sympify.SympifyError: SympifyError: "could not parse 'x**2 + 3*x + x**3 + 2x'"
```

마지막 행은 sympify()가 입력한 수식을 변환할 수 없음을 말해준다. 이 사용자는 2와 x 사이에 연산자를 추가하지 않았으므로, SymPy는 이 수식이 의미하는 바를 이해할 수 없게 된다. 여러분의 프로그램은 이러한 유효하지 않은 입력값을 만나게 될 경우 오류 메시지를 출력한다. Sympify Error 예외를 발생시켜보자.

```
>>> from sympy import sympify
>>> from sympy.core.sympify import SympifyError
>>> expr = input('Enter a mathematical expression: ')
Enter a mathematical expression: x**2 + 3*x + x**3 + 2x
>>> try:
    expr = sympify(expr)
except SympifyError:
    print('Invalid input')

Invalid input
```

앞의 프로그램에서 두 가지 변경사항은 sympy.core.sympify 모듈에서 sympify Error 예외 클래스를 임포트하고 try...except 블록에서 sympify() 함수를 호출한 점이다. 이제 sympify Error 예외가 발생하면 오류 메시지가 출력된다.

수식 곱하기

두 수식의 곱을 계산하는 프로그램에 sympify() 함수를 적용해보자.

```
'''
두 수식의 곱
'''

from sympy import expand, sympify
from sympy.core.sympify import SympifyError

def product(expr1, expr2):
    prod = expand(expr1*expr2)
    print(prod)

if __name__=='__main__':
    expr1 = input('Enter the first expression: ')
    expr2 = input('Enter the second expression: ')

    try:
        expr1 = sympify(expr1)
        expr2 = sympify(expr2)
    except SympifyError:
        print('Invalid input')
    else:
        product(expr1, expr2)
```

❶과 ❷에서 사용자가 두 수식을 입력한다. 다음으로 두 수식을 sympify() 함수를 이용해 SymPy가 이해할 수 있는 형태로 변환한다. try...except 블록에서 변환이 성공하면(else 블록을 실행하면) ❸에서 product() 함수를 호출한다. 이 함수에서 두 수식의 곱을 계산해 결과를 출력한다. 구성성분constituent 항의 합으로 모든 항이 표현되도록 곱을 출력하기 위해 expand() 함수를 사용하는 방법을 알아두자.

프로그램의 샘플을 실행한 결과는 다음과 같다.

```
Enter the first expression: x**2 + x*2 + x
Enter the second expression: x**3 + x*3 + x
```

```
x**5 + 3*x**4 + 4*x**3 + 12*x**2
```

마지막 행은 두 수식의 곱을 표시한다. 입력은 수식 내의 부호를 한 개 이상 갖도록 할 수 있다.

```
Enter the first expression: x*y+x
Enter the second expression: x*x+y
x**3*y + x**3 + x*y**2 + x*y
```

방정식 풀기

SymPy의 solve() 함수는 방정식에 대한 해를 찾아내는 데 사용할 수 있다. x와 같은 변수를 표현하는 부호를 갖는 수식을 입력하면 solve()는 해당 부호의 값을 계산한다. 이 함수는 항상 입력한 수식이 0이 될 것이라고 가정해 수식을 계산한다. 즉 해당 부호에 입력하면 전체 수식이 0이 되는 값을 해로서 출력한다. 간단한 방정식인 x-5=7을 보자. x의 값을 계산하기 위해 solve()를 이용하기 원한다고 할 때 우선 방정식의 한쪽이 0이 되도록 한다(x-5-7=0). 다음으로 solve()를 다음과 같이 사용한다.

```
>>> from sympy import Symbol, solve
>>> x = Symbol('x')
>>> expr = x - 5 - 7
>>> solve(expr)
[12]
```

solve()를 사용하면 수식 (x-5-7)이 0이 되도록 하는 값으로 'x'의 값을 12로 계산할 수 있다.

결과 12가 리스트에 리턴 됨을 알아두자. 방정식은 여러 개의 해를 가질 수 있다. 예를 들어 이차방정식은 두 개의 해를 갖는다. 이 경우에 리스트는 모든 해를 멤버로 갖는다. 다른 방법으로 결과를 리턴하기 위해 solve() 함수를 사용해서 각 멤버가 딕셔너리에 있도록 할 수 있다. 각 딕셔너리는 부호(변수명)와 값(해)으로 구성된다. 이러한 기능은 해가 딕셔너리 형태로 리턴될 때 각각의 해가 어떤 변수에 해당하는지 모르는 경우와 같이 한 개 이상의 변수를 갖는 연립방정식simultaneous equation에서 유용하다.

이차방정식 풀기

1장에서 두 개의 근에 대한 공식을 작성하고 상수 a, b, c의 값을 대체해 이차방정식 $ax^2 + bx + c = 0$에 대해 해를 계산해보았다. 이제 SymPy의 solve() 함수를 사용해 공식을 이용하지 않고 근을 계산해보겠다. 다음 예제를 살펴보자.

---

❶ `>>> from sympy import solve`
  `>>> x = Symbol('x')`
❷ `>>> expr = x**2 + 5*x + 4`
❸ `>>> solve(expr, dict=True)`
❹ `[{x: -4}, {x: -1}]`

---

❶에서 solve() 함수는 처음 임포트했다. 다음으로 부호 x와 이차방정식에 대한 수식인 x**2+5*x+4를 정의했다. ❸에서는 이전 수식을 이용한 solve() 함수를 호출했다. solve() 함수에 대한 두 번째 인자(dict=True)는 파이썬 딕셔너리의 리스트로서 결과를 리턴하기 위해 설정한다.

리턴된 리스트에서 각각의 해는 해당 값과 일치하는 키로 부호를 사용한 딕셔너리다. 만약 해가 비어 있으면 공백 리스트가 리턴된다. 앞의 방정식의 해는 ❹에서 볼 수 있듯이 -4와 -1이다.

1장에서 방정식 $x^2 + x + 1 = 0$의 근은 복소수임을 알게 되었다. solve()를 이용해 복소수 해를 알아내자.

`>>> x=Symbol('x')`
`>>> expr = x**2 + x + 1`

```
>>> solve(expr, dict=True)
[{x: -1/2 - sqrt(3)*I/2}, {x: -1/2 + sqrt(3)*I/2}]
```

두 개의 근 모두 I 부호가 사용된 허수부를 갖고 있다.

다른 표시로 되어 있는 한 개의 변수에 대한 해 계산

방정식의 근을 구하는 것 외에 방정식에서 부호를 이용해 한 개 변수를 표현하기
위해 solve() 함수를 사용하는 부호 수학을 이용해 볼 수 있다. 일반적인 형태의
이차방정식인 $ax^2 + bx + c = 0$의 근을 계산해보자. 이를 위해 x와 상수값에 해당하
는 3개의 부호 a, b, c를 정의하자.

```
>>> x = Symbol('x')
>>> a = Symbol('a')
>>> b = Symbol('b')
>>> c = Symbol('c')
```

다음으로 방정식에 대한 수식을 적고 solve() 함수를 사용한다.

```
>>> expr = a*x*x + b*x + c
>>> solve(expr, x, dict=True)
[{x: (-b + sqrt(-4*a*c + b**2))/(2*a)}, {x: -(b + sqrt(-4*a*c + b**2))/(2*a)}]
```

추가 인자 x를 포함해 solve() 함수에 적용하도록 한다. 방정식에는 한 개 이상
의 부호가 있으므로 solve() 함수에 어떤 부호를 대상으로 함수를 적용해야 하는
지 미리 설정해둘 필요가 있다. 따라서 앞의 명령에서는 두 번째 인자로 x값을 설
정했다. 기대한 대로 solve() 함수는 이차방정식의 근의 공식을 출력했다. 다항식
polynomial expression에서 x에 대한 값을 계산하기 위해 일반화한 공식이다.

더 명확히 하면 한 개 이상의 부호를 갖는 방정식에 solve()를 사용할 때 풀어야
할 해를 두 번째 인자로 설정한다(세 번째 인자는 결과를 리턴하는 방법을 설정한 값이다).

다음으로 물리학 예를 들어보자. 운동방정식에 따르면 초기 속도 u와 시간 t에서 등가속도 a로 움직인 물체가 이동한 거리는 다음과 같다.

$$s = ut + \frac{1}{2}at^2$$

하지만 u와 a가 주어졌을 때 주어진 거리 s를 이동하는 데 소요된 시간을 계산하려면 t를 다른 변수로 표현해야 한다. 다음은 SymPy의 solve() 함수를 사용해 문제를 해결하는 방법이다.

```
>>> from sympy import Symbol, solve, pprint
>>> s = Symbol('s')
>>> u = Symbol('u')
>>> t = Symbol('t')
>>> a = Symbol('a')
>>> expr = u*t + (1/2)*a*t*t - s
>>> t_expr = solve(expr,t, dict=True)
>>> pprint(t_expr)
```

결과는 다음과 같다.

$$\left[\left\{ t: \frac{-u + \sqrt{2.0 \cdot a \cdot s + u^2}}{a} \right\}, \left\{ t: \frac{-\left(u + \sqrt{2.0 \cdot a \cdot s + u^2}\right)}{a} \right\} \right]$$

이제 t에 대한 수식(레이블 t_expr로 참조함)을 갖게 되었으므로 subs() 메소드를 사용해 s, u, a의 값을 대체하고 t에 대한 두 개의 가능 해를 계산한다.

선형 방정식 시스템 풀기

다음 두 개의 방정식을 살펴보자.

$$2x + 3y = 6$$
$$3x + 2y = 12$$

두 방정식을 만족하는 한 쌍의 값(x, y)을 계산한다고 하자. solve() 함수를 사용해 두 방정식에 대한 해를 구할 수 있다.

우선 두 개의 부호를 정의하고 두 방정식을 만든다.

```
>>> x = Symbol('x')
>>> y = Symbol('y')
>>> expr1 = 2*x + 3*y - 6
>>> expr2 = 3*x + 2*y - 12
```

두 개의 방정식은 수식 expr1과 expr2로 각각 정의한다. 주어진 방정식의 오른쪽 항을 모두 왼쪽으로 이동해 두 방정식 모두 0이 되도록 수식을 재정리한 방법을 잘 익혀두도록 하자. 해를 찾기 위해서는 한 개의 튜플로 이루어진 두 개의 수식을 이용해 solve() 함수를 호출한다.

```
>>> solve((expr1, expr2), dict=True)
[{y: -6/5, x: 24/5}]
```

앞에서도 언급했듯이 딕셔너리로 해를 구하는 것은 유용하다. x의 값은 24/5이고 y의 값은 -6/5이다. 구한 해가 실제로 방정식을 만족시키는지 여부를 확인하기 위해 검증을 해보자. 이를 위해 우선 얻어낸 해를 참조하는 레이블 soln을 생성하고 subs() 메소드를 사용해 두 개의 식에서 x와 y의 값을 대체한다.

```
>>> soln = solve((expr1, expr2), dict=True)
>>> soln = soln[0]
>>> expr1.subs({x:soln[x], y:soln[y]})
0
>>> expr2.subs({x:soln[x], y:soln[y]})
0
```

x와 y의 값을 두 개의 식에 적용한 결과는 0이 된다.

SymPy를 사용해 그래프 그리기

2장에서 그래프를 만들고 해당 그래프에서 숫자를 명확하게 표시하는 방법을 배웠다. 예를 들어 두 물체 사이의 거리에 대해 작용하는 인력을 그래프로 표시하기 위해 각 거리값에 대한 인력을 계산했고 거리와 힘에 대한 값의 리스트를 맷플롯립에 제공했다. 다른 측면에서 SymPy를 이용하려면 SymPy에 표시하기 원하는 직선의 방정식을 전달하고 그래프를 생성한다. 방정식이 $y = 2x + 3$인 직선을 표시하자.

```
>>> from sympy.plotting import plot
>>> from sympy import Symbol
>>> x = Symbol('x')
>>> plot(2*x+3)
```

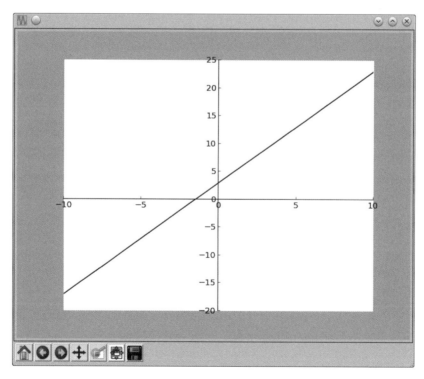

그림 4.1 직선 y=2x+3의 그래프

sympy.plotting에서 plot와 Symbol을 임포트하고 부호 x를 생성하며 수식 2*x+3을 이용해 plot() 함수를 호출하면 된다. SymPy는 이외의 모든 것을 이용해 그림 4.1과 같이 함수의 그래프를 그린다.

이 그래프는 x값의 기본 범위를 –10에서 10까지로 자동 선택한다. 그래프 윈도우는 2장과 3장에서 본 그림과 매우 유사하다는 것을 알 수 있다. 또한 그래프를 보여주기 위해 SymPy가 자동으로 알아서 실행하므로 show() 함수를 호출할 필요는 없다.

이제 앞의 그래프에서 'x'의 값을 범위 –10에서 10까지가 아닌 범위 –5에서 5까지 위치하도록 제한하기를 원한다고 하자. 이를 위해서는 다음과 같이 하면 된다.

```
>>> plot((2*x + 3), (x, -5, 5))
```

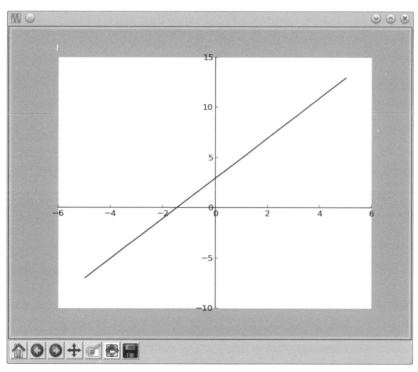

그림 4.2 x의 값이 –5부터 5까지의 범위로 한정되어 있는 직선 y=2x+3의 그래프

명령을 보면 plot() 함수의 두 번째 인자로 범위의 하한과 상한을 (x, -5, 5)로 설정한 튜플을 사용한다. 이제 그래프는 -5와 5 사이 x의 값에 해당하는 y의 값만을 출력한다(그림 4.2를 참고한다).

예를 들어 여러분은 그래프 제목을 입력하기 위해 title을 사용하거나 plot() 함수에 다른 키워드 인자를 사용할 수 있다. x축과 y축에 레이블을 설정하기 위해 xlabel과 ylabel을 사용할 수 있다. 다음 plot() 함수는 앞에서 언급한 3개의 키워드 인자를 설정한다. 그림 4.3 내의 해당 그래프를 살펴보자.

```
>>> plot(2*x + 3, (x, -5, 5), title='A Line', xlabel='x', ylabel='2x+3')
```

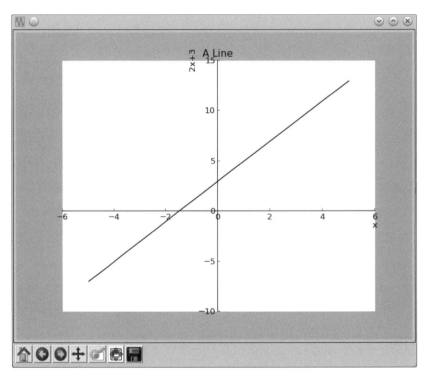

그림 4.3 직선 y=2x+3 그래프로 x의 범위와 다른 속성을 설정함

그림 4.3과 같은 그래프는 그래프 제목, x축과 y축에 레이블을 갖고 있다. 그래프는 물론 함수를 개인화하기 위해 plot() 함수에 여러 다른 키워드 인자를 설

정할 수 있다. show 키워드 인자는 표시될 그래프를 표시할지 여부를 설정한다. plot() 함수를 호출할 때 show=False로 설정하면 그래프는 표시되지 않는다.

```
>>> p = plot(2*x + 3, (x, -5, 5), title='A Line', xlabel='x', ylabel='2x+3', show=False)
```

위 코드를 실행하면 그래프가 보이지 않는다. 레이블 p는 생성한 그래프를 참조하므로 p.show()를 호출해 해당 그래프를 표시할 수 있다. 또는 다음과 같이 save() 메소드를 이용해 그래프를 이미지 파일로 저장할 수 있다.

```
>>> p.save('line.png')
```

위 명령은 현 디렉토리에 대상 그래프를 line.png로 저장한다.

사용자가 입력한 수식을 그래프로 그리기

plot() 함수에 전달한 수식은 x만으로 표시되어야 한다. 예를 들어 앞에서 plot 함수에 간단히 $2x+3$으로 입력해 $y=2x+3$을 출력했다. 만약 수식이 이러한 형태가 아니라면 해당 수식을 고쳐야 한다. 물론 이 작업을 프로그램 밖에서 수작업으로 할 수 있다. 하지만 사용자가 아무런 수식을 입력해 그래프로 그릴 수 있는 프로그램을 작성하려면 어떻게 해야 하는가? 만약 사용자가 $2x+3y-6$ 형태로 수식을 입력하면 가장 먼저 입력한 수식을 변환해야 한다. 이러한 작업을 지원하는 함수는 solve()다. 아래 예제를 살펴보자.

```
>>> expr = input('Enter an expression: ')
Enter an expression: 2*x + 3*y - 6
❶ >>> expr = sympify(expr)
❷ >>> y = Symbol('y')
>>> solve(expr, y)
❸ [-2*x/3 + 2]
```

❶에서 sympify() 함수를 사용해 입력한 수식을 SymPy 객체로 변환한다. ❷에서 'y'를 표시하기 위해 Symbol 객체를 생성했으며 SymPy에 방정식을 해결하기 위한 변수를 설정해 알려준다. 다음으로 y를 solve() 함수의 두 번째 인자로 설정해 수식을 풀어 y를 x로 전개한다. ❸에서 그래프에 필요한 x를 중심으로 방정식을 정리해 리턴한다.

마지막 수식은 리스트에 저장되므로 이를 사용하기 전에 리스트에서 추출해야 한다.

```
>>> solutions = solve(expr, 'y')
>>> expr_y = solutions[0]
>>> expr_y
-2*x/3 + 2
```
❹

레이블 solutions를 생성해 한 개의 아이템만 갖는 리스트인 solve() 함수가 리턴한 결과를 참조하도록 한다. 다음으로 ❹에서 아이템을 추출한다. 이제 plot() 함수를 호출해 수식을 그래프로 표현할 수 있다. 다음 리스트는 전체 그래프 그리기 프로그램이다.

```
'''
입력 수식의 그래프를 그리기
'''

from sympy import Symbol, sympify, solve
from sympy.plotting import plot

def plot_expression(expr):

    y = Symbol('y')
    solutions = solve(expr, y)
    expr_y = solutions[0]
    plot(expr_y)

if __name__=='__main__':
```

```
        expr = input('Enter your expression in terms of x and y: ')
try:
        expr = sympify(expr)
    except SympifyError:
        print('Invalid input')
    else:
        plot_expression(expr)
```

앞에서 설명한 프로그램은 앞에서 sympify()를 사용했던 것과 같이 try...except 블록을 포함해 유효하지 않은 입력값을 확인한다. 프로그램을 실행하고 수식을 입력하려면 해당 그래프를 생성한다.

여러 함수 그래프 그리기

SymPy 그래프 함수를 호출해 한 개의 그래프상에 여러 개의 수식을 출력하려면 SymPy의 plot 함수를 호출할 때 복수 개의 수식을 입력한다. 예를 들어 다음 코드는 한 번에 두 개의 직선을 출력한다(그림 4.4 참고).

```
>>> from sympy.plotting import plot
>>> from sympy import Symbol
>>> x = Symbol('x')
>>> plot(2*x+3, 3*x+1)
```

이 예제는 맷플롯립와 SymPy에서 그래프를 그리는 경우 차이점을 만들어준다. SymPy의 경우 두 라인은 같은 색상이지만 맷플롯립의 경우 각 라인은 서로 다른 색상으로 자동 표시된다. SymPy로 각 라인에 대해 서로 다른 색상을 설정하려면 다음 코드에서와 같이 별도로 몇 가지 추가 단계를 밟아야 한다. 이 코드는 그래프에 레전드도 포함시켰다.

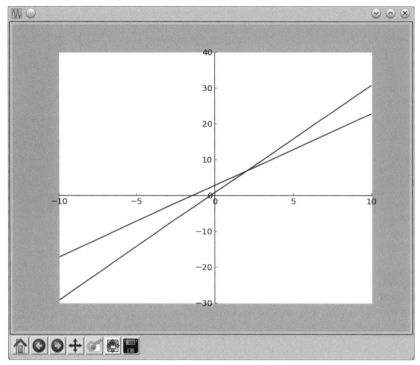

그림 4.4 동일한 그래프상에 두 개의 라인을 그리기

```
>>> from sympy.plotting import plot
>>> from sympy import Symbol
>>> x = Symbol('x')
❶ >>> p = plot(2*x+3, 3*x+1, legend=True, show=False)
❷ >>> p[0].line_color = 'b'
❸ >>> p[1].line_color = 'r'
>>> p.show()
```

❶에서 두 직선에 대한 방정식으로 plot() 함수를 호출했지만 두 개의 추가 키
워드 인자는 legend와 show로 전달했다. legend 인자를 True로 설정해 그래프에
레전드를 2장에서와 같이 추가했다. 하지만 레전드 내에서 보여준 텍스트는 그래
프로 표시한 수식과 일치해야 할 것이다. 여러분은 다른 텍스트를 설정할 수는 없
다. 또한 그래프를 그리기 전에 라인의 색을 설정해야 하기 때문에 show=False로

설정한다. ❷에서 명령 P[0]은 첫 번째 직선 2x+3을 참조하며 속성 line_color를 'b'로 설정한다. 이 명령은 해당 라인을 파란색으로 설정함을 의미한다. 똑같이 ❸에서 두 번째 그래프의 색은 문자열 'r'을 이용해 빨간색으로 설정한다. 마지막으로 show()를 호출해 그래프로 표시한다(그림 4.5 참고).

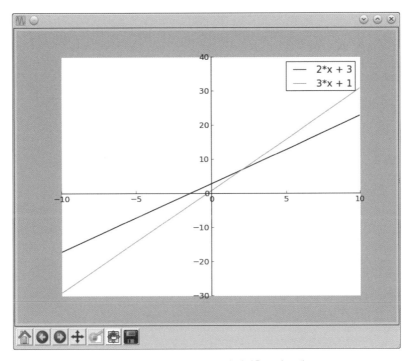

그림 4.5 서로 다른 색상으로 각 라인을 그린 그래프

빨강과 파랑 외에 녹색, 하늘색, 주황, 노랑, 검정, 흰색(각각의 경우에 색상의 첫글자를 이용한다)으로 표시할 수 있다.

학습 내용

4장에서 SymPy를 이용해 기본 수학을 학습했다. 부호를 선언하고 부호와 수학 연산자를 이용해 수식을 표시하며 방정식 풀기와 그래프 그리기를 학습했다. 5장에서는 SymPy의 특성을 더 많이 학습한다.

프로그래밍 연습

지금까지 학습한 것을 좀 더 심화해 적용하도록 도움이 되는 프로그램 문제를 풀어보자. 샘플 해답은 웹사이트(http://www.nostarch.com/doingmathwithpython/)를 참고하기 바란다.

#1: 팩터 파인더

수식의 팩터를 출력하는 factor() 함수에 대해 배웠다. 여러분이 작성해본 프로그램은 사용자가 입력한 수식을 다룰 수 있으므로 이를 개선해 사용자가 수식을 입력하도록 하고 팩터 계산 후 결과를 출력하는 프로그램을 개발하도록 했다. 이 프로그램은 예외 핸들링을 이용해 유효하지 않은 입력값을 처리할 수 있어야 한다.

#2: 그래픽을 이용한 방정식 풀기

앞에서 사용자가 3x+2y-6과 같은 수식을 입력하면 해당 그래프를 만드는 방법을 학습했다. 사용자가 두 개의 수식을 입력하면 다음과 같이 그래프로 표시하는 프로그램을 작성하라.

```
>>> expr1 = input('Enter your first expression in terms of x and y: ')
>>> expr2 = input('Enter your second expression in terms of x and y: ')
```

expr1과 expr2는 사용자가 입력한 두 개의 수식을 저장한다. try...except 블록 내 sympify() 단계를 이용해 두 개의 수식을 SymPy 객체로 변환해야 한다.

여러분은 한 개 대신 두 개의 수식을 그래프로 표시하기만 하면 된다.

일단 이러한 기능을 완성했다면 프로그램을 개선해 해를 출력하도록 한다. 이 해는 x와 y값이 둘 다 방정식을 만족시켜야 한다. 또한 그래프상에서 두 직선이 교차하는 점이 있다(힌트: 앞에서 두 선형 방정식의 해를 찾아내기 위해 solve() 함수를 사용했던 방법을 참고한다).

#3: 수열합 계산

147페이지 '수열 출력'에서 수열의 합을 계산하는 방법을 알아보았다. 모든 항에 대해 반복 명령을 적용해 수열의 같은 항을 가져오기 위한 프로그램 코드는 다음과 같다.

```
for i in range(2, n+1):
    series = series + (x**i)/i
```

SymPy의 summation() 함수는 합을 계산하는 데 직접 사용할 수 있다. 다음 예제는 앞에서 사용했던 수열의 첫 번째 5개 항의 합을 출력한다.

```
>>> from sympy import Symbol, summation, pprint
>>> x = Symbol('x')
>>> n = Symbol('n')
>>> s = summation(x**n/n, (n, 1, 5))
>>> pprint(s)
 5    4    3    2
x    x    x    x
-- + -- + -- + -- + x
5    4    3    2
```

❶에서 summation() 함수를 호출한다. 이 함수는 수열의 n번째 항을 첫 번째 인자로 하고 n의 범위를 두 번째 인자로 하는 튜플을 갖는다. 이번에는 첫 번째 5개 항에 대한 합이 필요하므로 두 번째 인자는 (n,1,5)가 된다.

일단 합을 계산했으면 subs() 메소드를 이용해 x에 대한 값을 대체해 합의 값을 계산한다.

```
>>> s.subs({x:1.2})
3.51206400000000
```

여러분은 수열의 n번째 항과 항의 개수가 주어졌을 때 임의의 수열에 대한 합을 계산할 수 있는 프로그램을 작성한다. 다음은 프로그램을 실행한 예제다.

```
Enter the nth term: a+(n-1)*d
Enter the number of terms: 3
3•a + 3•d
```

예제에서 *n*번째 항은 수학적으로 전개한 결과다. 공통치이common difference로 a와 d를 사용해 시작하면 합이 계산될 항의 개수는 3이다. 합은 3a+3d이며 이 값은 알려진 공식과 일치한다.

#4: 단일 변수의 부동식 풀기

지금까지 SymPy의 solve() 함수를 사용해 방정식을 풀기 위한 방법을 알아보았다. 하지만 SymPy는 *x*+5〉3과 sin*x*-0.6〉0과 같이 변수가 한 개인 부등식도 해결할 수 있다. 즉 SymPy는 등식 외에도 〉,〈 등과 같은 관계를 해결할 수 있다. 이러한 문제에 대해 isolve() 함수를 만들고 부등식을 취해 이를 풀고 해를 리턴한다.

첫째, 이를 구현하기 위해 SymPy 함수에 대해 배워보자. 부등식-해결 함수는 다항polynomial 부등식, 관계 부등식, 모든 다른 부등식에 대한 세 가지 함수가 사용 가능하다. 여러 가지 부등식을 해결하려면 정확한 함수를 선택해야 하며 그렇지 않은 경우에는 오류가 발생한다.

다항식은 대수로 표현된 수식으로 변수와 계수로 구성되어 있고 더하기, 빼기, 곱하기와 양의 자승만을 포함한다. 다항 부등식의 예를 들면 $x^2+4〈0$와 같다.

다항 부등식을 풀기 위해서는 solve_poly_inequality() 함수를 사용한다.

```
>>> from sympy import Poly, Symbol, solve_poly_inequality
>>> x = Symbol('x')
❶ >>> ineq_obj = -x**2 + 4 < 0
❷ >>> lhs = ineq_obj.lhs
❸ >>> p = Poly(lhs, x)
❹ >>> rel = ineq_obj.rel_op
>>> solve_poly_inequality(p, rel)
[(-oo, -2), (2, oo)]
```

❶에서 부등식 $-x^2+4 < 0$를 표현한 수식을 생성하고, 레이블 `ineq_obj`로 이 수식을 참조한다. 다음으로 ❷에서 `lhs` 속성을 이용해 부등식의 왼쪽(대수 수식 $-x^2+4$)을 추출한다. ❸에서는 ❷에서 추출한 다항식을 표현하기 위해 `Poly` 객체를 생성한다. 객체를 생성할 때 전달되는 두 번째 인자는 변수 x를 표현한 부호 객체다. ❹에서 `rel` 속성을 이용해 부등식 객체에서 관계 연산자를 추출한다. 마지막으로 다항객체 p와 rel을 갖는 두 인자로서 `solve_poly_inequality()` 함수를 호출한다. 프로그램은 튜플 리스트로 해를 리턴한다. 각 튜플은 부등식에 대한 해를 하한과 상한인 숫자의 범위로 표현한다. 이 부등식에 대한 해는 -2보다 작은 모든 숫자와 2보다 큰 모든 숫자다.

논리적 표현rational expression은 대수 수식으로 연산자와 피연산자 모두 다항식이다. 논리적 부등식의 예는 다음과 같다.

$$\frac{x-1}{x+2} > 0$$

논리적 부등식을 위해 `solve_rational_inequalities()` 함수를 사용한다.

```
>>> from sympy import Symbol, Poly, solve_rational_inequalities
>>> x = Symbol('x')
❶ >>> ineq_obj = ((x-1)/(x+2)) > 0
>>> lhs = ineq_obj.lhs
❷ >>> numer, denom = lhs.as_numer_denom()
>>> p1 = Poly(numer)
>>> p2 = Poly(denom)
>>> rel = ineq_obj.rel_op
❸ >>> solve_rational_inequalities([[((p1, p2), rel)]])
(-oo, -2) U (1, oo)
```

❶에서 논리적 부등식을 표현하는 부등식 객체를 생성한 다음 `lhs` 속성을 이용해 논리적 수식을 추출한다. ❷에서 연산자numerator와 피연산자denominator를 대상으로 `as_number_denom()` 메소드를 이용해 레이블 `number`와 `denom`으로 구분한다. 이 메소드는 두 개의 멤버로 연산자와 피연산자로 이루어진 튜플을 리턴한다. 다음으

로 연산자와 피연산자를 표현하는 두 개의 다항객체인 p1과 p2를 각각 생성한다. 관련 연산자를 가져와 solve_rational_inequalities() 함수를 호출하고 두 개의 다행 객체인 p1과 p2 그리고 관련 연산자를 함수에 전달한다.

이 프로그램은 해 (-∞, -2) ∪ (1, ∞)을 리턴하며 ∪는 두 해의 집합에 대한 합 연산이므로 -2보다 작은 모든 수와 1보다 큰 모든 수가 된다(5장에서 집합에 대해 배워보겠다).

마지막으로 sin$x$-0.6)0은 다항 또는 관계 방정식 부류에 속하지 않는 부등식의 예다. 만약 이러한 부등식을 풀려면 solve_univariate_inequality() 함수를 이용한다.

```
>>> from sympy import Symbol, solve, solve_univariate_inequality, sin
>>> x = Symbol('x')
>>> ineq_obj = sin(x) - 0.6 > 0
>>> solve_univariate_inequality(ineq_obj, x, relational=False)
(0.643501108793284, 2.49809154479651)
```

부등식 sin(x)-0.6>0를 표현하는 부등식 객체를 만든 다음 처음 두 인자로 부등식 객체 ineq_obj와 부호 객체 x를 갖는 solve_univariate_inequality() 함수를 호출한다. 키워드 인자인 relational=False는 해가 집합set으로 리턴되도록 하는 함수를 설정한다. 이 부등식에 대한 해는 프로그램이 리턴하는 튜플의 첫 번째와 두 번째 멤버에 존재하는 모든 숫자가 된다.

힌트: 편리한 함수

이제 만들어야 하는 기능은 (1) 모든 부등식을 취하는 isolve() 함수를 생성하고 (2) 부등식을 풀고 해를 리턴하기 위해 이 절에서 논의한 적합한 함수 중 하나를 선택하는 것이다. 다음 힌트는 이 함수를 구현하는 데 유용할 것이다.

is_polynomial() 메소드는 수식이 다항인지 여부를 확인하는 데 사용할 수 있다.

```
>>> x = Symbol('x')
>>> expr = x**2 - 4
>>> expr.is_polynomial()
True
>>> expr = 2*sin(x) + 3
>>> expr.is_polynomial()
False
```

is_ration_function()은 수식이 논리 수식인지 여부를 확인하는 데 사용한다.

```
>>> expr = (2+x)/(3+x)
>>> expr.is_rational_function()
True
>>> expr = 2+x
>>> expr.is_rational_function()
True
>>> expr = 2+sin(x)
>>> expr.is_rational_function()
False
```

sympify() 함수는 문자열로 표현한 부등식을 부등식 객체로 변환한다.

```
>>> from sympy import sympify
>>> sympify('x+3>0')
x + 3 > 0
```

프로그램을 실행한 후 사용자는 부등식을 입력해야 하며 해를 출력한다.

5장
집합과 확률

5장에서는 프로그램이 스스로 숫자 집합을 이해하고 처리하는 방법을 배우고, 집합을 통해 확률의 기초 개념을 이해하는 방법을 알아보겠다. 마지막으로 랜덤 시뮬레이션을 실행하기 위해 랜덤 사건을 발생시키는 방법을 학습하겠다.

집합은 무엇인가?

집합은 개별 객체(보통 요소elements나 구성원members이라고 한다)의 컬렉션이다. 집합을 객체 컬렉션과 구별할 수 있는 두 가지 특성은 다음과 같다. 첫 번째, 집합이 '잘 정의되었다.'라는 것은 컬렉션 내에 "특정 객체가 존재하는가?"라는 질문에 항상 룰이나 기준에 근거해 '예' 또는 '아니오'라고 답할 수 있음을 의미한다. 두 번째, 한 개의 집합을 구성하는 두 원소는 같지 않다라는 점이다. 집합은 구성원으로 숫자, 사람, 물건, 단어 등 아무것이나 가질 수 있다.

SymPy를 사용해 파이썬에서 집합을 대상으로 작업하는 방법을 배우고 기본 특성을 살펴보자.

집합 생성

수학적으로 집합은 구성원을 중괄호 내부에 표현한다. 예를 들어 {2, 4, 6}은 구성원으로 2, 4, 6을 갖는 집합이다. 파이썬에서 집합을 생성하려면 다음과 같이 sympy 패키지에서 FiniteSet 클래스를 사용한다.

```
>>> from sympy import FiniteSet
>>> s = FiniteSet(2, 4, 6)
>>> s
{2, 4, 6}
```

symPy 패키지에서 FiniteSet 클래스를 임포트하고, 집합구성원을 인자로 전달해 클래스 객체를 생성한다. 다음과 같이 레이블 s에 생성한 집합을 설정하자.

동일한 집합에 정수, 부동소수점수, 분수와 같이 서로 다른 유형의 숫자를 저장할 수 있다.

```
>>> from sympy import FiniteSet
>>> from fractions import Fraction
>>> s = FiniteSet(1, 1.5, Fraction(1, 5))
>>> s
{1/5, 1, 1.5}
```

집합의 카디널리티cardinality는 집합 구성원의 수로 len() 함수를 이용해 계산할 수 있다.

```
>>> s = FiniteSet(1, 1.5, 3)
>>> len(s)
3
```

대상 집합에 숫자가 존재하는지 여부 확인

현 집합의 구성원으로 숫자가 있는지 여부는 in 연산자를 사용해 알아낼 수 있다. 이 연산자는 파이썬에 해당 숫자가 집합에 존재하는지를 알아낸다. 해당 숫자가 집합에 존재하면 True를 리턴하고 아니면 False를 리턴한다. 예를 들어 앞의 집합에 4가 존재하는지 여부를 알아내기 위해서는 다음 명령을 실행한다.

```
>>> 4 in s
False
```

대상 집합에 4는 존재하지 않으므로 연산자는 False를 리턴한다.

공집합 생성

만약 구성요소가 없는 공집합empty set을 만들려고 한다면 전달할 인자가 없는 유한집합FiniteSet 객체를 생성한다. 이 경우 결과는 공집합 객체가 된다.

```
>>> s = FiniteSet()
>>> s
EmptySet()
```

리스트나 튜플에서 집합 생성

FiniteSet의 인자로 집합구성원의 리스트나 튜플 형태의 인자를 전달해 집합set을 생성할 수 있다.

```
>>> members = [1, 2, 3]
>>> s = FiniteSet(*members)
>>> s
{1, 2, 3}
```

앞의 예제에서는 FiniteSet의 인자를 집합구성원 형태로 직접 전달하는 대신 대상 값을 members 리스트에 저장한 다음, 특정 파이썬 구문을 이용해 리스트를 FiniteSet에 전달했다. 이 구문은 파이썬에서 리스트 구성원을 리스트가 아닌 개별 인자로서 전달하는 FiniteSet 객체를 생성한다. 즉 이러한 명령은 FiniteSet(1,2,3)과 같다고 볼 수 있다. 집합구성원을 대상으로 프로그램 연산 작업을 하는 경우, 이 구문을 사용한다.

집합 반복과 순서

파이썬에서 집합은 수학 집합과 같이 모든 구성원의 반복을 무시한다. 그리고 집합은 구성원의 순서를 기억하거나 저장해두지 않는다. 예를 들어 한 개의 숫자가 여러 번 존재하는 리스트를 대상으로 집합을 생성한다면, 해당 숫자는 집합에 한 번만 추가되고 반복되어 발생되는 건은 모두 무시한다.

```
>>> from sympy import FiniteSet
>>> members = [1, 2, 3, 2]
>>> FiniteSet(*members)
{1, 2, 3}
```

비록 숫자 2가 2회 발생하는 리스트 형태로 전달된다고 하더라도 생성된 집합에서 숫자 2는 한 번만 저장된다.

파이썬의 리스트와 튜플에서 각 요소는 특정 순서대로 저장된다. 하지만 집합에서는 항상 순서대로 저장되지 않는다. 예를 들어 다음과 같이 반복해 각 집합의 구성원을 출력한다고 하자.

```
>>> from sympy import FiniteSet
>>> s = FiniteSet(1, 2, 3)
>>> for member in s:
        print(member)
2
1
3
```

코드를 실행하면 집합의 구성원은 모든 가능한 순서대로 출력된다. 이렇게 출력되는 이유는 파이썬이 집합 내 어떤 구성원이 있는지를 추적하지만 구성원에 대한 순서는 별도로 저장해두지 않기 때문이다.

또 다른 예제를 살펴보자. 두 개의 집합은 동일한 요소를 갖는 경우 '같다'라고 한다. 따라서 파이썬에서 동등 연산자 ==를 이용하면 두 집합이 같은지 여부를 확인할 수 있다.

```
>>> from sympy import FiniteSet
>>> s = FiniteSet(3, 4, 5)
>>> t = FiniteSet(5, 4, 3)
>>> s == t
True
```

두 집합의 구성원이 서로 다른 순서로 나타나더라도, 집합은 여전히 같다라는 결과를 출력한다.

부분집합, 초집합, 파워집합

집합 s의 모든 구성원이 t의 구성원일 경우 s는 t의 부분집합이다. 예를 들어 집합 {1}은 집합 {1, 2}의 부분집합이다. 어떤 집합이 다른 집합의 부분집합인지 확인하려면 is_subset() 메소드를 사용한다.

```
>>> s = FiniteSet(1)
>>> t = FiniteSet(1,2)
>>> s.is_subset(t)
True
>>> t.is_subset(s)
False
```

공집합은 모든 집합의 부분집합이다. 또한 모든 집합은 다음과 같이 집합 자신의 부분집합이다.

```
>>> s.is_subset(s)
True
>>> t.is_subset(t)
True
```

집합 *t*가 집합 *s*의 구성원 모두를 포함하고 있다면 집합 *t*는 집합 *s*의 초집
합이 된다. 한 개의 집합이 또 다른 집합의 초집합인지 여부를 확인하려면 is_
superset() 메소드를 사용한다.

```
>>> s.is_superset(t)
False
>>> t.is_superset(s)
True
```

집합 *s*의 파워집합은 *s*의 가능한 모든 부분집합이다. 모든 집합 *s*는 정확히 $2^{|s|}$
개의 부분집합을 갖는다. 여기서 $|s|$는 집합 구성원의 개수다. 예를 들어 집합 {1, 2,
3}의 카디널리티는 3이므로 2^3=8개의 부분집합을 갖는다. 즉 8개의 부분집합은 {}
(공집합), {1}, {2}, {3}, {1, 2}, {2, 3}, {1, 3}, {1, 2, 3}과 같다.

모든 부분집합의 집합은 파워집합을 형성하며 파워집합은 powerset() 메소드
를 사용해 찾아낼 수 있다.

```
>>> s = FiniteSet(1, 2, 3)
>>> ps = s.powerset()
>>> ps
{{1}, {1, 2}, {1, 3}, {1, 2, 3}, {2}, {2, 3}, {3}, EmptySet()}
```

파워집합은 자체가 집합이므로 len() 함수를 사용해 집합 구성원의 개수를 계
산한다.

```
>>> len(ps)
8
```

파워집합의 개수는 $2^{|s|}$개로 예제에서는 2^3=8개다.

부분집합의 정의에 근거하면 정확히 똑같은 구성원을 갖는 두 집합은 서로가 초집합이고 부분집합이 된다. 이와는 달리 집합 s의 모든 구성원이 집합 t에 있고, 집합 t에는 집합 s에 존재하지 않는 구성원이 한 개 이상 있다면 집합 s는 t의 부분집합이 된다. 따라서 s={1, 2, 3}일 경우 집합 t가 구성원 1, 2, 3 외에 한 개 이상의 구성원을 갖고 있다면, s는 t의 부분집합이 된다. 따라서 t는 s의 초집합superset이다. is_proper_subset()과 is_proper_superset() 메소드를 이용하면 부분집합, 초집합 관계를 확인할 수 있다.

```
>>> from sympy import FiniteSet
>>> s = FiniteSet(1, 2, 3)
>>> t = FiniteSet(1, 2, 3)
>>> s.is_proper_subset(t)
False
>>> t.is_proper_superset(s)
False
```

이제 또 다른 구성원을 포함하는 집합 t를 재생성하면, s는 t의 부분집합이고 t는 s의 초집합이 됨을 알 수 있다.

```
>>> t = FiniteSet(1, 2, 3, 4)
>>> s.is_proper_subset(t)
True
>>> t.is_proper_superset(s)
True
```

> **일반 숫자 집합**
>
> 1장에서 다양한 종류의 숫자(정수, 부동소수점수, 분수, 복소수)가 있음을 배웠다. 모든 숫자는 다양한 숫자 집합을 형성하며 특정한 이름을 갖고 있다. 모든 양수와 음수는 정수 집합이 된다. 모든 양의 정수는 자연수가 된다(0은 양수가 아니지만 때로는 자연수에 포함된다. 하지만 때로는 아닌 경우도 있다). 따라서 자연수는 정수의 부분집합이다.
>
> 유리수는 모든 정수와 소수점 이하 숫자로 끝나거나 계속 반복되는 숫자로 표현할 수 있다. 예를 들어 1/4, 0.25, 1/3, 0.333...과 같은 수다. 이와는 달리 소수점 이하 숫자가 반복되지 않고 끝나지 않는 경우는 무리수다. 2와 π의 제곱근은 소수점 이하의 숫자가 반복되지 않고 전개되므로 무리수가 된다.
>
> 만약 모든 유리수와 무리수를 묶으면 실수 집합이 된다. 하지만 이보다 큰 범위로 복소수 집합이 있으며 모든 실수와 허수부로 구성된다.
>
> 모든 숫자의 집합은 구성원의 개수가 무한 개이므로 무한 집합이다. 반면에 5장에서 다룰 집합은 구성원의 개수가 유한 개이므로, 5장에서 주로 사용하는 SymPy는 FiniteSet가 된다.

집합 연산

합집합, 교집합, 카르테지안 곱과 같은 집합 연산을 이용하면 해당 연산 방법으로 집합을 연결할 수 있다. 이러한 집합 연산은 여러 개의 집합을 모두 고려해야 문제 해결 상황에서 유용하게 사용한다. 5장 후반부에서 여러 데이터 집합에 공식을 적용하고 랜덤사건의 확률을 계산하기 위해 이러한 연산을 사용하는 방법을 배우게 될 것이다.

합집합과 교집합

두 집합의 합집합은 두 집합에서 교차하지 않는 구성원 모두를 포함하는 집합이다. 집합 이론에서 합집합 연산은 부호 U으로 표시한다. 예를 들어 {1, 2}U{2, 3}은 {1, 2, 3}이 된다. SymPy에서 두 집합의 교집합은 union() 메소드를 이용해 연산을 실행할 수 있다.

```
>>> from sympy import FiniteSet
>>> s = FiniteSet(1, 2, 3)
>>> t = FiniteSet(2, 4, 6)
```

```
>>> s.union(t)
{1, 2, 3, 4, 6}
```

    s와 t의 합집합은 두 집합이 교차하지 않는 모든 구성원으로 구성된 s에 대한 union 메소드에 인자 *t*를 적용해 실행한다. 결과는 신규집합이 된다. 즉 신규 집합의 구성원은 연산 대상인 두 집합 중 한 곳 또는 두 곳 모두에 존재한다.

    두 집합의 교집합은 해당 두 집합에 공통으로 존재하는 요소로 구성된 집합이 된다. 예를 들어 집합 {1, 2}와 {2, 3}이다.

    SymPy에서 intersect() 메소드를 이용해 교집합 연산을 실행하면 다음과 같다.

```
>>> s = FiniteSet(1, 2)
>>> t = FiniteSet(2, 3)
>>> s.intersect(t)
{2}
```

    합집합 연산은 첫 번째 집합이나 두 번째 집합에 존재하는 구성원을 찾아낸다. 이와는 달리, 교집합 연산은 두 개의 집합 모두에 존재하는 구성원을 찾아낸다. 예를 들어 3개 집합의 합집합 연산은 다음과 같다.

```
>>> from sympy import FiniteSet
>>> s = FiniteSet(1, 2, 3)
>>> t = FiniteSet(2, 4, 6)
>>> u = FiniteSet(3, 5, 7)
>>> s.union(t).union(u)
{1, 2, 3, 4, 5, 6, 7}
```

    3개 집합의 교집합 연산을 계산하는 방법은 다음과 같다.

```
>>> s.intersect(t).intersect(u)
EmptySet()
```

집합 s와 t와 u에 모두 존재하는 구성원은 없으므로 교집합 연산은 공집합이다.

카르테지안 곱

두 집합의 카르테지안 곱은 각 집합이 구성원을 택해 모든 가능한 쌍으로 구성된 집합이 된다. 예를 들어 집합 {1, 2}와 {3, 4}의 카르테지안 곱은 {(1, 3), (1, 4), (2, 3), (2, 4)}가 된다. SymPy에서 두 집합의 카르테지안 곱을 계산하기 위해서는 곱 연산자(*)만 사용한다.

```
>>> from sympy import FiniteSet
>>> s = FiniteSet(1, 2)
>>> t = FiniteSet(3, 4)
>>> p = s*t
>>> p
{1, 2} x {3, 4}
```

SymPy에서 곱연산자를 사용하면 집합 s와 t의 카르테지안 곱을 취해 결과를 p에 저장한다. 실제로 카르테지안 곱에서 각 쌍을 찾아내려면 다음과 같이 반복 연산을 실행해 출력한다.

```
>>> for elem in p:
        print(elem)
(1, 3)
(1, 4)
(2, 3)
(2, 4)
```

곱의 각 요소는 첫 번째 집합의 구성원과 두 번째 집합의 구성원으로 구성된 튜플이다.

카르테지안 곱의 카디널리티는 개별 집합 카디널리티의 곱이다. 파이썬에서 이를 입증하면 다음과 같다.

```
>>> len(p) ==  len(s)*len(t)
True
```

집합에 지수연산자(**)를 적용하면 해당 집합을 대상으로 설정한 횟수만큼의 카
르테지안 곱을 계산한다.

```
>>> from sympy import FiniteSet
>>> s = FiniteSet(1, 2)
>>> p = s**3
>>> p
{1, 2} x {1, 2} x {1, 2}
```

예를 들어 집합 s를 3의 자승까지 적용해보자. 3개 집합에 대한 카르테지안 곱
을 취하면 각 집합의 구성원을 포함한 가능한 모든 집합을 제공한다.

```
>>> for elem in p:
        print(elem)
(1, 1, 1)
(1, 1, 2)
(1, 2, 1)
(1, 2, 2)
(2, 1, 1)
(2, 1, 2)
(2, 2, 1)
(2, 2, 2)
```

집합의 카르테지안 곱을 계산하는 것은 해당 집합의 구성원에 대한 가능한 모든
조합을 찾아내는 데 유용하다. 이에 대해 다음에 좀 더 살펴보겠다.

다중변수 집합에 공식 적용

간단한 길이 L의 추pendulum를 생각해보자. 이 추의 주기 T(한번의 풀 스윙을 수행하는
데 소요되는 시간)는 다음 공식으로 계산할 수 있다.

$$T = 2\pi\sqrt{\frac{L}{g}}$$

π는 수학 상수 pi이고, g는 지역 중력가속도이며 지구상에서는 대략 $9.8m/s^2$이다. π와 g는 상수이고 길이 L은 변수다.

길이에 따라 추의 주기가 어떻게 변하는지 알아보고 싶다면 길이를 다양하게 가정하고 다음 공식을 이용해 각 값에 대한 주기를 측정한다. 고등학교에서는 앞의 공식을 통해 계산한 주기와 실험을 통해 얻어낸 결과를 비교하는 실험을 한다. 예를 들어 서로 다른 길이 15, 18, 21, 22.5, 25(모두 센티미터 단위로 표현함)에 대한 추의 주기를 계산한다고 하자. 파이썬에서 공식에 의한 결과를 신속하게 계산하는 프로그램을 다음과 같이 작성할 수 있다.

```
from sympy import FiniteSet, pi
❶ def time_period(length):
       g = 9.8
       T = 2*pi*(length/g)**0.5
       return T
   if __name__ == '__main__':
❷     L = FiniteSet(15, 18, 21, 22.5, 25)
       for l in L:
❸         t = time_period(l/100)
           print('Length: {0} cm Time Period: {1:.3f} s'. format(float(l), float(t)))
```

❶에서는 함수 time_period를 정의한다. 이 함수는 length에 저장된 추의 길이를 주기 계산 공식에 적용한다. 다음으로 ❷에서 길이 집합을 정의하고, ❸에서 길이별로 time_period 함수를 적용한다. time_period 함수의 인자로 길이 값을 100으로 나눈 결과를 사용한다. 100으로 나눈 값을 사용하는 이유는 센티미터 단위를 미터 단위로 변경해 미터/초^2 단위로 표시되는 중력가속도 단위와 맞추도록 하기 위해서이다. 마지막 행에서는 계산시간을 출력한다. 프로그램을 실행하면 다음과 같은 결과를 볼 수 있다.

```
Length: 15.0 cm Time Period: 0.777 s
Length: 18.0 cm Time Period: 0.852 s
Length: 21.0 cm Time Period: 0.920 s
Length: 22.5 cm Time Period: 0.952 s
Length: 25.0 cm Time Period: 1.004 s
```

다른 중력, 다른 결과

서로 다른 3곳(현 위치인 오스트레일리아의 브리베인, 북극, 적도)에서 실험을 한다고 가정하자. 중력의 값은 위치의 경도에 따라 약간씩 변화한다. 적도에서는 약간 낮고(대략 $9.78m/s^2$) 북극에서는 약간 높다($9.83m/s^2$). 따라서 공식에서 중력의 값을 상수보다는 변수로 처리해야 하고 서로 다른 중력가속도 {9.8, 9.78, 9.83}을 이용해 계산해야 한다.

서로 다른 3곳에서 길이의 다른 5개 추의 주기를 계산해야 한다고 하자. 모든 값의 조합에 대한 주기를 계산하려면 다음과 같이 카르테지안 곱을 취한다.

```
from sympy import FiniteSet, pi

def time_period(length, g):

    T = 2*pi*(length/g)**0.5
    return T

if __name__ == '__main__':

    L = FiniteSet(15, 18, 21, 22.5, 25)
    g_values = FiniteSet(9.8, 9.78, 9.83)
❶  print('{0:^15}{1:^15}{2:^15}'.format('Length(cm)', 'Gravity(m/s^2)', 'Time  Period(s)'))
❷  for elem in L*g_values:
❸      l = elem[0]
❹      g = elem[1]
        t = time_period(l/100, g)

❺      print('{0:^15}{1:^15}{2:^15.3f}'.format(float(l), float(g), float(t)))
```

❷에서 변수집합 두 개(L, g-values)에 대한 카르테지안 곱을 취하고 모든 값의 조합에 대해 시간을 계산한다. 각 조합은 튜플로 표시하며 ❸에서 각 튜플에 대해 첫 번째 값인 길이를 추출하고 ❹에서 두 번째 값이 중력을 추출한다. 다음으로 전과 같이 인자로서 두 개의 레이블을 갖는 time_period() 함수를 호출한다. 그리고 길이(l), 중력(g), 해당기간(T)을 출력한다.

결과는 쉽게 이해할 수 있도록 테이블로 표시된다. ❶과 ❺에서 print 명령으로 테이블 출력 형식을 설정한다. 형식문자열 {0:^15} {1:^15} {2:^15.3f}는 각각 15공간 폭으로 3개의 필드를 생성하고 부호는 각 필드에 개별 입력값을 중앙에 위치하게 한다. ❺에서 print 명령의 마지막 필드인 '.3f'는 소수점 이후 3째 자리까지 값을 제한한다.

프로그램을 실행하면 다음 결과를 얻는다.

Length(cm)	Gravity(m/s^2)	Time Period(s)
15.0	9.78	0.778
15.0	9.8	0.777
15.0	9.83	0.776
18.0	9.78	0.852
18.0	9.8	0.852
18.0	9.83	0.850
21.0	9.78	0.921
21.0	9.8	0.920
21.0	9.83	0.918
22.5	9.78	0.953
22.5	9.8	0.952
22.5	9.83	0.951
25.0	9.78	1.005
25.0	9.8	1.004
25.0	9.83	1.002

이 실험은 여러 집합(숫자 그룹)의 요소에 대해 가능한 모든 조합을 보여준다. 이러한 유형의 작업에서 카르테지안 곱은 여러분이 필요한 결과를 계산한다.

확률

집합은 확률의 기본 개념에 대한 추론을 가능하도록 한다. 몇 가지를 정의해보자.

실험experiment: 실험은 실행해보기를 희망하는 일종의 테스트다. 각각의 가능한 결과에 대한 확률에 관심이 있으므로 테스트를 해본다. 주사위를 던지거나, 동전을 던지거나, 카드 묶음에서 카드를 뽑아 내거나 하는 것은 모두 실험의 예다. 실험을 한 번 실행하는 것을 시도trial라고 한다.

표본공간: 모든 가능한 실험 결과는 표본공간이라는 집합을 형성하며 공식에서는 S라고 표시한다. 예를 들어 S면의 주사위를 한 번 던지면 표본공간은 {1, 2, 3, 4, 5, 6}이 된다.

사건: 사건은 확률을 계산하기 위한 결과의 집합으로 표본공간의 부분집합이다. 예를 들어 숫자 3(또는 2, 4, 6)과 같은 특정 결과의 확률을 알고 싶다고 하자. 해당사건을 표현하기 위해 공식에서 문자 E라고 표시한다.

일양분포를 한다면 표본공간에서 각 결과는 동일한 확률인 $P(E)$로 발생한다. $P(E)$는 다음 공식을 이용해 계산한다(5장 후반부에서 일양분포에 대해 설명하겠다).

$$P(E) = \frac{n(E)}{n(S)}$$

위 식에서 $n(E)$와 $n(S)$는 각각 집합 E(사건)와 S(표본공간)에 대한 구성요소의 개수다. $P(E)$의 값은 0에서 1까지 범위의 값을 갖는다. 사건의 발생가능성이 높으면 상대적으로 높은 값을 갖는다.

이 공식을 주사위 던지기에 적용해 3이 발생할 확률을 계산할 수 있다.

$$S = \{1, 2, 3, 4, 5, 6\}$$
$$E = \{3\}$$
$$n(S) = 6$$

$$n(E) = 1$$

$$P(E) = \frac{1}{6}$$

위 결과는 어떤 사건이 발생할 것인지에 대한 확신을 갖도록 해준다. 즉 특정 주사위 면이 나올 확률은 1/6이다. 이 계산을 동전던지기에도 쉽게 적용할 수 있다. 하지만 이 공식을 이용해 다음과 같이 표본공간에서 어떤 사건이 발생할 확률을 계산하는 함수를 작성해야 한다.

```python
def probability(space, event):
    return len(event) / len(space)
```

이 함수에서 두 인자는 표본공간 space와 사건 event다. 이 인자는 FiniteSet을 이용해 생성되는 집합일 필요는 없다. 따라서 인자는 리스트나 len() 함수를 지원하는 모든 다른 파이썬 객체가 될 수 있다.

이 함수를 사용해 20면의 주사위를 굴렸을 때 나타나는 소수prime numbers의 확률을 계산하는 프로그램을 작성해보자.

```python
def probability(space, event):
    return len(event)/len(space)

❶ def check_prime(number):
    if number != 1:
        for factor in range(2, number):
            if number % factor == 0:
                return False
    else:
        return False
    return True

if __name__ == '__main__':
❷    space = FiniteSet(*range(1, 21))
    primes = []
    for num in space:
```

```
❸          if check_prime(num):
               primes.append(num)
❹      event= FiniteSet(*primes)
       p = probability(space, event)

       print('Sample space: {0}'.format(space))
       print('Event: {0}'.format(event))
       print('Probability of rolling a prime: {0:.5f}'.format(p))
```

우선 ❷에서 range() 함수를 사용해 표본공간 space를 표시하는 집합을 생성한다. 사건집합을 생성하려면 표본공간에서 소수prime numbers를 찾아내야 하며, 이를 위해 ❶에서 함수 check_prime()을 정의한다. 이 함수는 정수를 대상으로 2와 해당 정수 사이에 존재하는 어떤 숫자로 나머지 없이 나눌 수 있는지 여부를 확인한다. 나눌 수가 있다면 False를 리턴한다. 소수는 1과 해당 숫자에 의해서만 나눌 수 있으므로 이 함수는 정수가 소수이면 True를 리턴하고 아니면 False를 리턴한다.

❸에서 표본 공간 내 각 숫자에 대해 이 함수를 호출하고 소수를 리스트 primes에 추가하자. ❹에서 리스트 사건집합 event을 생성하자. 마지막으로 앞에서 생성한 probability() 함수를 호출한다. 프로그램을 실행하면 다음과 같은 결과를 얻게 된다.

```
Sample space: {1, 2, 3, ..., 18, 19, 20}
Event: {2, 3, 5, 7, 11, 13, 17, 19}
Probability of rolling a prime: 0.40000
```

결과를 보면 $n(E)$=8이고 $n(S)$=20이므로 확률 P는 0.4가 된다.

20면으로 된 주사위 프로그램에서 해당 집합을 생성할 필요는 없다. 대신에 표본공간과 리스트로 된 사건을 인자로 하는 probability() 함수를 호출한다.

```
if __name__ == '__main__':
    space = range(1, 21)
    primes = []
    for num in space:
```

```
        if check_prime(num):
            primes.append(num)
    p = probability(space, primes)
```

이 경우 probability() 함수는 문제없이 실행된다.

사건 A나 사건 B의 확률

두 개씩 가능한 사건에 관심이 있으며 이들 중 한 개가 발생할 확률을 알아내고 싶다고 하자. 예를 들어 주사위 던지기로 돌아가서 다음 두 사건에 대해 알아보자.

A = 나온 숫자가 소수다.

B = 나온 숫자가 홀수다.

앞에서와 같이 표본공간 S는 {1, 2, 3, 4, 5, 6}이다. 사건 A는 표본공간의 소수 집합인 부분집합 {2, 3, 5}로 표시할 수 있으며, 사건 B는 표본공간의 홀수인 {1, 3, 5}로 표시할 수 있다. 결과집합 중 하나라도 발생할 확률을 계산하려면 두 집합의 합집합 확률을 계산한다. 이를 표시하면 다음과 같다.

$$E = \{2, 3, 5\} \cup \{1, 3, 5\} = \{1, 2, 3, 5\}$$

$$P(E) = \frac{n(E)}{n(S)} = \frac{4}{6} = \frac{2}{3}$$

이 계산을 파이썬으로 실행해보자.

```
>>> from sympy import FiniteSet
>>> s = FiniteSet(1, 2, 3, 4, 5, 6)
>>> a = FiniteSet(2, 3, 5)
>>> b = FiniteSet(1, 3, 5)
❶ >>> e = a.union(b)
>>> len(e)/len(s)
0.6666666666666666
```

우선 표본공간을 표시하는 집합 s와 두 집합 a와 b를 생성한다. 다음으로 ❶에서 union() 메소드를 이용해 이벤트 집합 e를 계산한다. 마지막으로 앞의 공식을 이용해 두 집합의 합집합에 대한 확률을 계산한다.

사건 A와 사건 B의 확률

두 사건을 대상으로 모두 발생할 확률을 계산한다고 하자. 예를 들어 던진 주사위가 모두 소수이고 홀수인 경우의 확률을 계산한다고 하자. 이를 계산하기 위해 두 사건의 교집합 확률을 계산한다.

$$E = A \cap B = \{2, 3, 5\} \cap \{1, 3, 5\} = \{3, 5\}$$

intersect() A와 B가 동시에 발생할 확률을 계산한다. intersect() 메소드만을 제외하면 앞에서 수행한 내용과 유사하다.

```
>>> from sympy import FiniteSet
>>> s = FiniteSet(1, 2, 3, 4, 5, 6)
>>> a = FiniteSet(2, 3, 5)
>>> b = FiniteSet(1, 3, 5)
>>> e = a.intersect(b)
>>> len(e)/len(s)
0.3333333333333333
```

랜덤 숫자 생성

확률 개념은 사건이 발생할 확률에 대해 추론하고 계산하는 것이다. 컴퓨터 프로그램을 이용해 간단한 주사위 던지기와 같은 사건을 시뮬레이션하려면 랜덤 숫자를 생성하는 방법이 필요하다.

주사위 던지기 시뮬레이팅

6면 주사위 던지기를 시뮬레이션하려면 1과 6 사이의 랜덤 정수를 생성하는 방법을 갖고 있어야 한다. 파이썬의 표준 라이브러리에서 제공하는 random 모듈은 랜덤 숫자를 만들기 위한 다양한 함수를 제공한다. 5장에서 사용하게 될 두 함수는 randint() 함수와 random() 함수다. randint() 함수는 주어진 범위의 랜덤 정수를 생성하고 random() 함수는 0에서 1 사이의 부동소수점 숫자를 생성한다. randint() 함수가 작동하는 방법을 살펴보자.

```
>>> import random
>>> random.randint(1, 6)
4
```

randint() 함수는 두 정수를 인자로 취해 두 숫자 상/하한 경계(모두 포함) 사이에 존재하는 정수를 랜덤하게 선택해 리턴한다. 예제에서 범위 (1,6) 내에 있는 숫자 4를 리턴했으며 한 번 더 실행해보면 다음과 같이 다른 숫자를 얻을 수 있다.

```
>>> random.randint(1, 6)
6
```

randint() 함수를 호출하면 가상의 주사위 던지기를 시뮬레이션할 수 있다. 매번 이 함수를 실행할 때마다 1에서 6까지 숫자를 얻게 되며 이 결과는 실제로 6면의 주사위를 던져 얻은 결과와 유사하게 된다. randint() 함수는 인자로서 작은 경계값을 먼저 기입해야 한다. 따라서 randint(6,1)은 유효하지 않다.

주사위를 굴려 설정한 점수 얻어내기

다음 프로그램은 간단한 주사위 던지기 게임을 하며 총합이 20될 때까지 6면의 주사위를 계속 굴리는 프로그램이다.

```
'''
총합이 20이 될 때까지 주사위 굴리기
'''
```

```
import matplotlib.pyplot as plt
import random

target_score = 20

def roll():
    return random.randint(1, 6)

if __name__ == '__main__':
    score = 0
    num_rolls = 0
    while score < target_score:
        die_roll = roll()
        num_rolls += 1
        print('Rolled: {0}'.format(die_roll))
        score += die_roll

    print('Score of {0} reached in {1} rolls'.format(score, num_rolls))
```

❶

우선 앞에서 만든 roll() 함수를 정의하자. 다음으로 ❶에서 while 루프를 이용해 이 함수를 호출하고 주사위 던지기의 횟수를 추적해 현재 던진 결과를 출력하며 총점수를 합산하자. while 루프는 총점수가 20이 될 때까지 반복해 해당 프로그램은 총점수와 던진 횟수를 출력한다.

이를 실행한 결과 샘플은 다음과 같다.

```
Rolled: 6
Rolled: 2
Rolled: 5
Rolled: 1
Rolled: 3
Rolled: 4
Score of 21 reached in 6 rolls
```

만약 이 프로그램을 여러 번 실행하면, 20이 될 때까지 주사위를 던진 횟수는 계속 변동한다.

목표점수 달성이 가능한가?

다음 프로그램도 유사하다. 다만 이번 프로그램은 목표로 한 점수가 최대던지기 횟수 내에서 달성이 가능한지 여부를 알려준다.

```
from sympy import FiniteSet
import random

def find_prob(target_score, max_rolls):

    die_sides = FiniteSet(1, 2, 3, 4, 5, 6)
    #표본공간
❶   s = die_sides**max_rolls
    #사건집합을 알아내기
    if max_rolls > 1:
        success_rolls = []
❷       for elem in s:
            if sum(elem) >= target_score:
                success_rolls.append(elem)
    else:
        if target_score > 6:
❸           success_rolls = []
        else:
            success_rolls = []
            for roll in die_sides:
❹               if roll >= target_score:
                    success_rolls.append(roll)
❺   e = FiniteSet(*success_rolls)
    #목표점수에 도달할 확률을 계산한다.
    return len(e)/len(s)

if __name__ == '__main__':

    target_score = int(input('Enter the target score: '))
    max_rolls = int(input('Enter the maximum number of rolls allowed: '))
    p = find_prob(target_score, max_rolls)
    print('Probability: {0:.5f}'.format(p))
```

이 프로그램을 실행하면 목표점수와 최대 가능한 던지기 횟수를 입력받는다. 다음으로 확률값을 출력한다.

두 표본에 대한 실행 결과는 다음과 같다.

```
Enter the target score: 25
Enter the maximum number of rolls allowed: 4
Probability:  0.00000

Enter the target score: 25
Enter the maximum number of rolls allowed: 5
Probability:  0.03241
```

확률 계산을 수행하는 find_prob() 함수를 살펴보자. 여기서 표본공간은 ❶과 같은 카르테지안 공간인 die_sides^max_rolls로 die_sides는 6면의 주사위에 있는 숫자를 표현하는 집합 {1, 2, 3, 4, 5, 6}이고 max_rolls는 주사위를 던진 횟수다.

사건집합은 표본 공간 내에 있는 모든 집합으로 목표점수에 도달할 수 있도록 한다. 사건집합에는 두 가지가 있다. 남은 던지기 횟수가 1보다 큰 경우와 마지막인 경우다. ❷에서 첫 번째 사례의 경우 카르테지안 곱으로 각 튜플에 대해 반복하고 success_rolls 리스트의 target_score까지 가거나 초과하도록 더한다. 두 번째 경우는 특별하다. 표본공간이 {1, 2, 3, 4, 5, 6}이고 한 번의 주사위 던지기만 남아 있다. 목표점수의 값이 6보다 크면 달성할 수 없으므로 ❸에서 리스트가 비어 있게 된다. 하지만 ❹에서 target_score가 6보다 작거나 같으면 개별적으로 가능한 던지기를 반복하고 target_score의 값보다 크거나 같도록 더한다.

❺에서는 앞에서 만들었던 success_rolls 리스트에서 사건집합 e를 계산한 다음 목표점수에 도달할 확률을 리턴한다.

비일양 랜덤 숫자

지금까지 확률에 대한 논의는 표본공간의 결과 각각이 동일한 확률로 발생한다는 가정을 했다. 예를 들어 random.randint() 함수는 동일한 특정 범위 내 정수 중에 해당 정수를 리턴한다. 이와 같이 발생 가능성이 동일한 확률을 일양확률이라 하고 randint() 함수에 의해 생성된 랜덤 숫자를 일양 랜덤 숫자uniform random numbers라고 한다. 하지만 찌그러진 동전을 던진다고 하자. 이 경우 앞면이 뒷면보다 2배 정도 많이 발생한다. 다음으로 비일양 랜덤 숫자를 생성하는 방법을 필요로 한다.

프로그램을 작성하기 전에 이에 대한 아이디어를 검토해보자.

그림 5.1과 같이 길이가 1이고 두 개로 동일하게 나눈 숫자 라인을 생각해보자.

그림 5.1 동전을 던졌을 때 앞과 뒤가 나온 확률이 같도록 길이 1을 두 개의 동일한 간격으로 나눈 숫자 라인

이 라인을 확률 숫자 라인이라 하며 각 구분 영역은 동일한 확률로 해당 결과인 동전 앞면과 뒷면을 갖는다. 이제 그림 5.1과 다른 숫자 라인을 고려해보자.

그림 5.2 한쪽 면에 치우친 동전을 던졌을 때 앞과 뒤가 나올 확률이 같지 않도록 길이 1을 동일하지 않은 간격으로 나눈 숫자

앞면에 해당하는 부분은 전체 길이의 2/3이고 뒷면은 1/3이다. 동전을 던지면 앞면이 나올 확률은 2/3이고 뒷면이 나올 확률은 1/3이다. 다음 파이썬 함수는 앞면과 뒷면이 나오는 확률이 같지 않은 동전던지기를 시뮬레이션한다.

```
import random

def toss():
    #0->앞면, 1->뒷면
❶   if random.random() < 2/3:
        return 0
    else:
```

```
    return 1
```

함수가 동전 앞면을 표시하기 위해 0을 리턴하고, 뒷면은 1을 리턴한다고 가정하며 ❶에서 random.random() 함수를 사용해 0과 1 사이의 랜덤 숫자를 생성한다. 만약 생성된 숫자가 2/3(앞면과 뒷면이 발생할 확률이 다른 동전을 던질 경우 앞면 결과의 확률)보다 작으면 해당 프로그램은 0을 리턴하며 아닌 경우는 1(뒷면)을 리턴한다.

이제 여러 가능한 결과를 갖는 비일양 사건을 시뮬레이션하기 위해 앞의 함수를 추론할 수 있는 방법을 알아보자. 버튼을 눌렀을 때 $5, $10, $20, $50을 배분하는 가상의 ATM 기기를 생각해보자. 그림 5.3과 같이 금액별 배분할 확률은 다양하다.

그림 5.3 서로 다른 금액을 배분하는 확률이 같지 않도록 길이 1을 나눈 숫자 라인

$5 또는 $10의 확률은 1/6의 확률로 배분하고, $20 또는 $50은 1/3의 확률로 배분한다.

확률의 합을 저장하는 리스트를 만든 다음 0에서 1 사이의 랜덤 숫자를 생성한다. 합을 저장하는 리스트의 왼쪽 끝에서 시작한다. 또한 해당 합이 생성된 랜덤 숫자보다 작거나 같은 리스트이면 첫째 인덱스를 리턴한다. get_index() 함수는 이와 같은 기능을 구현했다.

```
'''
서로 다른 확률을 갖는 다양한 달러를 배분하는 가상의 ATM을 시뮬레이션한다.
'''

import random

def get_index(probability):
    c_probability = 0
❶   sum_probability = []
```

```
        for p in probability:
            c_probability += p
            sum_probability.append(c_probability)
❷      r = random.random()
        for index, sp in enumerate(sum_probability):
❸          if r <= sp:
                return index
❹      return len(probability)-1

def dispense():

    dollar_bills = [5, 10, 20, 50]
    probability = [1/6, 1/6, 1/3, 1/3]
    bill_index = get_index(probability)
    return dollar_bills[bill_index]
```

확률을 포함한 리스트를 이용해 get_index 함수를 호출한다. 해당 위치에서 사건이 발생한다고 생각한다. 다음으로 ❶에서 리스트 sum_probability를 생성하며 i번째 요소는 리스트 probability 내 첫 번째 I 요소의 합이다. 즉 sum_probability의 첫 번째 요소는 probability 내 첫 번째 요소와 같으며, 두 번째 요소는 probability 내 첫 두 요소의 합이며 나머지도 동일하다. ❷에서 0과 1 사이의 랜덤 숫자는 레이블 r을 이용해 생성한다. 다음으로 ❸에서 sum_probability를 살펴보고 r을 초과하는 첫 번째 요소의 인덱스를 리턴한다.

함수의 마지막 행인 ❹에서는 예제에서 가장 잘 설명된 특정 사례를 살펴본다. 발생비율이 각각 0.33으로 표시한 세 가지 사건의 리스트를 생각한다. 이 경우 리스트 sum_probability는 [0.33, 0.66, 0.99]와 같다. 생성된 랜덤 숫자 r은 0.99314라고 생각해보자. r의 값에 대해 사건의 리스트 내 마지막 요소를 선택하기를 원한다. 마지막 사건이 선택할 33퍼센트보다 크기 때문에 이것은 정확하지 않다라고 할 수 있다. ❸에서 조건에 대해 sum_probability 내 r보다 큰 요소는 없다. 따라서 함수는 어떠한 인덱스를 리턴하지 않는다. ❹에서 명령은 이를 고려해 마지막 인덱스를 리턴한다.

ATM에 의해 분배되는 많은 수의 달러를 시뮬레이션하기 위해 dispense() 함수를 호출하면, 각 지폐의 수에 대한 비율은 설정된 확률과 거의 유사하게 된다. 이러한 기술은 6장의 프랙탈을 만들 때 유용하게 사용한다.

학습 내용

5장에서는 파이썬으로 집합을 표현하는 방법을 학습했다. 다음으로 여러 가지 집합의 개념을 알아보고 합집합, 교집합, 집합의 카르테지안 곱에 대해 학습했다. 몇 가지 집합의 개념을 이용해 확률 기초를 탐색하는 데 적용했고, 마지막으로 프로그램에서 일양과 비일양 랜덤 이벤트를 시뮬레이션하는 방법을 학습했다.

프로그래밍 연습

다음으로 5장에서 배운 것을 적용할 만한 몇 가지 프로그래밍 연습문제를 학습해보자.

#1: 집합 간의 관계를 가시화하기 위해 벤다이어그램 사용

벤다이어그램은 집합 간의 관계를 그래픽으로 가시화하기에 쉬운 방법이다. 이 방법을 이용해 두 집합 간의 공유하는 원소의 개수를 알 수 있고 한쪽 집합에만 존재하는 원소의 개수 또한 알 수 있으며 존재하지 않는 원소의 개수도 알 수 있다. 20보다 작은 양수인 홀수의 집합 A를 생각해보자. 집합 A는 A={1, 3, 5, 7, 9, 11, 13, 15, 17, 19}다. 게다가 20보다 작은 소수로 구성된 집합 B를 생각해보자. 집합 B는 B={2, 3, 5, 7, 11, 13, 17, 19}다. `matplotlib_venn` 패키지를 이용하면 파이썬으로 벤다이어그램을 그릴 수 있다. 이 패키지에 대한 설치방법은 부록 A를 참고하도록 한다. 일단 이 패키지를 설치하면 다음과 같은 벤다이어그램을 그릴 수 있다.

```
'''
두 집합에 대한 벤다이어그램 그리기
'''

from matplotlib_venn import venn2
import matplotlib.pyplot as plt
from sympy import FiniteSet

def draw_venn(sets):

    venn2(subsets=sets)
    plt.show()
if __name__ == '__main__':

    a = FiniteSet(1, 3, 5, 7, 9, 11, 13, 15, 17, 19)
    b = FiniteSet(2, 3, 5, 7, 11, 13, 17, 19)

    draw_venn([a, b])
```

요구된 모든 모듈과 함수(venn2() 함수, matplotlib.pyplot, FiniteSet 클래스)
를 임포트한 다음, 두 개의 집합을 생성하고 이용해 집합을 튜플로 설정하기 위해
subsets 키워드 인자를 이용해 venn2() 함수를 호출한다.

그림 5.4는 앞에서 개발한 프로그램의 실행 결과다. 집합 A와 B는 7개의 집합
원소를 공유한다. 따라서 교집합 영역에 7이 있다. 또한 각 집합은 고유의 요소를
갖고 있으며 고유의 요소는 각각 3과 1이 되며 각각의 영역에 쓰여 있다. 두 집합
아래에 레이블 A와 B가 쓰여 있다. set_labels 키워드 인자를 이용해 자체 레이블
을 설정할 수 있다.

```
>>> venn2(subsets=(a,b), set_labels=('S', 'T')
```

위 명령은 레이블 S와 T로 변화시킨다.

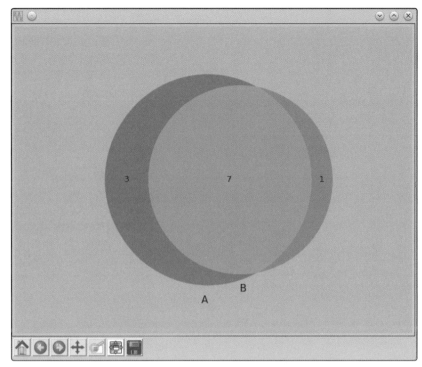

그림 5.4 두 집합 A와 B 사이 관계를 보여주는 벤다이어그램

프로그래밍 연습을 위해 여러분의 학급 동료들에게 다음 질문을 묻는 온라인 설문지를 만들었다고 가정하자.

질문: 축구나 이외의 다른 운동을 하는가? 아니면 아무런 운동도 하지 않는가? 결과를 얻게 되면 csv 파일인 sports.csv를 다음과 같이 만들도록 한다.

```
StudentID,Football,Others
1,1,0
2,1,1
3,0,1
--snip--
```

여러분 학급의 학생 20명에 대해 20행을 만들도록 한다. 첫째 열은 학생 ID(설문조사는 무기명이 아니다)이고, "football"을 좋아하는 스포츠로 표시한 경우 두 번째 열에는 1이 표시되고, "football" 이외의 스포츠를 좋아하거나 모든 운동을 싫어하는 경우 세 번째 열에는 1이 표시된다. 설문조사의 요약 결과를 표시하기 위해 그림 5.5와 같은 벤다이어그램을 생성하는 프로그램을 작성하라.

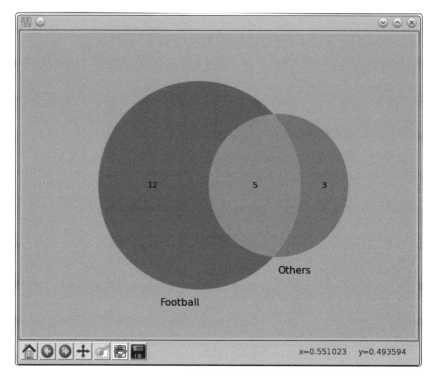

그림 5.5 축구를 좋아하는 학생의 수와 다른 스포츠를 좋아하는 학생의 수를 표시한 벤다이어그램

생성한 sports.csv 파일의 데이터에 근거하면, 각 집합의 숫자가 바뀌게 된다. 다음 함수는 csv 파일을 읽고 축구와 다른 스포츠를 하는 학생의 ID에 해당하는 두 리스트를 리턴한다.

```
def read_csv(filename):
    football = []
    others = []
    with open(filename) as f:
        reader = csv.reader(f)
```

```
      next(reader)
      for row in reader:
          if row[1] == '1':
              football.append(row[0])
          if row[2] == '1':
              others.append(row[0])

  return football, others
```

#2: 대수의 법칙

랜덤 숫자를 이용해 시뮬레이션할 수 있는 주사위 던지기와 동전 던지기를 사용해 왔다. 주사위 던지기에서 나오는 숫자나 동전 던지기에서 나오는 앞면이나 뒷면을 참조하기 위해 용어(사건, event)를 사용했다. 일반적으로 확률에서 x로 표시한 랜덤 변수는 사건을 의미한다. 예를 들어 $x=1$은 주사위 던질 때 1이 나타나는 사건이고 $p(x=1)$은 연관된 확률이다. 랜덤 변수에는 두 종류가 있다. (1)정수값만을 취하는 이산형 랜덤 변수는 5장에서 볼 수 있는 랜덤 변수의 유일한 종류다. (2)연속형 랜덤 변수는 이름에서 알 수 있듯이 모든 실수값을 취할 수 있다.

이산형 랜덤 변수인 예외 E는 3장에서 배웠던 평균과 같다. 기대값은 다음과 같이 계산할 수 있다.

$$E = x_1 P(x_1) + x_2 P(x_2) + x_3 P(x_3) + \ldots + x_n P(x_n)$$

따라서 6면 주사위에 대해 주사위를 던진 후 얻을 수 있는 기대값은 다음과 같다.

```
>>> e = 1*(1/6) + 2*(1/6) + 3*(1/6) + 4*(1/6) + 5*(1/6) + 6*(1/6)
>>> e
3.5
```

대수의 법칙law of large numbers에 따르면 횟수의 시도를 수행한 결과 평균은 시도 횟수가 증가함에 따라 기대값에 근접한다. 이 작업에서 여러분의 과제는 여러 시도 횟수(100, 1000, 10000, 100000, 500000)만큼 6면의 주사위를 던질 때 대수의 법칙이 성립함을 입증하는 작업이다. 다음은 완성한 프로그램을 실행할 때 기대되는 결과 샘플이다.

```
Expected value: 3.5
Trials: 100 Trial average 3.39
Trials: 1000 Trial average 3.576
Trials: 10000 Trial average 3.5054
Trials: 100000 Trial average 3.50201
Trials: 500000 Trial average 3.495568
```

#3: 돈이 떨어지기 전에 토스 시도 횟수는?

앞뒤 면이 나올 확률이 같은 동전 던지기를 한다고 하자. 앞면이 나오면 $1을 얻고 뒷면이 나오면 $1.50을 잃는다. 동전을 던진 사람의 잔액이 $0이면 게임은 종료된다. 입력 값으로 사용자가 설정한 시작 금액이 주어졌을 때 이 게임을 시뮬레이션하는 프로그램을 작성하라. 컴퓨터로는 현금금고 금액에 제한이 없다고 하자. 다음은 가능한 게임을 실행한 결과다.

```
Enter your starting amount: 10
Tails! Current amount: 8.5
Tails! Current amount: 7.0
Tails! Current amount: 5.5
Tails! Current amount: 4.0
Tails! Current amount: 2.5
Heads! Current amount: 3.5
Tails! Current amount: 2.0
Tails! Current amount: 0.5
Tails! Current amount: -1.0
Game over :( Current amount: -1.0. Coin tosses: 9
```

#4: 카드뭉치 섞기

52장의 카드가 있다고 하자. 여러분의 과제는 카드뭉치를 뒤섞는 시뮬레이션 프로그램을 작성하는 것이다. 구현을 간단히 하기 위해 정수 1, 2, 3..., 52를 사용해 카드뭉치를 표현하도록 한다. 프로그램 실행 시 섞인 카드가 결과로 나온다. 이 경우 섞인 정수 리스트가 결과가 된다.

프로그램의 가능한 결과는 다음과 같다.

```
[3, 9, 21, 50, 32, 4, 20, 52, 7, 13, 41, 25, 49, 36, 23, 45, 1, 22, 40, 19, 2,
35, 28, 30, 39, 44, 29, 38, 48, 16, 15, 18, 46, 31, 14, 33, 10, 6, 24, 5, 43,
47, 11, 34, 37, 27, 8, 17, 51, 12, 42, 26]
```

파이썬 표준라이브러리의 random 모듈은 정확한 실행을 위해 함수 shuffle()을 제공한다.

```
>>> import random
>>> x = [1, 2, 3, 4]
❶ >>> random.shuffle(x)
>>> x
[4, 2, 1, 3]
```

숫자 [1, 2, 3, 4]로 구성된 리스트 x를 생성하라. 다음으로 ❶에서 이 리스트를 인자로 전달한 후 shuffle() 함수를 호출한다. 여러분은 x 내 숫자가 뒤섞인 것을 볼 수 있다. 리스트 내부의 위치를 뒤섞이게 함을 주목하라. 즉 원래 순서를 잃어버리게 된다.

하지만 여러분이 카드 게임에서 이 프로그램을 사용하고 싶다면 어떻게 해야 하는가? 단순히 뒤섞인 정수리스트를 출력할 만큼 충분하지 않다. 또한 여러분은 각 카드의 순서와 특정 위치에 정수를 매핑할 만한 방법이 필요할 것이다. 이 작업을 수행할 수 있는 한 가지 방법은 한 개의 카드를 표현할 파이썬 클래스를 만드는 것이다.

```
class Card:
    def __init__(self, suit, rank):
        self.suit = suit
        self.rank = rank
```

클럽의 에이스를 표시하기 위해 카드 객체인 Card1=Card('clubs', 'ace')를 생성한다. 다음으로 모든 다른 카드를 대상으로 동일한 작업을 실행한다. 그리고 나서 개별 카드로 구성된 리스트를 생성하고 이 리스트를 뒤섞는다. 이 작업의 결과는 뒤섞인 카드가 되며 여기서 카드의 짝suit과 각 카드의 위치를 알고 있게 된다. 프로그램의 결과는 다음과 같아야 한다.

```
10 of spades
6 of clubs
jack of spades
9 of spades
```

#5: 원의 면적 추정

앞면이 $2r$인 정사각형 안에 반지름이 r인 원으로 구성된 다트보드를 생각해보자. 여러분이 많은 다트를 다트보드에 던진다고 하자. 이들 중 몇 개는 원 안의 보드를 맞춘다. 이를 N개라고 하자. 또한 나머지 몇 개는 원 밖의 보드를 맞춘다. 이를 M개라고 하자. 원안에 위치한 다트의 비율은 $f=N/(N+M)$이 되고, $f \times A$의 값은 원의 면적과 같으며(그림 5.6 참고) 여기서 A는 정사각형의 면적이다.

그림상에서 여러 다트는 작은 원으로 표시한다. $f \times A$의 값은 추정면적으로 참고한다. 물론 실제 면적은 πr^2이 된다.

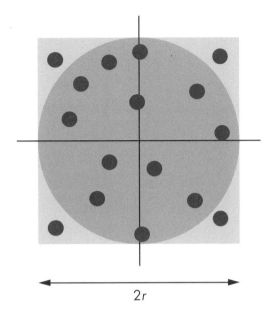

 아래 캡션은 그림 5.6에 해당한다.

그림 5.6 옆면이 2r인 정사각형 보드 내 반지름이 r인 원. 점들은 보드에 랜덤하게 던진 다트를 의미한다

    시도하려는 다트의 값은 상당히 많은 수에 해당한다. 여러분이 다트의 수를 증가시키면 실제 면적에 해당하는 추정 면적을 얻을 수 있게 됨을 알 수 있다. 구현한 결과의 샘플은 다음과 같다.

```
Radius: 2
Area: 12.566370614359172, Estimated (1000 darts): 12.576
Area: 12.566370614359172, Estimated (100000 darts): 12.58176
Area: 12.566370614359172, Estimated (1000000 darts): 12.560128
```

    다트던지기는 random.uniform(a,b)에 대한 호출을 통해 시뮬레이션할 수 있으며 a와 b 사이의 랜덤 숫자를 리턴한다. 이 경우에는 $a = 0$, $b = 2r$(정사각형의 옆면) 값을 사용한다.

파이(pi)의 값 추정

그림 5.6을 다시 한 번 생각해보자. 정사각형의 면적은 $4r^2$이고 내부 원의 면적은 πr^2이다. 원의 면적을 사각형 면적으로 나누면 $\pi/4$가 된다. 앞에서 계산한 분수 f는 $f = \dfrac{N}{N+M}$이 되고 따라서 $\pi/4$추정값으로 $4\dfrac{N}{N+M}$ 값은 π의 값에 근사해야 함을 의미한다.

다음 프로그래밍 연습은 반지름 값에 대한 어떤 값을 가정하는 값으로 π의 값을 추정하는 프로그램을 작성하는 것이다. 다트의 개수를 증가시킬수록 π의 추정값은 이 상수값에 가깝게 된다.

6장

기하학적 형상과 프랙탈 그리기

6장에서는 먼저 맷플롯립의 패치patches에 대해 학습한다. 이 패치는 원, 삼각형, 다각형과 같은 기하학적 형상을 그리는 데 사용한다. 다음으로 맷플롯립의 애니메이션 기능 지원에 대해 학습하고, 포물선 궤적을 애니메이션하는 프로그램을 작성한다. 마지막에는 프랙탈을 그리는 방법을 배운다. 프랙탈은 복잡한 기하학적 형상으로 간단한 기하학 변환의 반복 적용을 통해 생성한다.

맷플롯립의 패치로 기하학적 형상 그리기

맷플롯립의 패치를 이용하면 기하학적 형상을 그릴 수 있다. 이와 같은 각각의 기하학적 형상을 패치라고 한다. 예를 들어 그래프에 원을 추가하려면 원의 직경과 중심을 설정한다. 이 방법은 지금까지 점을 그리기 위해 x와 y 좌표를 설정한 맷플롯립 사용 방법과는 다르다. 패치의 특성을 사용하는 프로그램을 작성하기 전에 맷플롯립 그래프를 생성하는 방법에 대해 많은 부분을 이해해둘 필요가 있다. 다음 프로그램에서와 같이 맷플롯립을 이용해 포인트 (1,1), (2,2), (3,3)을 표시해보자.

```
>>> import matplotlib.pyplot as plt
>>> x = [1, 2, 3]
>>> y = [1, 2, 3]
>>> plt.plot(x, y)
[<matplotlib.lines.Line2D object at 0x7fe822d67a20>]
>>> plt.show()
```

이 프로그램은 지정된 포인트를 지나는 선을 표시하는 맷플롯립 윈도우를 만든다. 과정을 상세히 살펴보자. plot.plot() 함수를 호출하게 되면 Figure 객체가 생성되며, 축이 생성되고 축 내부에 데이터가 표시된다(그림 6.1을 참고하라).[1]

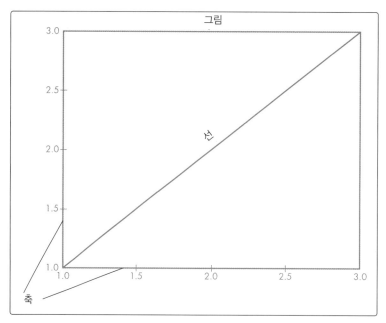

그림 6.1 맷플롯립 그래프 구조

1 좀 더 상세히 살펴보려면 존 헌터(John Hunter)와 마이클 드롯트붐(Michael Droettboom)이 저술한 『The Architecture of Open Source Applications, Volume II : Structure, Scale, and a Few More Fearless Hacks』(2008), 에이미 브라운(Amy Brown)과 그렉 윌슨(Greg Wilson)의 http://www.aosabook.org/)의 11장, '맷플롯립(matplotlib)'을 참고하라.

다음 프로그램은 그림 6.1의 그래프를 재생성한다. 하지만 plot() 함수를 호출하고 축을 생성하기 위해 이 객체에 의존하는 대신 Figure 객체를 명시적으로 재생성하고 축을 추가한다.

```
>>> import matplotlib.pyplot as plt
>>> x = [1, 2, 3]
>>> y = [1, 2, 3]
❶ >>> fig = plt.figure()
❷ >>> ax = plt.axes()
>>> plt.plot(x, y)
[<matplotlib.lines.Line2D object at 0x7f9bad1dcc18>]
>>> plt.show()
>>>
```

❶에서 figure() 함수를 이용해 Figure 객체를 생성한 다음, ❷에서 axes() 함수를 이용해 축을 생성한다. axes() 함수는 해당 축을 Figure 객체에 추가한다. 마지막 2행은 이전 프로그램과 동일하다. 여기서 plot() 함수를 호출하면, Axes 객체와 함께 Figure 객체는 이미 표시된 상태에서 데이터를 직접 표시해 그래프를 완성한다.

현 Figure와 Axes 객체에 대한 참조를 갖기 위해 Figure와 Axes 객체를 수작업으로 생성하는 것 외에도, pyplot 모듈에 있는 두 개의 함수를 사용할 수 있다. 즉 gcf() 함수를 호출하면 현 Figure에 대한 참조를 할 수 있다. 또한 현 Axes에 대한 참조도 가능하다. 함수 gcf()는 개별 객체가 존재하지 않으면 각 객체를 생성한다. 이와 같은 함수가 실행되는 방법은 6장의 후반부에서 좀 더 명확하게 설명하겠다.

원 그리기

원을 그리려면 다음 예제와 같이 Axes 객체에 Circle 패치를 추가한다.

```
'''
matplotlib의 circle 패치를 사용한 예제
```

```
'''

import matplotlib.pyplot as plt

def create_circle():
    circle = plt.Circle((0, 0), radius = 0.5)
    return circle

def show_shape(patch):
    ax = plt.gca()
    ax.add_patch(patch)
    plt.axis('scaled')
    plt.show()

if __name__ == '__main__':
    c = create_circle()
    show_shape(c)
```

❶
❷
❸

이 프로그램에서 Circle 패치 객체의 생성과 그림에 패치를 추가하는 것을 두 개의 함수(create_circle(), show_shape())로 구분했다. ❶의 create_circle()에 서 튜플로 전달된 중심 (0,0)의 좌표와 같은 이름의 키워드 인자를 사용해 반지름 0.5를 전달한 결과 중심이 (0,0)이고 반지름은 0.5인 원을 만들 수 있다.

show_shape() 함수는 맷플롯립 패치로 구현되도록 작성되었다. 우선 ❷에서 gca() 함수를 사용해 현 Axes 객체에 대한 참조를 얻는다. 다음으로 add_patch() 함수의 인자로 patch를 사용했고 마지막으로 show() 함수를 호출해 그림을 표시 했다. 여기서는 scaled 인자를 이용해 axis() 함수를 호출했고 맷플롯립이 축의 한계 범위를 자동으로 조정하도록 했다. 축의 스케일을 자동으로 조정하기 위해 패 치를 사용한 모든 프로그램에서 이 명령을 사용하도록 해야 한다. 물론 2장에서와 같이 제한값으로 축의 고정값을 설정할 수 있다.

❸에서는 create_circle() 함수를 호출해 반환된 circle 객체를 레이블 c가 참 조하도록 한다. 다음으로 레이블 c를 인자로 하는 show_shape() 함수를 호출했다. c를 인자로 하는 프로그램을 실행하면 그림 6.2와 같은 원을 표시한 맷플롯립 윈 도우를 볼 수 있다.

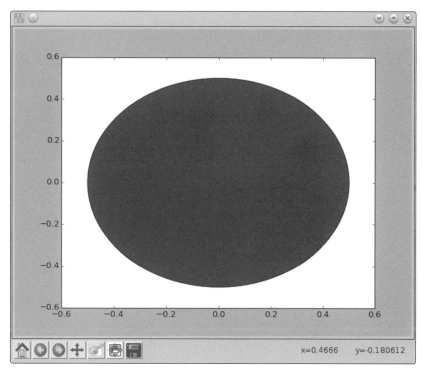

그림 6.2 중심 (0,0) 반지름이 0.5인 원

그림상에서 원은 동그랗지 않다. 이유는 x와 y축의 길이비를 결정하는 축면 비율 때문이다. 만약 ❷ 다음에 `ax.set_aspect('equal')` 명령을 추가한다면, 원은 실제로 동그랗게 보일 것이다. `set_aspect()` 함수는 그래프의 측면비를 설정하는 데 사용한다. 동일한 인자를 사용해 맷플롯립이 x와 y축의 길이비를 1:1로 설정하도록 한다.

패치의 테두리 색과 형상 내부의 색(채우기 색)은 `ec`와 `fc` 키워드 인자를 사용해 변경할 수 있다. 예를들어 `fc='g'`와 `ec='r'`을 전달하면 녹색 테두리에 빨간색 원이 만들어진다.

맷플롯립은 타원Ellipse, 다각원Polygon, 직사각형Rectangle과 같은 여러 다른 패치를 지원한다.

움직이는 그림 만들기

때로는 움직이는 형상을 갖는 그림을 만들어야 하는 경우도 있다. 맷플롯립의 애니메이션animation은 움직이는 그림을 만들 수 있도록 도와준다. 이 섹션의 끝부분에서는 투사한 그림에 대한 동영상 버전을 만드는 프로그램을 개발해본다.

우선 유사한 예제를 살펴보자. 맷플롯립 윈도우가 닫혀 있지 않을 경우 작은 원부터 시작해 반지름을 무한대로 그려보는 맷플롯립 그림을 그려보겠다.

```
'''
성장하는 원
'''

from matplotlib import pyplot as plt
from matplotlib import animation

def create_circle():
    circle = plt.Circle((0, 0), 0.05)
    return circle

def update_radius(i, circle):
    circle.radius = i*0.5
    return circle,

def create_animation():
    fig = plt.gcf()
    ax = plt.axes(xlim=(-10, 10), ylim=(-10, 10))
    ax.set_aspect('equal')
    circle = create_circle()
    ax.add_patch(circle)
    anim = animation.FuncAnimation(
        fig, update_radius, fargs = (circle,), frames=30, interval=50)
    plt.title('Simple Circle Animation')
    plt.show()

if __name__ == '__main__':
create_animation()
```

❶ `fig = plt.gcf()`
❷ `ax.add_patch(circle)`
❸ `anim = animation.FuncAnimation(`

create_animation() 맷플롯립 패키지에서 animation 모듈을 임포트하는 것부터 시작한다. create_animation() 함수는 모의 기능을 실행한다. ❶에서 gcf() 함수를 사용해 현 Figure 객체에 대한 참조값을 가져온다. 다음으로 -10과 10의 범위를 갖는 x와 y축을 생성하며, 반지름이 0.05이고 중심이 (0,0)인 Circle 객체를 생성한다. ❷에서 이 원을 현좌표에 추가한다. 다음으로 FuncAnimation 객체 ❸을 생성하며 만들고자 하는 애니메이션에 대한 다음 데이터를 전달한다.

fig: 현 그림의 객체다.

update_radius: 이 함수는 모든 프레임을 그리는 역할을 갖고 있으며, 두 인자를 호출하는 경우 해당 인자는 자동으로 전달되는 프레임 번호와 프레임마다 갱신하기를 원하는 패치 객체가 된다. 또한 이 함수는 객체를 리턴해야 한다.

fargs: 이 튜플은 프레임 번호 외에 update_radius()에 전달된 모든 인자로 이루어져 있다. 만약 전달된 인자가 없다면 키워드 인자는 설정할 필요가 없다.

frames: 애니메이션의 프레임 개수다. 함수 update_radius()는 여러 번 호출한다. 여기서는 임의로 30개 프레임을 선택해보았다.

interval: 두 프레임 사이의 시간 간격으로 밀리초다. 애니메이션이 너무 느리다면, 이 값을 줄이면 된다. 만약 너무 빠르다면 이 값을 증가시킨다.

다음으로 title() 함수를 사용해 title을 설정하며 마지막으로 show() 함수를 사용해 그림을 보여준다.

앞에서 언급했듯이 update_radius() 함수는 프레임마다 원의 특성을 갱신한다. 이 프로그램에서는 반지름을 i*0.5로 설정했으며 i는 프레임번호다. 결과적으로 30프레임마다 성장하는 원을 볼 수 있으며 가장 큰 원의 반지름은 15가 된다. 축의 범위는 -10에서 10까지로 설정했으므로, 그림의 축 범위를 벗어난 원을 보여준다. 프로그램을 실행하면 그림 6.3에서와 같이 첫 번째 움직이는 그림을 보게 된다.

여러분은 맷플롯립 윈도우를 닫을 때까지 애니메이션을 볼 수 있다. 이것은 기본 설정에 의한 프로그램의 실행 결과로 FuncAnimation 객체를 생성할 때

repeat=False에 키워드 인자를 설정해 변경할 수 있다.

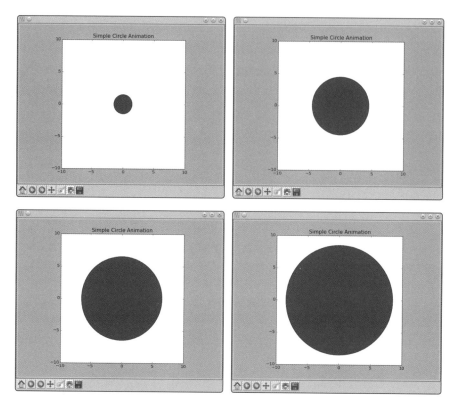

그림 6.3 간단한 원 애니메이션

FUNCANIMATION 객체와 PERSISTENCE

여러분은 원 애니메이션 프로그램에서 다른 곳에서는 재사용되지 않았더라도 생성된 Fun
Animation 객체를 레이블 anim에 설정했음을 알 수 있다. 이렇게 생성된 FuncAnimation 객
체를 레이블 anim에 설정한 이유는 맷플롯립의 현 동작과 관련한 이슈사항 때문이다. 즉
FuncAnimation 객체에 대한 어떠한 참조사항도 저장하지 않고 파이썬에 의해 가비지 컬렉션이
되기 쉽기 때문이다. 이럴 경우 예상되는 현상은 애니메이션이 생성되지 않게 된다. 객체에 대
한 참조용 레이블을 생성한다면 이러한 현상은 방지할 수 있다.

여러분이 이러한 이슈사항에 대한 더 많은 정보를 얻고 싶다면 https://github.com/matplotlib/
matplotlib/isues/1656의 논의사항을 참조할 것을 추천한다.

투사체의 포물선 애니메이션

2장에서 던진 공에 대한 포물선 운동 궤적을 표시해보았다. 여기서는 실제 생활에서 공의 움직임을 보는 방법을 더욱 현실감 있도록 시연하기 위해 맷플롯립의 애니메이션 기능을 사용해 포물선을 애니메이션해보겠다.

```
'''
던진 물체의 포물선 운동을 애니메이션하기
'''

from matplotlib import pyplot as plt
from matplotlib import animation
import math

g = 9.8

def get_intervals(u, theta):

    t_flight = 2*u*math.sin(theta)/g
    intervals = []
    start = 0
    interval = 0.005
    while start < t_flight:
        intervals.append(start)
        start = start + interval
    return intervals

def update_position(i, circle, intervals, u, theta):

    t = intervals[i]
    x = u*math.cos(theta)*t
    y = u*math.sin(theta)*t - 0.5*g*t*t
    circle.center = x, y
    return circle,

def create_animation(u, theta):

    intervals = get_intervals(u, theta)
```

```python
        xmin = 0
        xmax = u*math.cos(theta)*intervals[-1]
        ymin = 0
        t_max = u*math.sin(theta)/g
❶      ymax = u*math.sin(theta)*t_max - 0.5*g*t_max**2
        fig = plt.gcf()
❷      ax = plt.axes(xlim=(xmin, xmax), ylim=(ymin, ymax))

        circle = plt.Circle((xmin, ymin), 1.0)
        ax.add_patch(circle)
❸      anim = animation.FuncAnimation(fig, update_position,
                        fargs=(circle, intervals, u, theta),
                        frames=len(intervals), interval=1,
                        repeat=False)

        plt.title('Projectile Motion')
        plt.xlabel('X')
        plt.ylabel('Y')
        plt.show()

if __name__ == '__main__':
    try:
        u = float(input('Enter the initial velocity (m/s): '))
        theta = float(input('Enter the angle of projection (degrees): '))
    except ValueError:
        print('You entered an invalid input')
    else:
        theta = math.radians(theta)
        create_animation(u, theta)
```

create_animation() 함수는 두 개의 인자(u, theta)를 입력받는다. 이 인자는 초기속도와 투사각도(θ)이며 프로그램의 입력값으로 제공한다. get_intervals() 함수는 x와 y 좌표를 계산하는 시간 간격을 알아내기 위해 사용한다. 이 함수는 2장에서 별도의 함수 frange()를 구현할 때 사용한 것과 동일한 로직을 사용해 구현한다.

애니메이션에 대한 축 제한을 설정하려면, x와 y의 최소와 최대값을 알아내야 한다. 각 축의 최소값은 0으로 초기값이 된다. x좌표의 최대값은 던진 공의 궤적 끝부분에 위치한 좌표의 값으로 리스트 intervals에서 마지막 시간 간격이다. y좌 표의 최대값은 공이 최대 위치에 있을 때의 지점으로 ❶에서 보면 다음 공식을 이 용해 해당 지점을 계산할 수 있다.

$$t = \frac{u \sin \theta}{g}$$

해당 값을 확보한 후 ❷에서 축을 생성해 적합한 축의 제한값을 전달한다. 다음 두 명령에서는 공의 위치를 표시하고 그림의 (xmin, ymin)에서 반지름이 1.0인 원을 생성해 Axes 객체에 추가한다.

❸에서는 해당 객체에 현 그림 객체와 다음 인자를 전달해 FuncAnimation 객체 를 생성한다.

update_position: 이 함수는 프레임마다 원의 중심을 변경한다. 여기서는 신규 프레임이 매 시간 간격마다 생성되므로 프레임의 개수를 시간 간격의 크기로 설정한다(리스트상에서 frames의 설명을 참고하라). i번째 시간 간격에서 순간마다 공 의 x와 y좌표를 계산하고 원의 중심을 이 값으로 설정한다.

fargs: update_postio() 함수는 이러한 키워드 인자를 이용해 설정된 시간 간 격 리스트, 간격, 초기속도와 쎄타에 대해 접근할 필요가 있다.

frames: 시간 간격마다 한 개의 프레임을 그리기 때문에 프레임의 개수를 intervals 리스트의 크기로 설정한다.

repeat: 첫 번째 애니메이션 예제에서 논의했듯이, 애니메이션은 기본설정으 로 무한정 반복한다. 이 경우에 사건이 발생하기를 원치 않으므로 키워드 값을 False로 설정한다.

프로그램을 실행하고 초기값을 입력하면, 그림 6.4와 같은 애니메이션이 만들어 진다.

그림 6.4 투사체의 포물선 애니메이션

프랙탈 그리기

프랙탈은 복잡한 기하학적 형상이나 모양으로 놀랍게도 간단한 수학 공식으로부터 발생한다. 원이나 직사각형 같은 기하학적 모양과 비교해볼 때 프랙탈은 비정규형으로 어떤 명확한 패턴이나 설명 없이 그린 것처럼 보인다. 하지만 좀 더 면밀하게 본다면 패턴이 발생함을 알 수 있고 전체 형상은 수많은 자체 단위 형상의 복사본으로 구성된다. 프랙탈은 평면 내부에 기하학적인 변환의 반복적 적용이므로 컴퓨터 프로그램은 이러한 형상을 잘 생성할 수 있다. 6장에서는 반즐리의 고사리Barnsley fern, 시어핀스키의 삼각형Sierpinski triangle, 만델브로트 집합Mandelbrot set을 그리는 방법에 대해 알아보겠다. 3개 형상 모두 이 분야에서 연구된 인기 있는 프랙탈 사례다. 뒷부분의 프랙탈 2개는 연습문제에서 구현을 시도해볼 것이다. 프랙탈은 자연상에 많이 존재하며 해당 선, 나무, 눈송이와 같은 유명하고 다양한 예제가 있다.

평면상의 점 변환

프랙탈을 생성하는 데 있어 기본적 아이디어는 점을 변환하는 것이다. 점 $P(x, y)$가 x-y 평면상에 있을 때 $P(x, y) \rightarrow Q(x+1, y+1)$로 변환을 적용한 변환은 점 P의 위로 한칸 오른쪽으로 한 칸을 이동한 점이 Q임을 의미한다. 만약 Q를 시작점으로 고려한다면 점 Q의 위로 1단위 오른쪽으로 1단위 또 다른 점 R을 얻게 될 것이다.

시작점 P가 (1,1)이 되도록 하자. 그림 6.5는 해당 점의 모습이다.

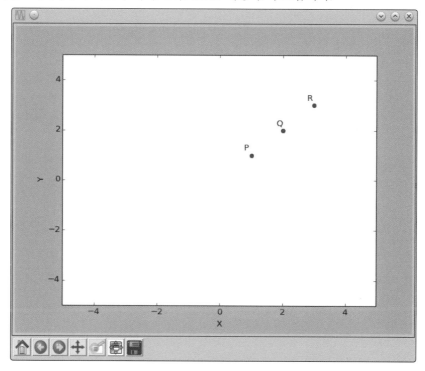

그림 6.5 점 Q와 R은 2반복 횟수 동안 변환을 점 P에 적용해 얻는다

이러한 변환은 점이 초기 위치에서 시작해 반복 횟수마다 x-y 평면상에서 다른 점으로 이동하는 방법을 설명하는 규격이다. 평면상에서 점의 투사체로서 변환을 생각해볼 수 있다. 이제 변환 규칙 대신에 두 개의 룰이 있고 이러한 변환 중 하나를 단계별 랜덤하게 추출한다고 생각해보자.

$$P1\ (x, y) \rightarrow P2\ (x + 1, y - 1)$$

$$P1\ (x, y) \rightarrow P2\ (x + 1, y + 1)$$

$P1(1,1)$을 시작점이라 하자. 4회를 진행했다면 다음과 같은 연속된 점을 얻을 수 있다.

$$P1\ (1, 1) \rightarrow P2\ (2, 0)$$

$$P2\ (2, 0) \rightarrow P3\ (3, 1)$$

$$P3\ (3, 1) \rightarrow P4\ (4, 2)$$

$$P4\ (4, 2) \rightarrow P5\ (5, 1)$$

$$...$$

변환 규칙은 랜덤하게 추출하며 각 룰이 선택될 확률은 동일하다. 어떤 룰을 선택하든지 두 경우에 있어, x좌표를 증가시키기 때문에 해당점은 오른쪽으로 이동하게 된다. 점들이 오른쪽으로 이동함에 따라 위 또는 아래로 이동하며 지그재그한 경로를 만든다. 다음 프로그램은 특정 반복 횟수만큼 이러한 변환들 중 한 개에 종속될 때 해당 점의 이동 경로를 차트로 만드는 기능을 수행한다.

```
'''
두 개의 동일한 확률의 가능성 변환으로부터 변환을 선택하는 예
'''
import matplotlib.pyplot as plt
import random

def transformation_1(p):
    x = p[0]
    y = p[1]
    return x + 1, y - 1

def transformation_2(p):
    x = p[0]
    y = p[1]
    return x + 1, y + 1

def transform(p):
    # 변환 함수의 목록
    transformations = [transformation_1, transformation_2]
    # 랜덤변환 함수를 선택하고 호출한다.
```

❶

```
❷      t = random.choice(transformations)
❸      x, y = t(p)
       return x, y

   def build_trajectory(p, n):
       x = [p[0]]
       y = [p[1]]
       for i in range(n):
           p = transform(p)
           x.append(p[0])
           y.append(p[1])

       return x, y

   if __name__ == '__main__':
       # 초기지점
       p = (1, 1)
       n = int(input('Enter the number of iterations: '))
❹      x, y = build_trajectory(p, n)
       # 그래프
❺      plt.plot(x, y)
       plt.xlabel('X')
       plt.ylabel('Y')
       plt.show()
```

두 개의 이전 변환에 해당하는 두 함수 transformation_1()과 transformation_2()를 정의한다. ❶에서 transform() 함수를 보면 두 함수로 이루어진 리스트를 생성한 다음 ❷에서 변환 함수 중 한 개를 random.choice() 함수를 사용해 해당 리스트로부터 선택한다. 이제 적용할 변환 함수를 선정했으므로 ❸에서 점 P와 함께 해당 함수를 호출하고 레이블 x, y에서 변환된 점의 좌표를 저장한 다음 이를 리턴한다.

프로그램을 실행하면 변환이 적용된 횟수인 반복 횟수 n의 입력을 요청한다. 다음으로 ❹에서 n과 (1,1)로 설정한 초기지점 *P*를 인자로 갖는 build_trajectory()를 호출한다. build_trajectory() 함수는 반복해 transform() 함수를 n회 호출한다. 이 함수는 모든 변환된 지점의 x좌표와 y좌표를 저장하기 위해 두 리스트 x, y를 인자로 사용한다. 마지막으로 ❺에서 그래프를 표시하기 위해 두 리스트를 리턴한다.

그림 6.6과 6.7은 각각 100과 10,000회에 대한 투사지점을 보여준다. 지그재그 형태의 움직임은 두 개의 그림에서 꽤 명확하게 나타난다. 일반적으로 이러한 지그재그 경로를 라인상에서 움직이는 랜덤워크라고 한다.

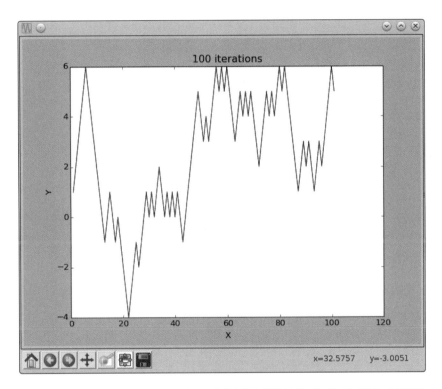

그림 6.6 점 (1,1)에서 추적한 지그재그 경로로 랜덤하게 두 변환 중 한 개 또는 나머지 한 개 변환을 100회 적용한 결과

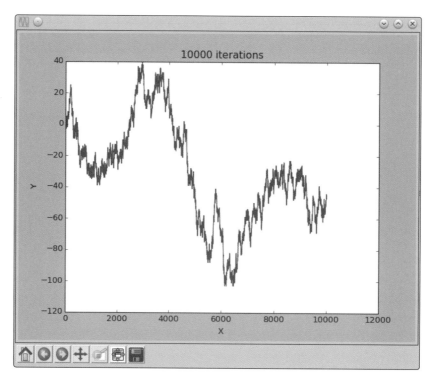

그림 6.7 점 (1,1)에서 추적한 지그재그 경로로 랜덤하게 두 변환 중 한 개 또는 나머지 한 개 변환을
10,000회 적용한 결과

이 예제는 프랙탈을 생성하기 위한 기초 아이디어이며, 시작점에서 시작해 반복
해서 변환 함수를 적용하고 새로운 지점을 찾아낸다. 다음으로 반즐리Barnsley의 고
사리를 그리기 위해 동일한 아이디어를 적용한 예제를 살펴보겠다.

반즐리의 고사리 그리기

영국수학자 마이클 반즐리Michael Barnsley는 점으로 간단한 변환을 반복 적용해 고사
리와 같은 구조를 만드는 방법을 설명했다(그림 6.8 참고).

그림 6.8 암고사리[2]

고사리 모양의 구조를 만들기 위해 다음 단계를 제안했다. 즉 점 $(0,0)$에서 시작해 다음 설정 확률을 갖는 변환 중 하나를 랜덤하게 선택한다.

변환 1(0.85 확률)

$$x_{n+1} = 0.85x_n + 0.04y_n$$

$$y_{n+1} = -0.04x_n + 0.85y_n + 1.6$$

변환 2(0.07 확률)

$$x_{n+1} = 0.2x_n - 0.26y_n$$

$$y_{n+1} = 0.23x_n + 0.22y_n + 1.6$$

변환 3(0.07 확률)

$$x_{n+1} = -0.15x_n - 0.28y_n$$

$$y_{n+1} = 0.26x_n + 0.24y_n + 0.44$$

변환 4(0.01 확률)

$$x_{n+1} = 0$$

$$y_{n+1} = 0.16y_n$$

이러한 변환은 각각 고사리의 일부를 만들어낸다. 최고의 확률(최대시도 횟수)로 선정된 첫 번째 변환은 고사리의 줄기와 밑부분의 잎frond을 만들어낸다. 두 번째와 세 번째 변환은 각각 왼쪽과 오른쪽상의 밑부분 잎을 생성한다. 그리고 네 번째 변환은 고사리의 줄기를 만들어 낸다.

이러한 변환은 비일양확률 선택의 예로서 5장에서 이부분에 대해 처음 알아보았다. 다음 프로그램은 특정 포인트의 개수에 대해 반즐리의 고사리를 그려본다.

```
'''
Barnsley 고사리 그리기
'''
import random
import matplotlib.pyplot as plt

def transformation_1(p):
    x = p[0]
    y = p[1]
    x1 = 0.85*x + 0.04*y
    y1 = -0.04*x + 0.85*y + 1.6
    return x1, y1

def transformation_2(p):
    x = p[0]
    y = p[1]
    x1 = 0.2*x - 0.26*y
    y1 = 0.23*x + 0.22*y + 1.6
    return x1, y1

def transformation_3(p):
    x = p[0]
    y = p[1]
```

```
        x1 = -0.15*x + 0.28*y
        y1 = 0.26*x  + 0.24*y + 0.44
        return x1, y1


def transformation_4(p):
        x = p[0]
        y = p[1]
        x1 = 0
        y1 = 0.16*y
        return x1, y1


def get_index(probability):
        r = random.random()
        c_probability = 0
        sum_probability = []
        for p in probability:
            c_probability += p
            sum_probability.append(c_probability)
        for item, sp in enumerate(sum_probability):
            if r <= sp:
                return item
        return len(probability)-1


def transform(p):
        # 변환 함수 목록
        transformations = [transformation_1, transformation_2,
                            transformation_3, transformation_4]
❶     probability = [0.85, 0.07, 0.07, 0.01]
        # 랜덤 변환 함수를 선택하고 호출하기
        tindex = get_index(probability)
❷     t = transformations[tindex]
        x, y = t(p)
        return x, y


def draw_fern(n):
        # 점(0, 0)에서 시작하기
        x = [0]
        y = [0]

        x1, y1 = 0, 0
        for i in range(n):
```

```
        x1, y1 = transform((x1, y1))
        x.append(x1)
        y.append(y1)
    return x, y

if __name__ == '__main__':
    n = int(input('Enter the number of points in the Fern: '))
    x, y = draw_fern(n)
    # 점그리기
    plt.plot(x, y, 'o')
    plt.title('Fern with {0} points'.format(n))
    plt.show()
```

이 프로그램을 실행하면 고사리상에서 점의 설정 개수를 입력 요청한 다음 고사리를 그린다. 그림 6.9와 6.10은 각각 1,000개와 10,000개의 점으로 그린 고사리다.

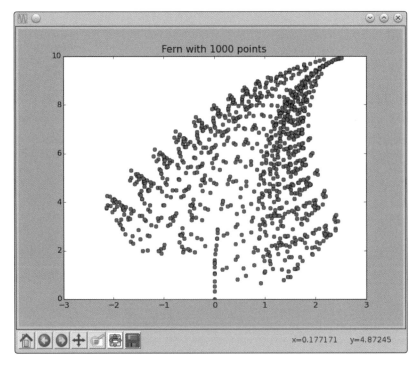

그림 6.9 1,000개의 점으로 그린 고사리

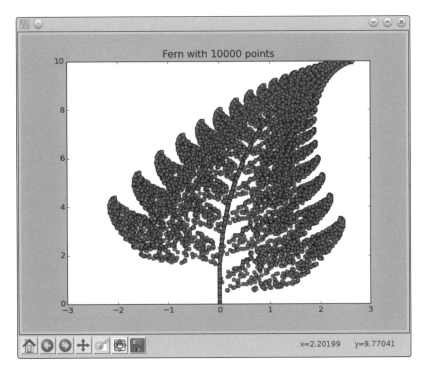

그림 6.10 10,000개의 점으로 그린 고사리

4개의 변환 규칙은 transformation_1(), transformation_2(), transformation_3(), transformation_4() 함수에서 정의했다. 각각의 함수가 선택될 확률은 ❶의 리스트에서 정의했고, 다음으로 ❷에서 이들 중 하나는 transform() 함수가 draw_fern() 함수에 의해 선택될 때마다 적용된다.

초기점 (0,0)이 변환된 횟수는 프로그램에서 입력으로 설정된 고사리fern 내 점의 개수와 같다.

학습 내용

6장에서 기초 기하학적 형상을 그리는 방법과 이를 애니메이션하는 방법을 배웠다. 이 과정을 통해 많은 신규 맷플롯립 특성을 알아봤다. 다음으로 기하학 변환에 대해 학습했고 반복하는 간단한 변환이 프랙탈이라고 하는 복잡한 기하학적 형상을 그리는 데 도움이 될 수 있는지 알아보았다.

프로그래밍 연습

지금까지 학습한 것을 심화적용하도록 하기 위한 몇 가지 프로그램을 연습하겠다.
샘플 해답은 웹사이트(http://www.nostarch.com/doingmathwithpython/)를 참고하기
바란다.

#1 : 사각형 내에 원을 포함시키기

맷플롯립은 다른 기하학적 형상을 만드는 것을 지원한다는 점을 언급했다. polygon
패치는 특별히 흥미로운 것으로 다양한 면의 개수를 갖는 다각형을 그려볼 수 있도
록 지원한다. 사각형을 그릴 수 있는 방법은 다음과 같다(각면의 길이는 4다).

```
'''
사각형 그리기
'''

from matplotlib import pyplot as plt

def draw_square():
    ax = plt.axes(xlim = (0, 6), ylim = (0, 6))
    square = plt.Polygon([(1, 1), (5, 1), (5, 5), (1, 5)], closed = True)
    ax.add_patch(square)
    plt.show()

if __name__ == '__main__':
    draw_square()
```

　　Polygon 객체는 첫 번째 인자로서 꼭지점의 좌표리스트를 전달해 생성된다. 한
개의 사각형을 그려야 하므로 4개의 꼭지점인 (1,1), (5,1), (5,5), (1,5)를 전달한
다. 폐쇄된 다각형을 그리기 위해 closed = True를 맷플롯립에 전달하며 시작점과

끝점은 동일하다.

이 연습문제에서는 '사각형 내에 채워진 원'이라는 문제의 간략화한 버전을 개발해본다. 반지름이 0.5인 원 몇 개를 코드로 생성한 사각형에 맞추어야 하는가? 그려보고 알아보자! 그림 6.11은 최종 이미지의 모습이다.

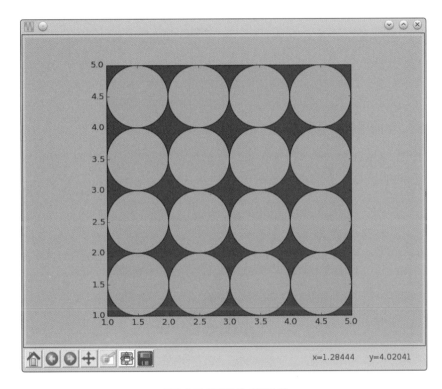

그림 6.11 사각형 내 채워진 원

이곳에서 트릭은 사각형의 좌측하단 코너 (1,1)에서 전체 사각형이 계속해서 채워질 때까지 원을 더한다. 다음 일부 코드는 원을 만들고 이를 그림에 추가하는 방법이다.

```
y = 1.5
while y < 5:
    x = 1.5
    while x < 5:
```

```
        c = draw_circle(x, y)
        ax.add_patch(c)
        x += 1.0
    y += 1.0
```

이 부분에서 주목할 만한 포인트는 이 방법이 현 문제에 대한 최적의 솔루션은
아니다. 사각형 안에 원을 채우기 위한 유일한 방법이고 이 문제 해결을 위한 다른
방법을 찾는 문제는 수학자들 간에는 잘 알려진 내용이다.

#2 : 시어핀스키의 삼각형 그리기

시어핀스키Sierpinski의 삼각형은 폴란드 수학자 바츌라프 시어핀스키Waclaw Sierpinski
의 이름을 따서 만들었고 정삼각형 내부에 크기가 작은 또다른 정삼각형이 있는
프랙탈이다. 그림 6.12는 10,000포인트로 된 시어핀스키의 삼각형을 보여준다.

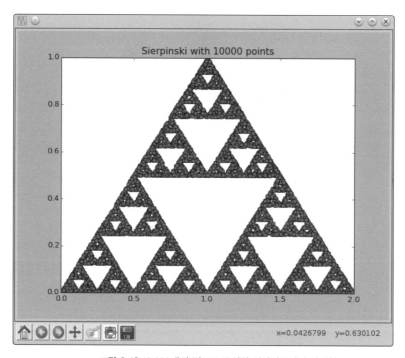

그림 6.12 10,000개의 점으로 구성된 시어핀스키의 삼각형

흥미로운 점은 고사리를 그리기 위해 사용한 방법과 동일하게 시어핀스키의 삼각형을 그린다는 점이다. 변환 규칙과 확률만이 변경된다. 여러분이 시어핀스키의 삼각형을 그려볼 수 있는 방법은 다음과 같다. 점 (0,0)에서 시작해 다음 변환 중 하나를 적용한다.

변환 1:

$$x_{n+1} = 0.5x_n$$

$$y_{n+1} = 0.5y_n$$

변환 2:

$$x_{n+1} = 0.5x_n + 0.5$$

$$y_{n+1} = 0.5y_n + 0.5$$

변환 3:

$$x_{n+1} = 0.5x_n + 1$$

$$y_{n+1} = 0.5y_n$$

각 변환은 선택될 확률이 1/3로 동일하다. 여러분은 입력값으로 점의 개수를 선정하면 이를 이용해 시어핀스키의 삼각형을 그리는 프로그램을 작성해야 한다.

#3 : 헤논 함수 탐색

1976년에 마이클 헤논Michael Henon은 헤논Henon 함수를 소개했다. 이 함수는 다음과 같이 점 P(x, y)에 대한 변환 규칙을 설명해준다.

$$P\,(x, y) \rightarrow Q\,(y + 1 - 1.4x^2, 0.3x)$$

초기점과 상관없이 여러분은 많은 점을 만들게 됨에 따라 그림 6.13과 같이 곡선을 따라 점들이 놓이게 된다.

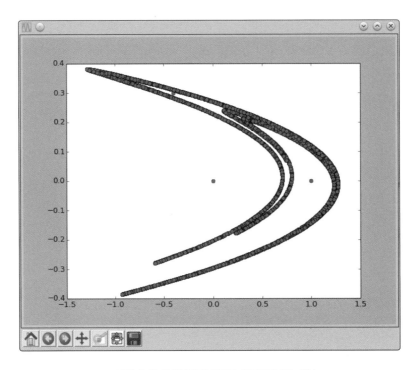

그림 6.13 10,000개의 점으로 이루어진 헤논 함수

여기서는 점 (1,1)에서 시작해 해당 변환을 20,000회 수행해 그래프를 만드는 프로그램을 만들어 보자.

곡선을 따라 존재하는 시작점을 보여주는 애니메이션 그림을 만들기 위해 추가 프로그램을 작성하는 경우 추가보너스 점수를 주겠다. 유튜브 동영상(https://www.youtube.com/watch?v=76ll818RlpQ)을 참고하라.

여러분이 개발할 프로그램은 동적 시스템으로 모든 점들이 서로 추적되는 모습을 보여주는 곡선은 끌개attractors라고 한다. 이 함수와 동적 시스템, 일반 프랙탈에 대해 더 많은 것을 알기 위해서는 케네스 팔코너Kenneth Falconer가 저술한 『Fractals: A very short introduction』(Oxford University Press, 2013)을 참조하기 바란다.

#4 : 만델브로트 집합 그리기

4번에서는 만델브로트Mandelbrot 집합을 그리기 위한 프로그램을 작성한다. 즉 복잡한 모양의 형상을 만들기 위해 간단한 규칙을 적용한 또다른 사례다(그림 6.14). 하지만 이 그림을 그리기 전에 맷플롯립의 imshow() 함수에 대해 알아보겠다.

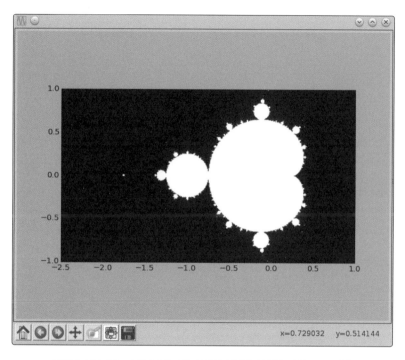

그림 6.14 (−2.5, −1.0)과 (1.0, 1.0) 사이의 평면에 위치한 만델브로트 집합

imshow() 함수

imshow() 함수는 JPEG나 PNG 이미지와 같은 외부 이미지를 출력하는 데 사용한다. 이 함수의 예제는 http://matplotlib.org/users/image_tutorial.html에서 참고할 수 있다. 하지만 여기서는 맷플롯립을 통해 생성한 신규 이미지를 그리는 함수로 사용하겠다.

x와 y가 모두 0에서 5까지(0,1,2,3,4,5)인 카르테지안 평면의 일부를 생각해보자 x와 y 각 축을 따라 6개의 간격이 동일한 지점을 고려해보자. 이 점들의 카르테지안 조합을 취하면 (0,0), (0,1), ...,(0,5), (1,0), (1,1), ..., (1,5), ...(5,5)처럼 36개의 간격이 동일한 점을 얻게 된다. 흰색부터 검정색까지 색의 분포를 갖는 각 점들을 색칠한다고 하자. 즉 이 점들의 일부는 검정색이고 몇 가지는 흰색이며 나머지는 검정과 흰색사이에 있는 색상이다. 그림 6.15는 이러한 시나리오가 적용된 예제다.

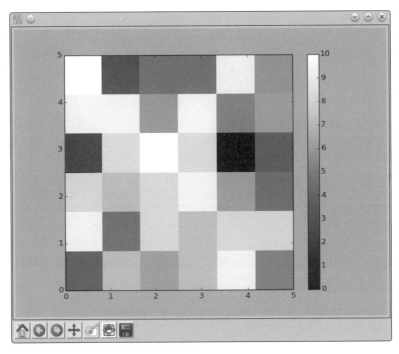

그림 6.15 x와 y가 모두 0에서 5까지 범위를 갖는 x-y 평면의 일부 36개의 점을 대상으로 모두 동일한 길이의 영역으로 흰색부터 검정색까지 채도를 변경한 사각형이다

이 그림을 만들려면 6개의 리스트로 구성된 리스트 한 개를 만들어야 한다. 6개 리스트는 각각 0에서 10까지 6개의 정수로 구성되어 있다. 각 숫자는 검정색을 0으로 흰색을 10으로 설정했다. 다음으로 imshow() 함수에 다른 필요한 인자와 함께 이 리스트를 전달한다.

여러 리스트로 구성된 리스트 생성

한개 리스트는 구성원으로 리스트를 가질 수 있다.

```
>>> l1 = [1, 2, 3]
>>> l2 = [4, 5, 6]
>>> l = [l1, l2]
```

리스트 l1과 l2로 구성된 리스트 l을 만들었다. 리스트의 첫 번째 요소 l[0]은 l1 리스트이고 두 번째 요소 l[1]은 l2 리스트와 같다.

```
>>> l[0]
[1, 2, 3]
>>> l[1]
[4, 5, 6]
```

한 개의 멤버 리스트 내에 존재하는 개별 요소를 참조하려면 두 개의 인덱스를 설정한다. l[0][1]은 첫 번째 리스트의 두번째 요소며, l[1][2]는 두 번째 리스트의 세 번째 요소다.

리스트로 구성된 리스트를 대상으로 작업하는 방법을 알아냈기 때문에 그림 6.15와 같은 그림을 만드는 프로그램을 작성할 수 있다.

```
import matplotlib.pyplot as plt
import matplotlib.cm as cm
import random

def initialize_image(x_p, y_p):
    image = []
    for i in range(y_p):
        x_colors = []
        for j in range(x_p):
            x_colors.append(0)
        image.append(x_colors)
    return image
```

```
def color_points():
    x_p = 6
    y_p = 6
    image = initialize_image(x_p, y_p)
    for i in range(y_p):
        for j in range(x_p):
❷          image[i][j] = random.randint(0, 10)
❸   plt.imshow(image, origin='lower', extent=(0, 5, 0, 5),
                cmap=cm.Greys_r, interpolation='nearest')
    plt.colorbar()
    plt.show()

if __name__ == '__main__':
    color_points()
```

❶에서 initialize_image() 함수는 각 요소를 0으로 초기화한 리스트들로 구성되어 있는 리스트를 생성한다. 이 함수는 각각 x축과 y축에 대한 점의 개수에 해당하는 두 인자 x_p와 y_p를 취한다. 즉 초기화한 리스트 이미지는 각 리스트의 y_p가 0인 x_p 리스트로 구성된다.

❷에서 color_points() 함수에서 initialize_image()로부터 이미지 리스트를 받아온다면 0과 10 사이의 정수를 랜덤하게 요소 image[i][j]에 설정한다. 랜덤 정수를 요소에 설정하면 카르테지안 평면 내에 있는 점들 중에 원점에서 y축으로 i번째와 x축으로 j번째에 위치하는 imshow() 함수는 자동으로 포인트의 색상을 변경한다. 리스트 image의 해당 위치에 있는 점의 색상을 추출하며 특정 x와 y좌표를 고려하지는 않는다.

❸에서 첫 번째 인자로 image를 전달하는 imshow() 함수를 호출한다. 키워드 인자 origin='lower'는 image[0][0]의 숫자가 포인트 (0,0)의 색상에 해당함을 의미한다. 키워드 인자 extent=(0.5,0.5)는 이미지의 좌측하단과 우측상단 코너를 (0,0)과 (5,5)로 설정한다. 키워드 인자 cmap=cm.Greys_r은 회색스케일의 이미지를 생성함을 의미한다.

마지막 키워드 인자 interpolation='nearest'는 맷플롯립이 가장 근접한 점과 같지 않은 색상으로 해당 점을 색칠함을 의미한다. 이것이 의미하는 것은 무엇인가? 영역 (0,5)와 (5,5) 내의 36개 점에 대해서만 색상을 설정한다. 이 영역에는 무한 개의 점이 있으므로 맷플롯립이 가장 근접한 점의 색상으로 불특정한 점의 색을 설정하도록 한다. 이러한 이유로 해당 그림 내 각점 주위에 색상 "boxes"를 볼 수 있다.

colorbar() 함수는 색상에 해당하는 정수를 보여주는 그림 내 색상막대를 보여 준다. 마지막으로 show()를 호출해 이미지를 표시한다. random.randint() 함수를 이용했으므로 이미지는 그림 6.15와 다른 색상 패턴을 갖게 될 것이다.

x_p와 y_p를 설정해 각 축에 대한 점의 개수를 증가시켜 color_points()에 20 으로 설정하면 그림 6.16과 같은 그림을 얻게 될 것이다. 색상박스의 크기는 상대 적으로 작아졌음을 알 수 있다. 점의 개수를 더 많이 증가시키면 박스의 크기가 좀 더 작아지고 각 점은 다양한 색을 갖는 멋진 그림을 보게 될 것이다.

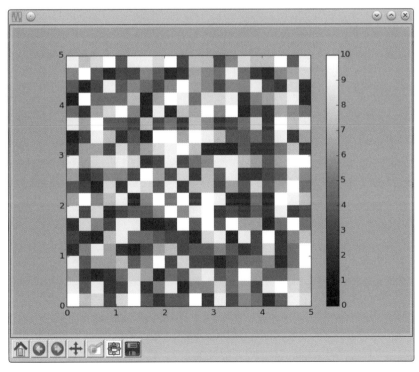

그림 6.16 x와 y가 모두 0에서 5까지 범위를 갖는 x-y 평면의 일부분 영역 내 400개의 점이 흰색부터 검정색까지 채도가 변경된 색을 갖는다. 각 축으로부터의 거리는 동일한 영역 내 400개의 점이 존재하도록 한다

만델브로트 집합 그리기

(-2.5, -1.0)과 (1.0, 1.0) 사이의 x-y 평면 영역을 고려해 각 축을 400개의 동일 공간의 점으로 나누어 보자. 이점들의 카르테지안 프로그램은 1,600개의 공간이 동일한 점들을 제공한다. 이 점들은 (x_1, y_1), (x_2, y_2), ..., (x_{400}, y_{400})으로 표시한다.

앞에서 x_p와 y_p를 400으로 설정한 initialize_image() 함수를 호출해 리스트 image를 생성한다. 다음으로 생성된 점 (x_i, y_k) 각각에 대해 다음 단계를 따르도록 한다.

1. 다음과 같은 두 개의 복소수를 생성한다.

   $z_1 = 0 + 0_j$

   $c = x_i + y_k j$

   ($\sqrt{-1}$에 대해 j를 사용한다)

2. 레이블 iteration을 생성하고 같은 0으로 설정한다. 즉 iteration=0으로 설정한다.

3. 복소수 $z_1 = z_1^2 + c$를 생성한다.

4. 1로 iteration에 저장된 값을 증가시킨다. 즉 iteration=iteration+1로 증가시킨다.

5. abs(z1)<2 그리고 iteration<max_iteration이면 3단계로 되돌아간다. 그렇지 않은 경우 6단계로 이동한다. max_iteration의 값이 클수록 이미지는 더 복잡해진다. 하지만 이미지를 만드는 데 소요되는 시간은 길어진다. 여기서 max_iteration은 1,000으로 설정한다.

6. 점(x_i, y_k)의 색상은 iteration의 값으로 설정한다. 즉 image[k][i]=iteration이 된다.

image 리스트를 모두 갖게 되면 imshow() 함수를 호출한다. 이 함수는 (-2.5, -1.0)과 (1.0, 1.0)으로 경계를 갖는 영역을 표시하기 위해 extent 키워드 인자를 변경한다.

이 알고리즘을 시간매개형 프랙탈escape_time fractals[3]이라고 한다. 2를 초과하기 전까지 포인트의 크기값magnitude이 최대 만족 횟수에 도달하면 이 점은 만델브로트 집합에 속하며 흰색이 된다. 몇 회 반복 내에 해당 값을 초과하는 점들은 이스케이프escape라고 한다. 즉 만델브로트 집합에 속하지 않으며 검정색이 된다. 각 축에 대해 점의 개수를 감소시키거나 증가시켜 이를 실행해볼 수 있다. 점의 수를 감소시키면 상대적으로 희미한 이미지가 되며 증가시키면 좀 더 해상도가 높은 이미지가 된다.

---

3 궤도 프랙탈이라고도 하며 대개 복소평면상에서, 각각의 점이 발산하는 속도를 색으로 나타낸 이미지(만델브로트 집합) 표현 알고리즘이다. – 옮긴이

7장
미적분 문제 풀기

7장에서는 미적분 문제를 해결하는 방법에 대해 알아본다. 우선 수학 함수에 대해 학습한 후 파이썬 표준 라이브러리와 SymPy에서 사용 가능한 일반 수학 함수에 대해 알아보겠다. 다음으로 미적분 클래스에서 사용 가능한 함수의 극한을 계산하고, 미적분 계산 방법을 학습하겠다.

함수란 무엇인가?

몇 가지 기본 정의부터 하자. 함수란 입력집합과 출력집합 간의 짝맞춤mapping 관계를 갖고 있다. 함수의 특정 조건은 입력집합의 원소가 출력집합의 원소 하나와 관련되어 있다는 점이다. 예를 들어 그림 7.1은 출력집합의 원소가 입력집합 원소의 제곱이 됨을 알 수 있다.

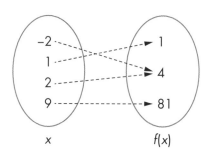

그림 7.1 함수는 입력집합과 출력집합 간의 짝맞춤(mapping)이다.
출력집합의 요소는 입력집합 요소의 제곱이 된다

익숙한 함수 용어를 사용해 이러한 함수를 $f(x) = x^2$으로 정의하자. 이 경우 x는 독립변수다. 따라서 $f(2)=4$, $f(100)=10000$이 된다. 값이 도메인 내에 있는 한 자유롭게 가정할 수 있기 때문에 x를 독립변수라고 한다(다음 절을 참고한다).

함수는 여러 개의 변수로 정의할 수 있다. 예를 들어 $f(x, y) = x^2 + y^2$은 두 변수 x와 y의 함수로 정의한다.

함수의 도메인과 범위

함수 도메인domain은 독립변수가 유효하다고 가정하는 입력값의 집합이다. 함수의 결과집합은 범위range라고 정의한다.

예를 들어 함수 $f(x) = 1/x$의 값으로 $1/0$을 정의할 수 없기 때문에 함수의 도메인은 모두 0이 아닌 실수와 복소수여야 한다. 이 함수의 결과집합인 범위는 입력값에 대해 $1/x$를 계산한 결과값의 집합이다. 따라서 이 경우에 있어 모두 0이 아닌 실수와 복소수가 함수의 범위가 된다.

NOTE

함수의 도메인과 범위는 확실히 다르다. 예를 들어 함수 x^2에 대해 도메인은 모두 양수와 음수이지만 범위는 양수만 해당한다.

일반적인 수학 함수에 대한 개요

우리는 이미 수많은 파이썬 표준 라이브러리 math에서 일반 수학 함수를 사용했다. 익숙한 여러 개의 예제로는 sin()과 cos() 함수가 있으며 이 함수는 삼각함수인 sin과 cos 함수다. 다른 삼각함수인 tan()와 역삼각함수인 asin(), acos(), atan()도 정의했다.

math 모듈은 어떤 숫자에 대한 로그값을 계산하는 함수로서 자연로그함수인 log(), 밑이 2인 로그함수 log2()와 밑이 10인 로그함수 log10()은 물론 e^x의 값을 계산하는 exp() 함수가 있다. 여기서 e는 율러의 수로서 대략 2.71828이 된다.

이러한 모든 함수의 단점은 부호수식으로 작업하기에 부적합하다는 점이다. 만약 부호를 갖는 수식을 조작하려면, SymPy에서 정의한 동일 함수를 사용해 시작해야 한다.

간단한 예제를 살펴보자.

```
>>> import math
>>> math.sin(math.pi/2)
1.0
```

표준 라이브러리 math 모듈에서 정의한 sin() 함수를 사용해 각도 $\pi/2$의 sin 값을 계산하자. 다음으로 SymPy를 사용해 동일한 계산을 해보자.

표준 라이브러리 sin() 함수와 유사한 방법으로 SymPy의 sin() 함수는 라디안으로 표시된 각도를 사용해 계산한다. 두 함수는 모두 값 1을 리턴한다.

```
>>> from sympy import Symbol
>>> theta = Symbol('theta')
>>> math.sin(theta) + math.sin(theta)
Traceback (most recent call last):
  File "<pyshell#53>", line 1, in <module>
    math.sin(theta) + math.sin(theta)
  File "/usr/lib/python3.4/site-packages/sympy/core/expr.py", line 225, in
__float__
    raise TypeError("can't convert expression to float")
TypeError: can't convert expression to float
```

❶

```
❷ >>> sympy.sin(theta) + sympy.sin(theta)
2*sin(theta)
```

이제 부호를 갖는 각 함수를 호출해 어떤 일이 벌어지는지 살펴보자. ❶에서 theta를 이용해 함수를 호출할 때, 표준 라이브러리 sin() 함수는 어떤 일을 해야 하는지 모른다. 따라서 sin() 함수의 인자로 숫자값이 필요하다는 예외사항을 발생시킨다. ❷에서 SymPy도 동일한 연산을 실행하며, 결과로 수식 2*sin(theta)를 리턴한다. 이 결과는 전혀 놀랄만한 일이 아니다. 표준 라이브러리의 수학 함수가 부족한 경우 이러한 종류의 결과를 리턴하기 때문이다.

또 다른 예제를 들어보자. 잠시 수식을 도출한다고 하자. 각도 theta와 초기 속도 U로 던진 투사체가 가장 높은 지점에 도달할 때까지 소요된 시간을 계산하는 수식을 유도하자(83페이지의 '포물선 운동' 참고)

가장 높은 지점에서 u*sin(theta) - g*t = 0을 만족시키는 t를 계산하기 위해 4장에서 학습한 solve() 함수를 사용한다.

```
>>> from sympy import sin, solve, Symbol
>>> u = Symbol('u')
>>> t = Symbol('t')
>>> g = Symbol('g')
>>> theta = Symbol('theta')
>>> solve(u*sin(theta)-g*t, t)
[u*sin(theta)/g]
```

앞에서 배웠듯이 t에 대한 수식은 u*sin(theta)/g이므로 수학 함수를 포함한 방정식의 해를 계산하는데 solve() 함수를 사용하는 방법을 설명하면 다음과 같다.

SymPy의 가정

모든 프로그램에서 Sympy 내 Symbol의 객체를 생성한 다음 so:x=Symbol('x')와 같이 변수를 정의한다. SymPy에 수행하도록 전달한 연산 결과로 SymPy가 수식

$x+5$가 0보다 큰지 여부를 확인할 필요가 있다. 어떤 일이 벌어지는지 다음 결과를 살펴보자.

```
>>> from sympy import Symbol
>>> x = Symbol('x')
>>> if (x+5) > 0:
    print('Do Something')
else:
    print('Do Something else')

Traceback (most recent call last):
  File "<pyshell#45>", line 1, in <module>
    if (x + 5) > 0:
  File "/usr/lib/python3.4/site-packages/sympy/core/relational.py", line
103,
in __nonzero__
    raise TypeError("cannot determine truth value of\n%s" % self)
TypeError: cannot determine truth value of
x + 5 > 0
```

SymPy는 x의 부호에 대해 잘 모르고 있으므로 $x+5$가 0보다 큰지 여부를 추론할 수 없다. 따라서 오류를 표시한다. 하지만 기초 수학에 근거하면 x가 양수이면 $x+5$는 항상 양수이고, x가 음수이면 어떤 경우에 한해서만 양수가 된다.

따라서 positive=True로 설정한 Symbol 객체를 생성하면 SymPy는 양수 값만을 고려한다. 이제 $x+5$는 확실히 0보다 크다는 것을 알 수 있다.

```
>>> x = Symbol('x', positive=True)
>>> if (x+5) > 0:
    print('Do Something')
else:
    print('Do Something else')

Do Something
```

만약 negative=True로 설정한다면 첫 번째 경우와 동일한 오류를 얻게 된다. 부호를 positive와 negative로 선언할 수 있는 것처럼, 부호를 real, integer, complex, imaginary 등으로 설정할 수 있다. 이러한 선언은 SymPy에서 가정 assumptions이라고 정의한다.

함수의 극한 계산기

미적분에서 일반적인 업무는 변수의 값이 어떤값에 근접할 때 함수의 극한값(또는 극한)을 찾아내는 것이다. 그림 7.2에서와 같은 그래프 모양을 갖는 함수 $f(x) = 1/x$ 를 생각해보자.

x의 값이 증가함에 따라 $f(x)$의 값은 0에 접근한다. 극한표시를 사용하면 다음과 같이 작성할 수 있다.

$$\lim_{x \to \infty} \frac{1}{x} = 0$$

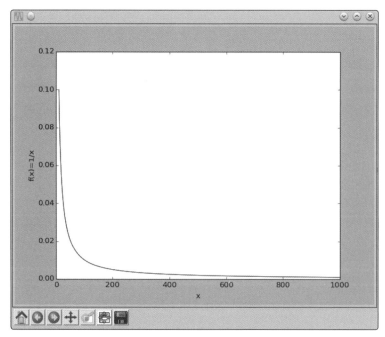

그림 7.2 x의 값이 증가함에 따른 함수 1/x 그래프

SymPy 함수의 극한은 다음과 같이 Limit 클래스의 객체를 생성해 계산한다.

```
❶ >>> from sympy import Limit, Symbol, S
❷ >>> x = Symbol('x')
❸ >>> Limit(1/x, x, S.Infinity)
   Limit(1/x, x, oo, dir='-')
```

❶에서 무한대(양수와 음수)와 다른 특정 값의 정의를 갖는 S와 함께 Limit와 Symbol 클래스를 임포트한다. ❷에서는 x를 표현한 부호 객체 x를 생성한다. ❸에서는 함수의 극한을 계산하기 위해 Limit 객체를 생성한 후 3개의 인자(1/x, 변수 x, 함수의 극한(S.Infinity로 제공하는 무한대)을 계산하기 위한 값)를 전달한다.

양의 무한대를 표시하는 ∞ 부호를 이용하고 음의 방향에서 극한에 도달하는 것을 의미하는 dir='-' 부호를 사용해 계산되지 않은 객체 결과를 리턴한다.

극한값을 계산하려면 doit() 메소드를 사용한다.

```
>>> l = Limit(1/x, x, S.Infinity)
>>> l.doit()
0
```

기본 설정으로 극한이 계산되는 값이 양수 또는 음수 무한대가 아니라면 극한은 양의 방향에서 찾는다. 양의 무한대인 경우 방향은 음과 같이 되며 반대인 경우도 성립한다. 기본 설정 방법은 다음과 같이 변경할 수 있다.

```
>>> Limit(1/x, x, 0, dir='-').doit()
-oo
```

여기서 계산식은 다음과 같다.

$$\lim_{x \to 0} \frac{1}{x}$$

또한 x의 값이 음의 위치에서 0에 접근하면, 극한값이 음의 무한대에 근접한다. 이와는 다르게 x의 값이 양의 위치에서 0에 접근하면, 극합값이 양의 무한대에 접근한다.

```
>>> Limit(1/x, x, 0, dir='+').doit()
∞
```

Limit 클래스는 정해지지 않은 극한을 갖는 함수를 자동으로 다룰 수 있다.

$$\left(\frac{0}{0}, \frac{\inf}{\inf} \right)$$

```
>>> from sympy import Symbol, sin
>>> Limit(sin(x)/x, x, 0).doit()
1
```

로피탈 l'Hopital의 법칙을 사용해 극한값을 찾아낼 수 있지만 여기서는 Limit가 모든 작업을 수행한다고 하자.

연속 복리

은행에 \$1를 적립해두었다고 하자. 이 적립금은 원금이며 이에 근거해 이자를 지불한다. 이 경우 100%의 이자로 1년동안 복리 n회인 경우다. 1년만에 얻게 되는 금액은 다음과 같다.

$$A = \left(1 + \frac{1}{n} \right)^n$$

유명한 수학자 제임스 베르눌리는 n의 값이 증가함에 따라 용어 $(1+1/n)^n$은 e의 값에 접근한다. 이 상수는 함수의 극한을 계산해 검증할 수 있다.

```
>>> from sympy import Limit, Symbol, S
>>> n = Symbol('n')
>>> Limit((1+1/n)**n, n, S.Infinity).doit()
E
```

원금 P, 이자율 r과 기간(년) t에 대해 복리이자는 다음 공식을 이용해 계산한다.

$$A = P\left(1 + \frac{r}{n}\right)^{nt}$$

연속 복리이자를 가정할 때, A에 대한 수식은 다음과 같다.

```
>>> from sympy import Symbol, Limit, S
>>> p = Symbol('p', positive=True)
>>> r = Symbol('r', positive=True)
>>> t = Symbol('t', positive=True)
>>> Limit(p*(1+r/n)**(n*t), n, S.Infinity).doit()
p*exp(r*t)
```

원금 P, 이자율 r, 기간(연수) t로 표현한 3개 Symbol을 생성한다. 또한 Symbol 객체를 생성하는 동안 positive=True 키워드 인자를 사용해 Sympy에 부호가 양의 값을 갖음을 가정한다. 만약 설정하지 않는 경우 SymPy는 Symbol의 부호가 가정할 수 있는 숫자값에 대해 전혀 모르는 상태가 되어 극한 값을 정확하게 계산할 수 없다. 다음으로 Limit 객체를 생성하고 doit() 메소드를 사용해 계산하기 위해 복리에 대한 수식을 진행한다. 이 극한연산은 p*exp(r*t)가 되며 고정된 이자율에 대해 복리는 시간이 흐름에 따라 기하급수로 증가한다.

실시간 변화율

도로를 따라 이동하는 자동차를 보자. 이 자동차는 이동거리 S를 다음 함수로 계산할 수 있을 만큼 일정 속도로 가속한다.

$$S(t) = 5t^2 + 2t + 8$$

이 함수에서 독립변수는 t이며 자동차가 움직이기 시작한 이후 소요된 시간이다.

$t_2 > t_1$인 시간 t_1과 t_2 동안 이동한 거리를 측정한다면 다음 수식을 이용해 단위 시간당 자동차로 이동한 거리를 계산할 수 있다.

$$\frac{S(t_2) - S(t_1)}{t_2 - t_1}$$

이 수식은 변수 t에 대한 함수 $S(t)$의 변화율이라고 할 수 있으며 평균속도가 된다. 만약 시간 단위 t_2와 t_1 간 차이를 δ_t라 할 때 를 $t_1 + \delta_t$ 를 t_2라 하면, 평균 속도는 다음과 같이 작성할 수 있다.

$$\frac{S(t_1 + \delta_t) - S(t_1)}{\delta_t}$$

또한 수식은 변수 t_1에 대한 함수가 된다. δ_t를 작게해 0에 근접시키면 극한 표현은 다음과 같이 작성할 수 있다.

$$\lim_{\delta_t \to 0} \frac{S(t_1 + \delta_t) - S(t_1)}{\delta_t}$$

위 극한 표현을 계산하기 위해 다음과 같은 다양한 객체를 생성하자.

```
>>> from sympy import Symbol, Limit
>>> t = Symbol('t')
❶ >>> St = 5*t**2 + 2*t + 8

>>> t1 = Symbol('t1')
>>> delta_t = Symbol('delta_t')

❷ >>> St1 = St.subs({t: t1})
❸ >>> St1_delta = St.subs({t: t1 + delta_t})
```

❶에서 함수 $S(t)$를 정의한다. 다음으로 두 개의 t_1과 δ_t를 부호 t_1과 delta_t로 정의한다. ❷와 ❸에서 subs() 메소드를 이용해 각각 t_1과 t1_delta_t를 t의 값으로 대체하고 $S(t_1)$과 $S(t_1 + \delta_t)$를 계산한다.

이제 극한을 계산해보자.

```
>>> Limit((St1_delta-St1)/delta_t, delta_t, 0).doit()
10*t1 + 2
```

극한의 계산 결과는 10*t1+2가 되며 이 값은 시간 t_1에서 $S(t)$의 변화율이며 순시 변화율이다. 일반적으로 이 변화는 시간 +1에서 자동차의 순시속도instaneous speed라 한다.

계산한 극한은 함수의 미분이고 SymPy의 미분 클래스를 이용해 직접 계산할 수 있다.

함수의 미분 계산

함수 $y=f(x)$의 미분은 독립변수 x에 대한 종속변수 y의 변화율을 계산하는 식이다. 미분은 $f'(x)$나 dy/dx로 표현한다. Derivative 클래스의 객체를 생성하면 함수의 미분을 계산할 수 있다. 앞의 함수를 사용해 예제의 자동차 움직임을 표시해보자.

❶ >>> `from sympy import Symbol, Derivative`

```
>>> t = Symbol('t')
>>> St = 5*t**2 + 2*t + 8
```

❷ >>> `Derivative(St, t)`
```
Derivative(5*t**2 + 2*t + 8, t)
```

❶에서 클래스 Derivative를 임포트한다. ❷에서 Derivative 클래스의 객체를 생성한다. 객체를 생성하는 동안 전달된 두 인자는 변수 t에 대한 함수 St와 부호 t가 된다. Limit 클래스에 대해 Derivative 클래스의 객체가 리턴되고 미분은 실제로 계산되지 않는다. 미분을 계산하려면 계산되지 않은 Derivative 객체에 대해 doit() 메소드를 호출한다.

```
>>> d = Derivative(St, t)
>>> d.doit()
10*t + 2
```

미분 결과에 대한 표현은 10*t+2가 된다. t의 특정값($t = t_1$, 또는 $t = 1$)에 대한 미분값은 subs() 메소드를 이용해 계산할 수 있다.

```
>>> d.doit().subs({t:t1})
10*t1 + 2
>>> d.doit().subs({t:1})
12
```

다음 복잡한 임의의 함수를 대상으로 유일한 변수인 x의 미분 결과를 계산해보자.
$(x^3 + x^2 + x) \times (x^2 + x)$

대상함수를 두 개의 독립함수의 곱으로 고려할 수 있으며 이는 미분 결과를 얻기 위해 미분의 곱 규칙을 이용할 필요가 있음을 의미한다. 하지만 Derivative 클래스를 이용해 객체를 생성할 수 있으므로 이 부분에 대해 걱정할 필요는 없다.

삼각함수를 포함한 수식과 같이 몇 가지 다른 복잡한 수식들을 대상으로 시도해보자.

미분 계산기

함수를 입력받고 특정 변수에 대해 미분한 결과를 출력하는 미분 계산기 프로그램을 작성해보자.

```
'''
미분 계산기
'''

from sympy import Symbol, Derivative, sympify, pprint
from sympy.core.sympify import SympifyError
```

```
def derivative(f, var):
    var = Symbol(var)
    d = Derivative(f, var).doit()
    pprint(d)

if __name__=='__main__':

❶    f = input('Enter a function: ')
    var = input('Enter the variable to differentiate with respect to: ')
    try:
❷        f = sympify(f)
    except SympifyError:
        print('Invalid input')
    else:
❸        derivative(f, var)
```

❶에서 사용자가 미분 계산을 위한 함수와 미분대상 변수를 요청한다. ❷에서 sympify() 함수를 사용해 입력 함수를 SymPy 객체로 변환한다. try...except 블록에서 이 함수를 호출한 결과 사용자가 유효하지 않은 값을 입력한 경우 오류 메시지를 출력한다. ❸에서 입력한 수식이 유효하면, 미분 함수를 호출하고, 함수인자로 함수와 미분대상 변수를 전달한다.

derivative() 함수를 정의할 때, 제일 먼저 함수의 미분대상 변수에 해당하는 Symbol 객체를 생성한다. 이 변수에 대해 레이블 var을 사용한다. 다음으로 미분대상 함수인 f와 Symbol 객체인 var을 인자로 하는 Derivative 객체를 생성한다. 즉시 미분을 계산하기 위해 doit() 메소드를 호출했다. 다음으로 pprint() 함수를 사용해 대응값에 근사하는 수식적 결과를 출력한다. 이 프로그램의 샘플 실행 결과는 다음과 같다.

```
Enter a function: 2*x**2 + 3*x + 1
Enter the variable to differentiate with respect to: x
4•x + 3
```

두 변수의 함수를 이용해 사용할 때, 샘플의 실행 결과는 다음과 같다.

```
Enter a function: 2*x**2 + y**2
Enter the variable to differentiate with respect to: x
4•x
```

편미분의 계산

이전 프로그램에서 다중 변수로 이루어진 함수에 대한 미분도 계산이 가능하다라는 사실을 알게 되었다. 이러한 계산을 편미분partial differentiation이라고 한다. '편'이라는 것은 다른 변수는 고정한 상태에서 한 개의 변수만을 대상으로 변화시킴을 의미한다.

함수 $f(x, y) = 2xy + xy^2$을 보자. x에 대한 $f(x, y)$의 편미분은 다음과 같다.

$$\frac{\partial f}{\partial x} = 2y + y^2$$

이전 프로그램은 해당 변수를 설정하는 문제이므로 편미분 계산이 가능하다.

```
Enter a function: 2*x*y + x*y**2
Enter the variable to differentiate with respect to: x
y^2  + 2•y
```

NOTE
7장에서 미분연산을 수행할 함수는 모두 변수의 영역에서 미분이 가능하다.

고차 미분과 최대, 최소값 구하기

기본 설정으로 Derivative 클래스를 이용해 미분 객체를 생성하면 1차 미분 결과가 된다. 고차 미분을 계산하려면 3번째 인자의 값으로 미분차수를 설정해야 한다.

이 절에서는 어떤 구간에서 최대와 최소값을 계산하기 위해 대상 함수의 1차와 2차 미분을 사용하는 방법을 알아본다.

영역 [−5, 5]에서 정의한 함수 $x^5 − 30x^3 + 50x$를 고려해보자. 사각 괄호는 닫힌 영역으로 변수 x는 5보다 크거나 같으며 5보다 작거나 같은 영역의 값을 의미한다 (그림 7.3 참고).

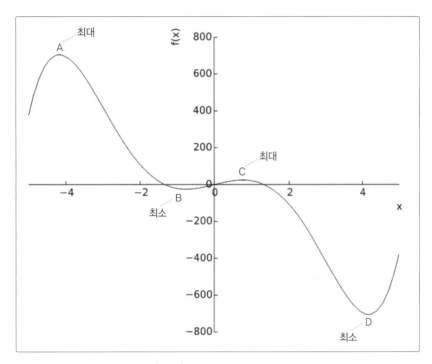

그림 7.3 함수 $x^5−30x^3+50x$의 그래프, x는 −5 이상 5 이하다

그래프를 참고하면 해당 함수는 구간 −2≤x≤0에서는 점 B에서 최소값을 갖는다. 유사하게 구간 0≤x≤2에서는 점 C에서 최대값을 갖는다. 함수는 x의 전 영역에서 최대값(A)과 최소값(D)을 갖는다. 따라서 전체 간격 [−5, 5]에서 함수를 분석하면 점 B와 C가 지역 최소값과 지역 최대값이 된다. 점 A와 D는 전역 최대값과 전역 최소값이 된다.

용어 극값extremum(복수형 extrema)은 대상 함수가 지역 또는 전역 최대값이나 최소값을 갖는 지점이다. 만약 x가 해당 함수 $f(x)$의 극값 지점이면, x에 대한 1차 미분 결과임 $f'(x)$의 값이 0이어야 한다. 이러한 특성을 이용해 가능한 극값을 찾는 좋은 방법으로 방정식 $f'(x)=0$을 풀면 된다. 이러한 해를 해당 함수의 임계점이라고 한다. 다음 명령을 실행해보자.

```
>>> from sympy import Symbol, solve, Derivative
>>> x = Symbol('x')
>>> f = x**5 - 30*x**3 + 50*x
>>> d1 = Derivative(f, x).doit()
```

1차 미분 $f'(x)$를 계산했으므로 $f'(x)=0$을 풀어 임계점을 알아내자.

```
>>> critical_points = solve(d1)
>>> critical_points
[-sqrt(-sqrt(71) + 9), sqrt(-sqrt(71) + 9), -sqrt(sqrt(71) + 9),
sqrt(sqrt(71) + 9)]
```

여기서 본 리스트 critical_points 내의 숫자는 각각 점 B, C, A, D가 된다. 이 점들은 참고하기 위한 레이블을 생성한 다음 프로그램 명령에서 사용할 수 있다.

```
>>> A = critical_points[2]
>>> B = critical_points[0]
>>> C = critical_points[1]
>>> D = critical_points[3]
```

해당 함수에 대한 모든 임계점은 고려 대상 구간 내에 있으므로 함수 $f(x)$의 전역 최대, 최소값을 찾는 것과 유사하다. 이차 미분 테스트는 임계점이 전역 최대값인지 최소값인지 알아내는 데 사용할 수 있다.

우선 함수 $f(x)$의 이차 도함수를 계산한다. 이를 위해서는 3번째 인자의 값으로 2를 입력한다.

```
>>> d2 = Derivative(f, x, 2).doit()
```

이제 x 대신 하나씩 각 임계점의 값을 대체해 이차 미분값을 계산한다. 결과값이 0보다 작다면, 해당 지점은 지역 최대값local manimum이 있다. 하지만 결과값이 0보다 크다면 지역 최소값local minimum이 있다. 결과값이 0이라면 임계지점 x가 지역 최소, 최대인지 여부를 결정할 수 없다.

```
>>> d2.subs({x:B}).evalf()
127.661060789073
>>> d2.subs({x:C}).evalf()
-127.661060789073
>>> d2.subs({x:A}).evalf()
-703.493179468151
>>> d2.subs({x:D}).evalf()
703.493179468151
```

임계점에서 2차 미분값을 계산한 결과, 점 A와 C에는 지역 최대값이 있고 점 B와 D에는 지역 최소값이 있다.

구간 [-5,5]에서 함수 $f(x)$의 전역 최대값과 최소값은 임계점 x나 영역(x = -5와 x = 5)의 끝점 중 한곳에 존재한다. 모든 임계점(A, B, C, D)을 이미 알고 있고, 임계점 A나 C가 지역 최대값을 갖기 때문에 전역 최소값을 가질 수 없다. 유사한 로직에 근거해 이 함수는 B 또는 D에서 전역 최대값을 가질 수 없다.

따라서 전역 최대값을 얻기 위해서는 점 A, C, -5와 5에서 $f(x)$의 값을 계산해야 한다. 4개의 점 중에서 $f(x)$가 가장 큰 값을 갖는 위치가 전역 최대값이 발생한다.

두 레이블 x_min과 x_max를 생성해 도메인 경계라고 하고, 점 A, C, x_min과 x_max에서 함수 값을 계산한다.

```
>>> x_min = -5
>>> x_max = 5

>>> f.subs({x:A}).evalf()
```

```
705.959460380365
>>> f.subs({x:C}).evalf()
25.0846626340294
>>> f.subs({x:x_min}).evalf()
375.000000000000
>>> f.subs({x:x_max}).evalf()
-375.000000000000
```

계산한 모든 임계점과 도메인 경계(그림 7.3)에서 함수값을 조사하면 점 A가 전역 최대값이 됨을 알 수 있다.

유사하게 전역 최소값을 결정하려면 점 B, D, -5, 5에서 $f(x)$의 값을 계산해야 한다.

```
>>> f.subs({x:B}).evalf()
-25.0846626340294
>>> f.subs({x:D}).evalf()
-705.959460380365
>>> f.subs({x:x_min}).evalf()
375.000000000000
>>> f.subs({x:x_max}).evalf()
-375.000000000000
```

$f(x)$가 최소값을 갖는 지점은 함수에 대한 전역 최소값이 되어야 한다. 이 지점은 점 D가 된다.

모든 임계지점과 경계값에 대해 2차 미분 테스트로 몇 개의 값을 버린 후에 함수의 값을 고려해 함수의 극한값을 찾는 이 메소드는 해당 함수가 두 번 미분 가능하다면 항상 유효하다. 즉, 일차와 이차 미분은 도메인 내의 모든 곳에서 존재해야 한다.

e^x와 같은 함수에 대해 도메인 내 모든 임계점이 될 수 없다. 하지만 이 경우에 해당 메소드는 제대로 작동한다. 즉 메소드에 의하면 극한값은 도메인 경계에서 발생한다.

그레디언트 상승을 이용해 전역 최대값 알아내기

때로는 모든 지역과 전역 최대값과 최소값 대신 함수에 대한 전역 최대값을 알아내는 데 관심이 있는 경우도 있다. 예를 들어 최대 수평거리에 도착시키기 위한 공의 투척각도를 알고 싶다고 하자. 이러한 문제를 풀기 위해 새롭고 좀 더 실용적인 접근 방법을 배워보겠다. 이러한 접근법은 1차 미분만을 이용하므로 첫 번째 미분이 계산 가능한 함수에만 적용 가능하다.

이 메소드는 그레디언트 상승 메소드라고 하며 전역 최대값을 찾아내는 데 반복적으로 수행하는 접근법이다. 그레디언트 상승 메소드는 상당량의 계산을 수행해야 하기 때문에 수작업으로 문제를 해결하기보다는 프로그램으로 해결해야 한다. 투척각도를 알아내는 예제를 대상으로 이 방법을 시도해보자. 2장에서 다음 수식을 유도해 각도 θ에 속도 u로 던진 투척한 물체의 비용시간을 계산했다.

$$t_{\text{flight}} = 2\frac{u\sin\theta}{g}$$

투척한 공이 이동한 총 수평거리인 R은 $u_x \times t_{\text{flight}}$의 곱으로 계산한다. u_x는 초기 속도의 수평요소이며 $u\cos\theta$가 된다. 공식에서 u_x와 t_{flight}를 대체하면 수식은 다음과 같다.

$$R = u\cos\theta \times \frac{2u\sin\theta}{g} = \frac{u^2\sin 2\theta}{g}$$

그림 7.4의 그래프는 0에서 90도 사이의 θ 값과 각 각도에 대한 해당 이동거리 range를 보여준다. 그래프에서 최대 거리는 투척각도가 45도일 때 얻어낼 수 있다. 그레디언트 상승 메소드를 사용해 θ의 값을 수치적으로 계산해보겠다.

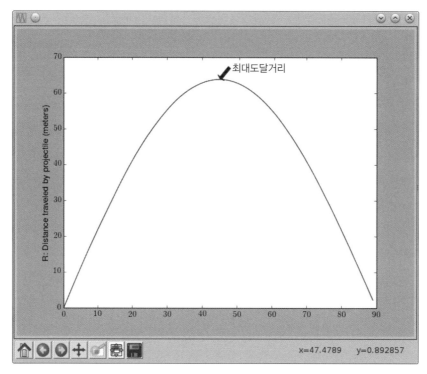

그림 7.4 초기 속도 25m/s에 투척각도를 변경하면서 던진 공의 도달거리

그레디언트 상승 메소드는 반복 수행하는 메소드다. 초기 θ의 값을 $0.001(\theta_{old} = 0.001)$로 하고 점차 최대거리에 해당하는 θ 값에 가깝게 하자. 우리에게 가깝게 도달하는 단계의 방정식은 다음과 같다.

$$\theta_{new} = \theta_{old} + \lambda \frac{dR}{d\theta}$$

식에서 λ는 단계 크기이고 $\frac{dR}{d\theta}$는 R을 θ에 대해 미분한 값이다. $\theta_{old} = 0.001$로 설정하면 다음과 같다.

1. 앞의 방정식을 이용해 θ_{new}를 계산한다.

2. $\theta_{new} - \theta_{old}$ 절대차이가 값 ε보다 크다면, $\theta_{old} = \theta_{new}$라고 설정하고 1단계로 리턴한다. 그렇지 않다면 3단계로 간다.

3. θ_{new}는 θ의 추정값으로 이 값에 대해 R은 최대값을 갖는다.

epsilon(ε)의 값은 알고리즘의 반복수행을 언제 중단할지를 결정하는 지표다. 이 부분에 대해서는 273페이지의 '단계 크기와 입실론의 역할'을 참고하기 바란다.

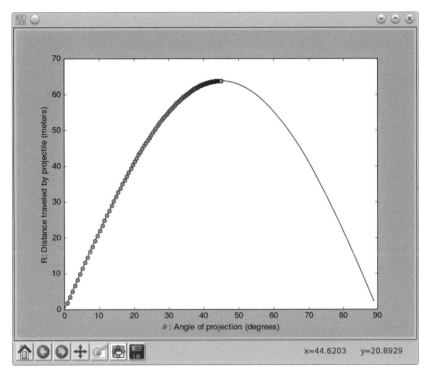

그림 7.5 함수의 최대지점을 향해 이동시키는 그레디언트 상승 메소드

다음 grad_ascent() 함수는 그레디언트 상승 알고리즘을 구현한 결과다. 모수 x0는 변수의 초기값으로 반복을 시작하는 지점이다. 또한 f1x는 함수의 미분으로 이지점에서 함수의 최대값을 계산한다.

```
'''
그레디언트 상승을 이용해 투척각도를 계산한다.
'''

import math
from sympy import Derivative, Symbol, sin
```

```python
    def grad_ascent(x0, f1x, x):
❶       epsilon =  1e-6
❷       step_size = 1e-4
❸       x_old = x0
❹       x_new = x_old + step_size*f1x.subs({x:x_old}).evalf()
❺       while abs(x_old - x_new) > epsilon:
            x_old = x_new
            x_new = x_old + step_size*f1x.subs({x:x_old}).evalf()

        return x_new
❻ def find_max_theta(R, theta):
        # 1차 미분값을 계산한다.
        R1theta = Derivative(R, theta).doit()
        theta0 = 1e-3
        theta_max = grad_ascent(theta0, R1theta, theta)
❼       return theta_max

    if __name__ == '__main__':

        g = 9.8
        # 초기 속도를 설정한다.
        u = 25
        # 범위(range)를 표현한다.
        theta = Symbol('theta')
❽       R = u**2*sin(2*theta)/g

❾       theta_max = find_max_theta(R, theta)
        print('Theta: {0}'.format(math.degrees(theta_max)))
        print('Maximum Range: {0}'.format(R.subs({theta:theta_max})))
```

입실론의 값을 1e-6으로 설정하고 단계 크기를 ❶과 ❷에서 각각 1e-4로 설정
하자. 입실론 값은 항상 0에 가까운 매우 작은 양의 값이어야 한다. 게다가 단계 크
기는 알고리즘의 모든 단계에서 변수가 작은 양으로 증가하도록 선택해야 한다. 입
실론 값과 단계 크기의 선택은 273페이지의 '단계 크기와 입실론의 역할'에서 좀
더 상세히 설명하겠다.

❸에서 x_old를 x0으로 설정하고 ❹에서 처음으로 x_new를 계산한다. 그리고 subs() 메소드를 이용해 해당 변수를 x_old의 값으로 대체한다. 또한 evalf()를 사용해 수치값을 계산한다. 절대값 차이 abs(x_old-x_new)가 입실론보다 크면 ❺ 에서 while 루프를 계속 실행한다. 그리고 x_old와 x_new의 값을 그레디언트 상승 알고리즘의 단계 1과 2에 적용해 업데이트하도록 한다. 반복 루프를 빠져나오는 경우, 즉 abs(x_old-x_new)>epsilon이면 최대 함수값에 해당하는 변수값 x_new를 리턴한다.

❻에서 find_max_theta() 함수를 정의했다. 이 함수에서 R의 1차 미분을 계산하고 레이블 theta0을 생성한 다음 1e-3으로 설정했다. 그리고 인자로 2개 값을 갖고 부호 객체 theta로 세 번째 인자를 갖는 grad_scent() 함수를 호출한다. 최대 함수값(theta_max)에 해당하는 θ의 값을 얻으면 ❼에서 이 값을 리턴한다.

마지막으로 ❽에서 초기 속도 u=2.5와 각도 θ에 해당하는 theta 부호 객체를 갖는 수평거리 표현식을 생성한다. 다음으로 ❾에서 R과 theta를 갖는 find_max_theta() 함수를 호출한다.

이 프로그램을 실행하면 다음 결과를 얻게 된다.

```
Theta: 44.99999978475661
Maximum Range: 63.7755102040816
```

θ의 값은 각도 단위로 출력하며 기대한 대로 45도에 가까운 값이 된다. 초기 속도를 다른 값으로 변경하더라도 최대 범위에 도달할 투척각도는 45도에 가깝게 된다.

그레디언트 상승에 대한 제네릭 프로그램

그레디언트 상승에 대한 제네릭 프로그램을 만들기 위해 이전 프로그램을 약간 변경한다.

```
'''
단일 변수 함수에 대한 최대값을 계산하기 위해 그레디언트 상승을 사용한다.
'''

from sympy import Derivative, Symbol, sympify

def grad_ascent(x0, f1x, x):
    epsilon =  1e-6
    step_size = 1e-4
    x_old = x0
    x_new = x_old + step_size*f1x.subs({x:x_old}).evalf()
    while abs(x_old - x_new) > epsilon:
        x_old = x_new
        x_new = x_old + step_size*f1x.subs({x:x_old}).evalf()

    return x_new

if __name__ == '__main__':

    f = input('Enter a function in one variable: ')
    var = input('Enter the variable to differentiate with respect to: ')
    var0 = float(input('Enter the initial value of the variable: '))
    try:
        f = sympify(f)
    except SympifyError:
        print('Invalid function entered')
    else:
```
❶ ```   var = Symbol(var)```
❷ ```   d = Derivative(f, var).doit()```
❸ ```   var_max = grad_ascent(var0, d, var)```
```
        print('{0}: {1}'.format(var.name, var_max))
        print('Maximum value: {0}'.format(f.subs({var:var_max})))
```

함수 grad_ascent()는 동일하다. 하지만 이 프로그램은 사용자가 함수에 변수와 그레디언트 상승이 시작하게 될 변수의 초기값을 입력하도록 한다. 일단 SymPy가 사용자 입력을 인식할 수 있다면 ❶에서 변수에 해당하는 Symbol 객체를 생성하고 ❷에서 이에 대한 첫 번째 미분을 계산하며 3개 인자를 갖는 grad_ ascent() 함수를 호출한다. ❸에서 최대값을 리턴한다.

다음은 샘플 실행 결과다.

```
Enter a function in one variable: 25*25*sin(2*theta)/9.8
Enter the variable to differentiate with respect to: theta
Enter the initial value of the variable: 0.001
theta: 0.785360029379083
Maximum value: 63.7755100185965
```

이 함수 입력은 그레디언트 상승에 대한 첫 번째 구현과 동일하며 θ의 값은 라디안으로 출력한다.

cosy에 대한 최대값을 찾기 위한 프로그램의 또 다른 실행은 다음과 같다.

```
Enter a function in one variable: cos(y)
Enter the variable to differentiate with respect to: y
Enter the initial value of the variable: 0.01
y: 0.00999900001666658
Maximum value: 0.999950010415832
```

프로그램은 k가 상수인 cos(y)+k와 같은 함수에 대해서도 정확하게 작동한다.

```
Enter a function in one variable: cos(y) + k
Enter the variable to differentiate with respect to: y
Enter the initial value of the variable: 0.01
y: 0.00999900001666658
Maximum value: k + 0.999950010415832
```

하지만 cos(ky)와 같은 함수는 1차 미분 결과가 kcos(ky)로 여전히 k를 포함하고 있다. 게다가 SymPy는 k값을 모르고 있다. 따라서 SymPy는 그레디언트 상승 알고리즘gradient ascent algorithm에서 핵심 부분인 abs(x_old-x_new)>epsilon을 계산할 수 없다.

초기값에 대한 경고

그레디언트 상승의 반복을 시작할 변수의 초기값은 알고리즘에서 매우 중요한 역할을 한다. 그림 7.3의 예제로 사용한 함수 $x^5 - 30x^3 + 50x$를 생각해보자. 제네릭 그레디언트 상승 프로그램을 이용해 최대값을 계산하자.

```
Enter a function in one variable: x**5 - 30*x**3 + 50*x
Enter the variable to differentiate with respect to: x
Enter the initial value of the variable: -2
x: -4.17445116397103
Maximum value: 705.959460322318
```

그레디언트 상승 알고리즘은 가장 가까운 극한대값을 찾아내면 진행을 멈춘다. 하지만 극대값은 전역 최대값은 아니다. 예제에서 초기값 -2로 시작할 때 전역 최대값인 706에 해당하는 극대값에서 멈춘다. 이를 더 검증하기 위해 다른 초기값을 대상으로 시도해보자.

```
Enter a function in one variable: x**5 - 30*x**3 + 50*x
Enter the variable to differentiate with respect to: x
Enter the initial value of the variable: 0.5
x: 0.757452532565767
Maximum value: 25.0846622605419
```

이 경우 그레디언트 상승 알고리즘이 멈추게 될 가장 가까운 극한값은 함수의 전역 최대값이 아니다. 그림 7.6은 이러한 시나리오에 대해 적용한 그레디언트 상승 알고리즘의 결과다. 그레디언트 상승은 항상 가장 근접한 최대값에 이르도록 한다.

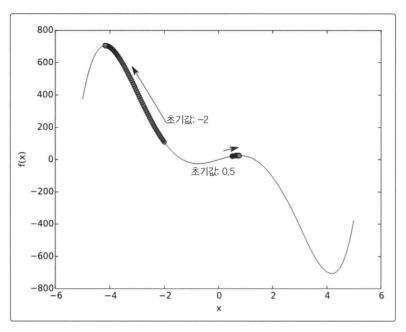

그림 7.6 서로 다른 초기값을 갖는 그레디언트 상승 알고리즘의 결과

따라서 이 메소드를 사용할 때 초기값은 주의해 선택해야 한다. 알고리즘의 변화는 이와 같은 제한을 규정하는 데 시도한다.

단계 크기와 입실론의 역할

그레디언트 상승 알고리즘에서 변수에 대한 다음 값은 아래 방정식을 이용해 계산한다.

$$\theta_{new} = \theta_{old} + \lambda \frac{dR}{d\theta}$$

식에서 λ는 단계 크기다. 단계 크기는 다음 단계의 거리를 결정한다. 최대값을 감지하지 못하고 지나치는 것을 방지하려면 단계 크기는 작아야 한다. 즉 x의 현재값이 함수의 최대값에 근사한다면 다음 단계는 최대값을 지나쳐서는 안 된다. 만약 최대값을 감지하지 못하고 지나치게 된다면 좋은 알고리즘이라고 할 수 없다. 하지만 최대값을 감지하기 위해 단계 크기를 무작정 매우 작게 설정한다면 계산하는 과정에 많은 시간이 소모된다. 단계 크기로 고정값 10^{-3}을 사용했지만 이 값이 모든 함수에 대해 가장 적합하지는 않다.

알고리즘의 반복을 중단할 시점을 결정하는 입실론(ε)의 값은 x의 값이 변하지 않음을 입증할 만큼 충분히 작은 값이어야 한다. 1차 미분 $f'(x)$는 최대값에서 0이어야 하고 이상적으로 절대값 차이 $|\theta_{new} - \theta_{old}|$는 0이어야 한다(272페이지의 그레디언트 상승 알고리즘의 2단계를 참고하라). 하지만 값의 비정확성 때문에 정확히 0의 차이를 얻을 수 없다. 따라서 입실론의 값은 0에 가까운 값으로 선택해야 하며 이 값은 최적값을 찾아내기 위해 x의 값이 더이상 변화하지 않음을 알려준다. 이 프로그램에서는 모든 함수에 대한 입실론 값으로 10^{-6}을 사용했다. 비록 이 값은 충분히 작고 $\sin(x)$와 같이 $f'(x)=0$에 대한 해를 갖는 함수에 적합하지만 다른 함수에 대해서는 적합한 값이 된다고 볼 수 없다. 따라서 프로그램 실행이 끝나는 시점에서 정확성을 확인하기 위해 최대값을 검증해야 하고 필요하다면 입실론의 값을 조정하는 것이 좋은 방안이다.

또한 그레디언트 상승 알고리즘의 단계 2는 최적해가 존재하는지 여부를 판단하기 위해 e^x나 $\log(x)$와 같은 함수의 경우와는 달리 $f'(x)=0$이 해를 가져야 한다. 만약 이전 프로그램에 대한 입력으로 제공한 함수에 대해 $f'(x)=0$의 해가 존재하지 않는다면 프로그램은 계속 실행될 것이다. $f'(x)=0$이 해를 갖는지 여부에 대한 확인을 통해 그레디언트 상승 프로그램을 더 유용하게 만들 수 있다. 다음은 개선한 프로그램이다.

```
'''
단일 변수 함수의 최대값을 찾아내기 위해 그레디언트 상승을 사용한다. 또한 이 방법은 방정식 f'(x)=0에
대한 해의 존재를 확인한다.
'''

from sympy import Derivative, Symbol, sympify, solve

def grad_ascent(x0, f1x, x):
    #f1x=0이 해를 갖는지 여부를 확인한다.
    if not solve(f1x):
        print('Cannot continue, solution for {0}=0 does not exist'.
format(f1x))
        return
```

❶

```
        epsilon =  1e-6
        step_size = 1e-4
        x_old = x0
        x_new = x_old + step_size*f1x.subs({x:x_old}).evalf()
        while abs(x_old - x_new) > epsilon:
            x_old = x_new
            x_new = x_old + step_size*f1x.subs({x:x_old}).evalf()

        return x_new
if __name__ == '__main__':

        f = input('Enter a function in one variable: ')
        var = input('Enter the variable to differentiate with respect to: ')
        var0 = float(input('Enter the initial value of the variable: '))
        try:
            f = sympify(f)
        except SympifyError:
            print('Invalid function entered')
        else:
            var = Symbol(var)
            d = Derivative(f, var).doit()
            var_max = grad_ascent(var0, d, var)
❷           if var_max:
                print('{0}: {1}'.format(var.name, var_max))
                print('Maximum value: {0}'.format(f.subs({var:var_max})))
```

❶에서 grad_ascent() 함수의 변경 과정에서 SymPy의 solve() 함수를 호출해 방정식 $f'(x)=0$(위 프로그램에서는 f1x다)인지 여부를 결정했다. 만약 아닌 경우 메시지를 출력하고 리턴한다. ❷에서 _main_black에서 또 다른 변경이 발생했다. grad_ascent() 함수가 성공적으로 결과를 리턴했는지를 확인한다. 리턴했을 경우 함수의 최대값과 변수의 해당 값을 출력한다.

이와 같이 프로그램 코드를 개선함으로써 해당 프로그램이 $\log(x)$와 e^x와 같은 함수도 다룰 수 있도록 한다.

```
Enter a function in one variable: log(x)
Enter the variable to differentiate with respect to: x
Enter the initial value of the variable: 0.1
```

```
Cannot continue, solution for 1/x=0 does not exist
```

또한 e^x에 대해서도 동일한 결과를 얻게 됨을 알 수 있다.

> ### 그레디언트 하강 알고리즘
>
> 그레디언트 상승 알고리즘의 역상 알고리즘은 그레디언트 하강 알고리즘으로 함수의 최소값을 알아내는 방법이다. 이 방법은 그레디언트 상승 알고리즘과 유사하지만 함수를 따라 '상승(climbing up)'하는 대신에 '하강(climbing down)'한다. 283페이지의 연습 2에서 두 알고리즘 간 차이를 설명할 것이며 역순서를 구현하기 위한 기회도 제공할 것이다

함수의 적분 계산

함수 $f(x)$의 무한적분 또는 미분의 반대는 함수 $F(x)$다. 따라서 $F'(x) = f'(x)$가 된다. 함수의 적분은 다른 함수가 되며 적분함수의 미분 결과는 원래 함수다. 수학적으로 이 함수는 $F(x) = \int f(x)dx$ 와 같이 작성한다. 다른 측면에서 정적분은 적분 $\int f(x)dx$로 실제로 $F(b)-F(a)$이며 $F(b)$와 $F(a)$는 각각 $x=b$와 $x=a$에서 함수의 역미분 값이 된다. 두 개의 적분은 Integral 객체를 생성해 계산할 수 있다.

적분 $\int kxdx$를 계산할 수 있는 방법은 다음과 같다. 이 경우 k는 상수다.

```
>>> from sympy import Integral, Symbol
>>> x = Symbol('x')
>>> k = Symbol('k')
>>> Integral(k*x, x)
Integral(k*x, x)
```

Integral과 Symbol 클래스를 임포트하고 k와 x에 해당하는 두 개의 Symbol 객체를 생성한다. 다음으로 Integral 객체를 함수 kx로 생성하고 x에 대해 적분한 변수를 설정한다. Limit와 Derivative 클래스와 유사하게 doit() 메소드를 이용해 적분을 계산할 수 있다.

```
>>> Integral(k*x, x).doit()
```

```
k*x**2/2
```

적분 결과는 $kx^2/2$가 된다. $kx^2/2$의 미분을 계산하면 원 함수는 kx가 된다.

정적분definite integral을 계산하려면 간단히 변수 Integral 객체를 생성할 때 하한 상한을 튜플로 설정한다.

```
>>> Integral(k*x, (x, 0, 2)).doit()
2*k
```

반환된 결과는 다음과 같은 정적분의 결과값이다.

$$\int_0^2 kx\,dx$$

기하학측면에서 정적분을 설명하면 이해하기가 더 용이하다. $x=0$과 $x=5$ 사이 함수 $f(x)$의 그래프를 표시하는 그림 7.7을 고려해보자.

그래프 ABDE 하단의 영역을 고려해보자. 이 영역은 $x=2$와 $x=4$ 사이 각각 지점 A와 B의 x축 기준 경계 부위다. 영역의 넓이는 직사각형 ABCE의 면적과 직삼각형 ECD의 면적을 더해 계산한다. 즉 $2 \times 2 + (1/2) \times 2 \times 2 = 6$이 된다.

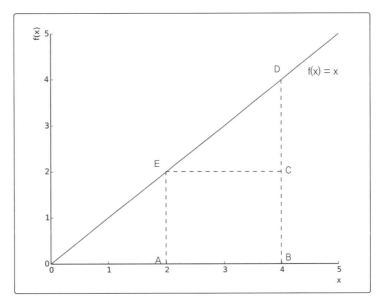

그림 7.7 두 지점 간 함수의 정적분은 x축에 의한 경계함수의 그래프로 둘러싼 영역이다

정적분 $\int_2^4 x\,dx$ 를 계산해보자.

```
>>> from sympy import Integral, Symbol
>>> x = Symbol('x')
>>> Integral(x, (x, 2, 4)).doit()
6
```

적분의 값은 영역 ABDE의 영역과 동일하다. 이 결과는 우연이 아니다. 여러분은 적분이 가능한 x에 대한 모든 함수에 대해 참임을 알 수 있다.

정적분은 x축상의 특정 점들에 대한 함수값으로 표현된 영역으로 연속형 랜덤변수를 사용하는 랜덤사건에 대한 확률 계산을 이해하기 위한 핵심 포인트가 된다.

확률밀도함수

수학 퀴즈상에서 학생의 가상 클래스와 등급 성적을 고려해보자. 각 학생은 0에서 20 사이의 성적을 받는다. 만약 학생이 11과 12 사이의 성적을 얻을 확률을 계산하려면 5장에서 학습한 내용을 적용할 수 없다. 이유를 설명하기 위해 일양확률을 가정한 다음 공식을 고려해보자.

$$P\big(11 < x < 12\big) = \frac{n(E)}{n(S)}$$

식에서 E는 11과 12 사이에 가능한 모든 성적의 집합이고, S는 모든 가능한 성적의 집합으로 1과 20 사이의 모든 실수가 된다. 앞의 문제에 대해 $n(E)$의 값은 11과 12 사이의 모든 가능한 실수의 개수는 카운트하기 힘들 정도의 무한대 값이다. $n(S)$의 경우에도 동일하다. 따라서 확률을 계산하기 위해서는 다른 접근이 필요하다.

확률밀도함수 $P(x)$는 임의의 값인 x에 가까운 임의변수의 값에 대한 확률이다.[1]

---

1 더 많은 정보를 얻으려면 Math Insight(http://mathinsight.org/Probability_density_function_idea)에서 드웨인 니캠프(Duane Q. Nykamp)의 'The idea of probability density function'을 참고하자.

또한 이 값은 구간 내에 x가 위치하게 될 확률이다. 즉 가상의 클래스에서 성적 확률을 표시하는 확률밀도함수를 알고 있다면 $P(11\langle x\langle 12)$를 계산하는 것은 계산하고자 하는 확률이 된다. 하지만 이 값을 어떻게 계산하는가? 이 확률은 확률밀도함수의 그래프에 의해 둘러싸인 영역이고 x값은 $x=11$과 $x=12$ 사이의 영역이다. 임의 확률밀도함수를 가정하면 그림 7.8은 다음과 같다.

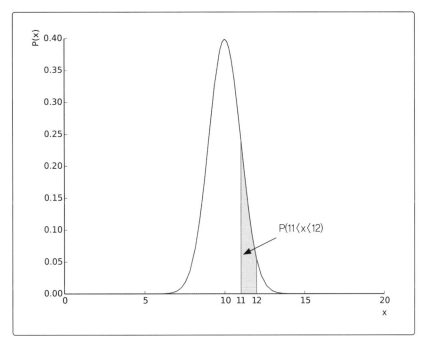

그림 7.8 수학 퀴즈에 대한 성적의 확률밀도함수

이미 이 영역은 적분값과 같다.

$$\int_{11}^{12} p(x)\,dx$$

따라서 성적이 11과 12 사이에 있게 될 확률을 쉽게 계산할 수 있다. 수학적으로도 확률이 얼마인지 알아낼 수 있다. 앞에서 가정한 확률밀도함수는 다음과 같다.

$$\frac{1}{\sqrt{2\pi}}e^{-\frac{(x-10)^2}{2}}$$

이 경우 x는 획득한 성적이다. 이 함수를 이용해 획득한 성적이 11과 12 사이에 위치할 확률을 계산하려면 다음 적분을 계산해야 한다.

$$\int\limits_{11}^{12}p(x)dx$$

```
>>> from sympy import Symbol, exp, sqrt, pi, Integral
>>> x = Symbol('x')
>>> p = exp(-(x - 10)**2/2)/sqrt(2*pi)
>>> Integral(p, (x, 11, 12)).doit().evalf()
0.135905121983278
```

x축상에서 11과 12 간 정적분을 계산하기 원하는 확률밀도함수 p에 대한 integral 객체를 생성한다. doit()를 이용해 정적분을 실행하고 evalf()를 이용해 값을 계산한다. 계산 결과 성적이 11과 12 사이에 위치하게 될 확률은 대략 0.14가 된다.

확률밀도함수: CAVEAT

엄격하게 말하면 확률밀도함수는 성적이 0보다 작거나 20보다 큰 확률값으로 0이 아닌 값을 설정한다. 하지만 사건의 확률이 매우 작아 목적에 무시할 수 있는지 여부를 다음 절의 아이디어를 이용해 확인할 수 있다.

확률밀도함수는 두 개의 특징을 갖는다. (1)확률은 0보다 작을 수 없으므로 x에 대한 함수값은 항상 0보다 크다. (2)다음 정적분의 값은 1이다.

$$\int\limits_{-\infty}^{\infty}f(x)dx$$

두 번째 특징은 몇 가지 논의를 할만한 가치가 있다. $P(x)$는 확률밀도함수이므로 두 점 $x=a$와 $x=b$ 사이의 둘러싸인 영역은 다음과 같으며 $x=a$와 $x=b$ 사이에 놓여 있는 x의 확률이다.

$$\int_a^b p(x)dx$$

정의에 의하면 이 적분값은 a와 b의 값이 무엇이든지 확률은 1보다 크지 않아야 하므로 1을 초과해서는 안 된다. 따라서 a와 b는 각각 $-\infty$와 ∞처럼 매우 큰값일지라도 적분의 결과는 항상 1이 되어야 한다.

```
>>> from sympy import Symbol, exp, sqrt, pi, Integral, S
>>> x = Symbol('x')
>>> p = exp(-(x - 10)**2/2)/sqrt(2*pi)
>>> Integral(p, (x, S.NegativeInfinity, S.Infinity)).doit().evalf()
1.00000000000000
```

S.NegativeInfinity와 S.Infinity는 음과 양의 무한대를 의미한다. 이 값은 Integral 객체를 생성하는 동안 각각 하단 경계와 상단 경계를 설정한 값이다.

연속형 랜덤 변수를 다룰 때 까다로운 상황이 발생한다. 이산확률에서 6면 주사위를 던져 7이 나오게 될 확률은 0이 된다. 확률이 0인 사건은 불가능한 사건이라고 한다. 연속형 랜덤 변수의 경우 해당 변수가 비록 가능한 사건이라 할지라도 어떤 정확한 값일 확률은 0이다. 예를 들어 학생의 성적이 정확히 11.5인 경우는 가능한 사건이지만 연속형 랜덤 변수의 특성 때문에 이 경우 확률은 0이 된다. 이유를 알아내기 위해 확률이 다음 적분의 값임을 고려하자.

$$\int_{11.5}^{11.5} p(x)dx$$

이 적분은 동일한 상단과 하단값을 갖으므로 적분값은 0이 된다. 이러한 계산 결과는 오히려 직관적이지 않고 논리적으로는 모순이지만 연속형 랜덤 변수의 특성으로 이해해두도록 하자.

성적의 범위가 0에서 20까지라고 하자. 학생이 얻을 수 있는 성적이 적분값이 될 수 있다고 하자. 성적값도 무한 개의 숫자가 가능하다고 하자. 각 숫자는 선택될 확률이 같다면 확률은 어떻게 되는가? 이산확률 공식에 따르면 이 값은 1/∞이 되며 매우 작은 수가 된다. 사실 이 숫자는 매우 작으므로 모든 실제 사용 시 값이 0이 된다. 따라서 성적이 11.5일 확률은 0이 된다.

학습 내용

7장에서 함수의 극한, 미분, 적분을 계산하는 방법을 배웠다. 함수의 최대값을 계산하기 위해 그레디언트 상승 메소드에 대해 학습했고 연속형 랜덤 변수 확률을 계산하기 위해 적분 공식을 적용하는 방법을 알아보았다. 다음 몇 가지 연습문제를 풀어보자.

프로그래밍 연습

다음 프로그래밍 연습은 7장에서 배웠던 것에 근거해 프로그램을 작성해보겠다. 샘플 해답은 웹사이트(http://www.nostarch.com/doingmathwithpython/)를 참고하기 바란다.

#1: 한 점에서 함수의 연속 검증

한 점에서 미분 가능한 필요조건에 해당되지만 충분조건에 해당되지는 않는 조건은 해당 점에서 연속인지에 대한 유무다. 즉 대상 함수는 해당 점에서 정의되어야 하고 해당 지점에서 좌측 극한과 우측 극한이 존재해야 하며 두 개의 극한값과 함수의 값이 동일해야 한다. 만약 $f(x)$가 함수이고 $x=a$가 평가하려는 대상 지점이라면 수학적으로는 다음과 같이 표시한다.

$$\lim_{x \to a^+} f(x) = \lim_{x \to a^-} f(x) = f(a)$$

연습문제는 (1)단일변수 함수와 변수값을 입력받은 다음 (2)변수가 값입력을 받게 될 해당 지점에서 입력함수가 연속인지 확인한다.

연습문제의 샘플 해답은 다음과 같다.

```
Enter a function in one variable: 1/x
Enter the variable: x
Enter the point to check the continuity at: 1
1/x is continuous at 1.0
```

함수 $1/x$은 0에서 연속이지 않으며 이를 확인하면 다음과 같다.

```
Enter a function in one variable: 1/x
Enter the variable: x
Enter the point to check the continuity at: 1
1/x is continuous at 1.0
```

#2: 그레디언트 하강 구현

그레디언트 하강 메소드는 함수의 최소값을 계산하는 데 사용한다. 그레디언트 상승 메소드와 동일하게 그레디언트 하강 메소드는 반복 메소드다. 변수의 초기값을 이용해 시작한 후 함수의 최소값에 해당하는 변수값에 점차 가깝게 다가가도록 한다. 좀 더 가깝게 가기 위한 방정식은 다음과 같다.

$$x_{\text{new}} = x_{\text{old}} - \lambda \frac{df}{dx}$$

위 식에서 λ는 단계 크기고 $\frac{df}{dx}$는 미분 함수의 결과다. 따라서 그레디언트 상승 메소드와 비교해볼 때 유일한 차이는 x_old에서 x_new의 값을 얻는 방법이다.

그레디언트 하강 알고리즘을 이용해 제네릭 프로그램을 구현하도록 한다. 사용자가 입력한 값으로 단일 변수로 이루어진 함수의 최소값을 계산하기 위해 계산할 프로그램 함수의 그래프로 생성하고 최소값을 계산하기 전에 과정의 모든 값을 표시한다. 267페이지의 그림 7.5를 참고할 수 있다.

#3: 두 곡선 간 면적

적분 $\int_a^b f(x)dx$는 함수 $f(x)$에 의해 $x=a$와 $x=b$로 둘러싸인 면적이다. 따라서 두 곡선 간 면적은 다음 적분으로 표시한다.

$$\int_a^b \big(f(x)-g(x)\big)dx$$

a와 b는 a<b를 만족하는 두 곡선의 교집합지점이다. 함수 $f(x)$는 상위함수라 하고 $g(x)$는 하위함수라고 한다. 그림 7.9는 이러한 내용을 표시했다. 그림상에서 $f(x)=x$이고 $g(x)=x^2$이며 $a=0$이고 $b=1$이다.

연습문제 3에서는 사용자가 단일 변수 x로 이루어진 함수 두 개를 입력하면 두 함수 간 둘러싸인 면적을 출력한다. 이 프로그램은 입력한 첫 번째 함수가 상위함수가 되도록 해야 하고 해당 영역을 계산하기 위한 x의 값들을 묻는다.

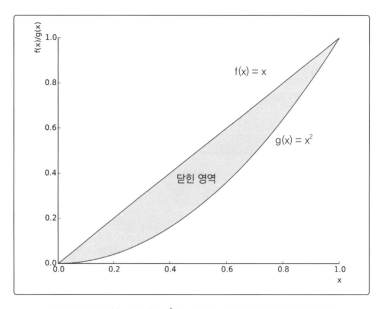

그림 7.9 함수 $f(x)=x$와 $g(x)=x^2$은 $x=0$과 $x=1.0$ 사이의 영역을 둘러싼다

#4: 곡선 길이 계산

그림 7.10과 같이 길을 따라 자전거를 타고 완주한다고 하자. 여러분은 거리측정기를 갖고 있지 않기 때문에 자전거로 이동한 거리를 수학적으로 계산하고 싶다고 하자. 우선 대략적인 거리라도 자전거 이동경로를 표현하는 방정식을 알아둘 필요가 있다.

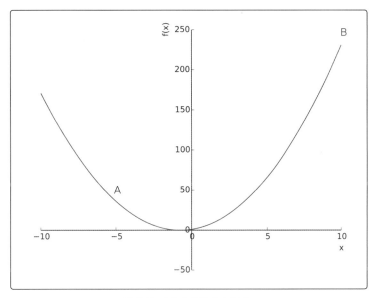

그림 7.10 자전거 이동거리 추정

이 함수는 1장에서 설명한 이차함수와 어느 정도 유사한가? 이 문제의 경우 그림 7.10의 곡선의 방정식은 $y=f(x)=2x^2+3x+1$이고, 점 $A(-5, 36)$에서 점 $B(10,231)$까지 자전거로 이동했다고 하자. 자전거로 이동한 거리에 해당하는 곡선의 길이를 계산하기 위해 다음 적분을 계산해야 한다.

$$\int_a^b \sqrt{1+\left(\frac{dy}{dx}\right)^2}\, dx$$

이 적분 계산식에서 y는 곡선의 방정식이다. 여러분은 호의 길이 AB를 계산하는 프로그램을 작성해야 한다.

임의 함수 $f(x)$의 두 점 사이 호의 길이를 계산할 수 있는 일반화된 방법을 만들어 보자.

후기

이제 이 책의 학습을 끝냈다. 여러분은 숫자를 다루는 방법, 그래프 만드는 방법, 수학 연산을 적용하는 방법, 애니메이션 가시화, 미적분 연산에 대해 배웠다. 다음에 무엇을 배워볼까? 여기 시도해볼 만한 몇 가지가 있다.[1]

다음에 탐색해볼 일들

이 책은 여러분이 수학을 이용해 여러 문제를 해결할 수 있도록 다양한 인사이트를 제공하려고 노력했다. 하지만 여러분 스스로 이러한 도전에 대해 생각해보는 것이 쉽지는 않다.

---

1 연결해볼 만한 정보를 다음 웹사이트에서 찾아보도록 하자.
  http://nostarch.com/doingmathwithpython/

프로젝트 율러

프로젝트 율러(https://projecteuler.net/)는 프로그램을 이용해 다양한 수학 문제를 풀어보기 위한 사이트다. 이 사이트는 다양한 난이도를 갖는 500개 이상의 수학 문제를 제공한다. 무료로 계정을 생성할 수 있고, 해답도 제공한다.

파이썬 문서

다양한 파이썬 문서를 찾아볼 수 있다.

- 수학 모듈: https://docs.phthon.org/3/library/math.html
- 다른 숫자와 수학 모듈: https://docs.python.org/3/library/numeric.html
- 통계 모듈: https://docs.python.org/3/library/statistics.html

부동소수점 숫자가 컴퓨터 메모리에 저장되는 방법이나 결과로 발생되는 문제와 오류에 대해 논의하지 않았다. 여러분은 파이썬 튜토리얼에서 십진 모듈과 부동소수점 연산을 학습할 수 있다.

- 십진 모듈 : https://docs.phthon.org/3/library/decimal.html
- 부동소수점 수식 : https://docs.python.org/3.4/tutorial/floatingpoint.html

참고 문헌

여러분이 수학과 프로그래밍에 대해 관심이 있다면 다음 도서를 읽어보는 것도 좋다.

- 알 슈베이가르트AI Sweigart의 『Invent Your Own Computer Games with Python』과 『Making Games with Python and Pygame』(두 책 모두 https://inventwithpython.com/에서 구할 수 있다)은 일반적인 수학 문제와 파이썬을 이용한 해결 방법에 대해서는 특별히 다루지는 않았다. 하지만 컴퓨터 게임에

대한 알고리즘을 만들어 내기 위해 파이썬을 사용하는 방법을 다루었다.

- 알렌 다우니Allen B. Downey의 『Think Stats : Probability and Statistics for Programmers』는 사이트(http://greenteapress.com/thinkstats/)에서 무료로 구할 수 있다. 책 제목에서 알 수 있듯이 통계와 확률 분야에 대해 좀 더 상세하게 다루고 있다.

- 『Teach Your Kinds to Code By Bryson Payne』(No Starch Press, 2015)는 다양한 파이썬 주제를 다루고 있으며 초보자에게 유용하다. 여러분은 거북그래픽, random 파이썬 모듈 사용 방법, Pygame을 이용한 게임과 애니메이션 생성 방법을 학습하게 될 것이다.

- 『Computational Physics with Python』(Mark Newman 저, 2013)은 다양한 고급 수학을 다루고 있으며 물리학 분야의 여러 문제를 해결하는 데 역점을 두고 있다. 하지만 수학 문제 해결을 위한 프로그램을 개발하는 데 관심 있는 사람을 위해 많은 장을 할애했다.

참고 사이트

만약 이 책에서 논의한 특정 내용을 이해하기 어렵다면 이메일(doingmathwithpython@gmail.com)로 문의해주기 바란다. 이전에 프로그램에서 사용한 함수나 다음과 같은 관련 프로젝트의 공식 문서를 살펴보면 좀 더 빨리 해결할 수 있을 것이다.

- 파이썬 3 표준라이브러리: https://docs.python.org/3/library/index.html
- SymPy: http://docs.sympy.org/
- 맷플롯립: http://matplotlib.org/contents.html

문제에 대해 이해하기 어려워 도움이 필요하다면, 관련 프로젝트의 메일링 리스트에 이메일로 문의를 해볼 수 있다. 이 책의 웹사이트에서 해당 링크를 찾아볼 수 있다.

결론

마침내 이 책의 끝에 도달했다. 나는 여러분이 가능한 많은 것을 배웠기를 바란다. 자 세상밖으로 나가서 파이썬을 이용해 좀 더 많은 문제를 해결하기 바란다.

부록 A
소프트웨어 설치

이 책의 프로그램과 풀이는 파이썬 3.4, matplotlib 1.4:2, matplotlib-venn0.11, SymPy 0.7.6에서 실행됨을 확인했다. 이 버전은 최소 사양이며 프로그램은 소프트웨어의 이후 버전에서 작동한다. 변경사항 및 업데이트는 이 책의 웹사이트(http://www.nostarch.com/doingmathwithpython/)에서 찾아볼 수 있다.

파이썬과 라이브러리에 대해 여러 도움을 얻을 수 있으며 가장 쉬운 방법 중 하나는 아나콘다Anaconda 파이썬 3 소프트웨어 배포판을 사용하는 것으로 마이크로소프트 윈도우, 리눅스, 맥 OS X에서 무료로 사용 가능하다. 이 책을 저술하는 시점에 아나콘다의 최신 버전은 2.1.0이고 파이썬은 3.4 버전이다. 아나콘다(https://stone.continuum.io/cshop/anaconda/)는 파이썬 3과 많은 수학과 데이터 분석 패키지를 빠르고 쉽게 설치하는 방법이며 모두 하나의 설치 파일에 있다. 만약 새로운 수학 파이썬 라이브러리를 추가하려면 아나콘다에서 conda와 pip 명령을 이용해 좀 더 빠르게 추가할 수 있다. 아나콘다는 파이썬 개발에 유용한 다양한 특징을 갖고 있다. 아나콘다의 내장된 conda 패키지 매니저를 이용하며 서드파티 패키지도 쉽게 설치할 수 있다. 아나콘다는 특화한 파이썬 환경을 생성하며 동일 아나콘다 설치본을 이용해 다양한 파이썬 설치본을 갖출 수 있다. 예를 들어 파이썬 2, 파이썬 3.3, 파이썬 3.4를 설치할 수 있다. 여러분은 아나콘다 웹사이트와 conda 문서 (https://conda.pydata.org/docs/intro.html)를 이용해 더 많은 것을 배울 수 있다.

다음 절은 마이크로소프트 윈도우, 리눅스, 맥 OS X상에서 아나콘다 설치에 대해 간략하게 설명한다. 따라서 여러분에게 맞는 절을 참고하기 바란다. 인터넷 연결이 상당히 많을 수도 있다.

만약 어떤 프로그램에서 실행한다면, 다음 웹사이트(http://continuum.io/)의 문제 해결 정보를 참고하기 바란다.

마이크로소프트 윈도우

http://continuum.io/downloads의 파이썬 3에 해당하는 Anaconda GUI 설치 파일을 다운로드한다. 설치 파일을 두 번 클릭한 다음 다음 단계를 따른다.

1. Next를 클릭하고 라이선스 동의를 한다.

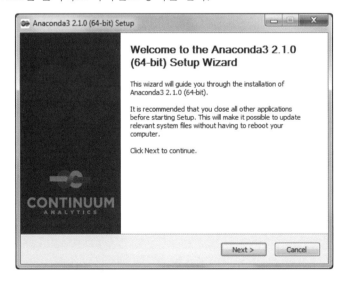

2. 현 사용자에 대해서만 사용 가능한지 또는 해당 컴퓨터를 사용하는 모든 사용자가 사용 가능한지를 선택할 수 있다.

3. Anaconda를 설치할 폴더를 선택한다. 기본 설정 폴더는 유효해야 한다.

4. Advanced Options 대화창에서 두 개의 박스를 체크해 커맨드 프롬프트 어느 곳에서나 파이썬 셸과 conda, pip, idle과 같은 다른 프로그램을 호출할 수 있도록 한다. 게다가 파이썬 3.4 설치를 요구하는 모든 다른 파이썬 프로그램은 Anaconda에서 설치한 파이썬을 사용하게 된다.

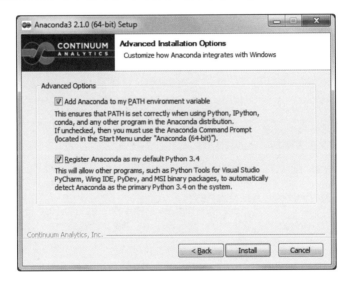

5. 설치를 시작하려면 Install을 클릭한다. 설치가 끝나면 Next를 클릭한 후 Finish를 클릭해 설치를 종료한다. 다음으로 시작 메뉴에서 파이썬을 찾아볼 수 있다.

6. 윈도우 명령 프롬프트를 오픈해 다음 단계를 실행한다.

SymPy 업데이트

이미 설치된 SymPy로 설치할 수 있으며 적어도 0.7.6 이상인지 확인해야 하고 다음 명령을 이용해 설치한다.

```
$ conda install sympy=0.7.6
```

이 명령은 SymPy 0.7.6을 설치하거나 업그레이드한다.

matplotlib-venn 설치

matplotlib-venn을 설치하려면 다음 명령을 사용한다.

```
$ pip install matplotlib-venn
```

이제 여러분의 컴퓨터는 모든 프로그램을 실행할 수 있도록 설정되었다.

파이썬 셸 시작

윈도우 명령 프롬프트를 열어 IDLE 셸에 `idle`을 입력한다. 또는 파이썬 3 기본 셸을 시작하기 위해 `python`을 입력한다.

리눅스

리눅스용 설치 파일은 셸 스크립트 설치 파일로 배포되므로 아나콘다 파이썬 설치 파일은 http://continuum.io/downloads에서 다운로드할 수 있다. 다음으로 아래 명령을 실행해 설치 파일을 시작한다. 설치를 계속하려면 라이선스 동의를 검토해보기 바란다.

```
$ bash Anaconda3-2.1.0-Linux-x86_64.sh

Welcome to Anaconda3 2.1.0 (by Continuum Analytics, Inc.)

In order to continue the installation process, please review the license
agreement.
```

```
Please, press ENTER to continue
>>>
```

Anaconda END USER LICENSE AGREEMENT가 화면에 표시된다. 해당 내용을 모두 읽은 후 yes를 입력하고 설치를 계속한다.

```
Do you approve the license terms? [yes|no]
[no] >>> yes

Anaconda3 will now be installed into this location:
/home/testuser/anaconda3

  - Press ENTER to confirm the location
  - Press CTRL-C to abort the installation
  - Or specify a different location below
```

프롬프트에서 엔터키를 누르고 설치를 시작한다.

```
[/home/testuser/anaconda3] >>>
PREFIX=/home/testuser/anaconda3
installing: python-3.4.1-4 ...
installing: conda-3.7.0-py34_0
..

creating default environment...
installation finished.
Do you wish the installer to prepend the Anaconda3 install location
to PATH in your /home/testuser/.bashrc ? [yes|no]
```

설치 경로를 확인한 후 yes를 입력하면, 아나콘다가 설치했던 파이썬 3.4 인터프리터를 항상 호출해 사용할 수 있다.

```
[no] >>> yes
```

```
Prepending PATH=/home/testuser/anaconda3/bin to PATH in /home/testuser/.
bashrc
A backup will be made to: /home/testuser/.bashrc-anaconda3.bak
For this change to become active, you have to open a new terminal.

Thank you for installing Anaconda3!
```

다음 단계를 위해 새로운 터미널을 오픈한다.

SymPy 업데이트

우선 SymPy 0.7.6이 설치되었는지 확인한다.

```
$ conda install sympy=0.7.6
```


matplotlib-venn 설치

matplotlib-venn을 설치하려면 다음 명령을 이용한다.

```
$ pip install matplotlib-venn
```


파이썬 셸 시작

모든 것이 설치되었다. 새로운 터미널을 열고 idle3를 입력해 IDLE 에디터를 시작하거나 python을 입력해 Python 3.4 셸을 시작한다. 이제 모든 프로그램을 실행할수 있고 신규 프로그램을 시도해볼 수 있다.

맥 OS X

그래픽 설치 파일을 http://continuum.io/downloads에서 다운로드한다. 다음으로 .pkg 파일을 두 번 클릭해 다음 지침을 따른다.

1. 각 정보 창에서 Continue를 클릭한다.

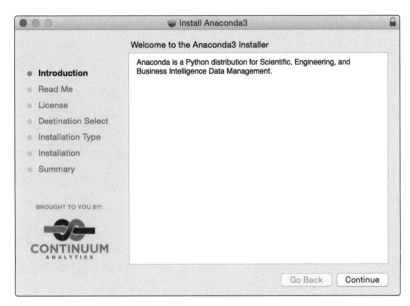

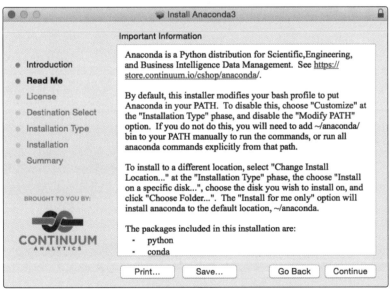

2. Anaconda END USER LICENSE AGREEMENT를 수락한다.

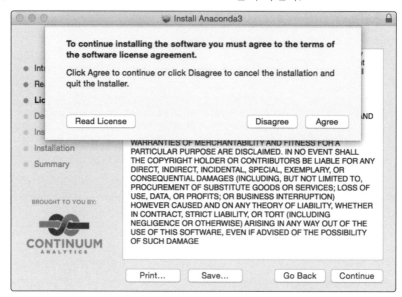

3. 다음 대화창에서 Install for me only 옵션을 선택한다. 보게될 오류 메시지는 설치 S/W의 버그다. 단순히 클릭하면 사라지게 된다. Continue를 클릭해 계속 진행한다.

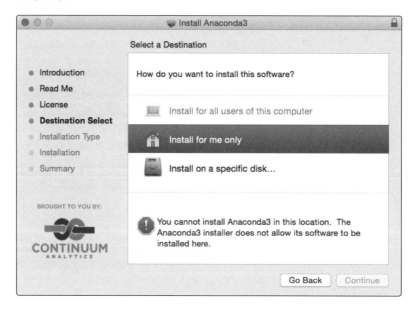

4. Install을 선택한다.

5. 설치가 종료되면 터미널 앱을 오픈하고 다음 단계를 따라 SymPy를 업데이트하고 matplotlib-venn을 설치한다.

SymPy 업데이트

우선 SymPy 0.7.6이 설치되었는지 확인한다.

```
$ conda install sympy=0.7.6
```

matplotlib-venn 설치

다음 명령을 이용해 matplotlib-venn을 설치한다.

```
$ pip install matplotlib-venn
```

파이썬 셸 시작

모든 것이 설치되었다. 터미널 윈도우를 닫고 신규 윈도우를 오픈한 다음 idle3를 입력해 IDLE 에디터를 시작한다. 또는 python을 입력해 Python 3.4 셸을 시작한다. 이제 모든 프로그램을 실행할 수 있고 신규 프로그램을 시도해볼 수 있다.

부록 B
파이썬 주제 소개

이 부록의 목적은 두 가지다. 앞의 장에서 상세히 소개하지 못한 몇 가지 파이썬 주제에 대해 빠르게 소개하고 더 좋은 파이썬 프로그램을 작성할 수 있는 주제를 소개한다.

If__name__=='__main__'

이 책 전반에 걸쳐 다음 코드 블록을 이용한다. 블록 내에 정의한 func()는 함수다.

```
if __name__ == '__main__':
    # Do something
    func()
```

이러한 코드 블록은 프로그램이 실행될 때만 블록 내 명령이 실행되도록 해준다.

프로그램 실행 시 특정 변수 _name_은 _main_으로 자동 설정되며 조건문이 True가 되면 함수 func()를 호출한다. 하지만 다른 프로그램에서 이 프로그램을 임포트할 때 _name_은 다르게 설정한다(321페이지의 '코드 재사용'을 살펴보자).

간단한 데모를 살펴보자. factorial.py를 호출하는 다음 프로그램을 살펴보자.

```
# Find the factorial of a number
def fact(n):
    p = 1
    for i in range(1, n+1):
        p = p*i
    return p
```

❶ `print(__name__)`

```
if __name__ == '__main__':
    n = int(input('Enter an integer to find the factorial of: '))
    f = fact(n)
    print('Factorial of {0}: {1}'.format(n, f))
```

위 프로그램은 정수의 팩토리얼을 계산하는 함수 fact()를 정의하고 있다. 이 프로그램을 실행하면 _name_은 자동으로 _main_으로 설정되므로 ❶에서 print 명령에 해당하는 _main_을 출력한다. 다음으로 정수를 입력하면 정수의 팩토리얼을 계산한 다음 이를 출력한다.

```
__main__
Enter an integer to find the factorial of: 5
Factorial of 5: 120
```

이제 또 다른 프로그램에서 팩토리얼을 계산할 필요가 있다고 하자. 함수를 다시 작성하는 대신 이를 임포트해 해당 함수를 재사용한다.

```
from factorial import fact
if __name__ == '__main__':
```

```
print('Factorial of 5: {0}'.format(fact(5)))
```

두 프로그램은 동일한 디렉토리에 있어야 함을 주의하자. 이 프로그램을 실행하면 다음과 같은 결과를 얻게 된다.

```
factorial
Factorial of 5: 120
```

프로그램이 다른 프로그램에서 임포트될 때 변수 _main_의 값은 확장 없이 프로그램의 파일명으로 설정된다. 이 경우 _name_의 값은 _main_ 대신 factorial이다. 조건 _name_=='_main_'은 False로 계산되었으므로 프로그램은 사용자에게 더이상 입력을 요청하지 않는다. 조건을 제거하면 어떤 일이 벌어질지 알아보자.

요약하면 프로그램에서 if_name_=='_main_'을 사용하는 것은 좋은 관행이다. 이렇게 작성된 프로그램 코드는 자체실행모드standalone에서는 실행이 된다. 하지만 또 다른 프로그램에 임포트하면 해당 프로그램 코드는 실행되지 않는다.

리스트 컴프리헨션

정수 리스트를 가지며 원 리스트의 요소 제곱으로 이루어진 신규 리스트를 생성한다고 하자. 이미 여러분이 알고 있는 방법은 다음과 같다.

```
>>> x = [1, 2, 3, 4]
>>> x_square = []
❶ >>> for n in x:
❷         x_square.append(n**2)
>>> x_square
[1, 4, 9, 16]
```

이 책 전반에 걸쳐 다양한 프로그램에서 사용한 코드 패턴을 사용했다. 공백 리스트 x_square를 생성한 다음 연속해 제곱을 계산할 때 추가했다. 리스트 컴프리헨션을 사용하면 좀 더 효율적으로 수행할 수 있다.

❸
```
>>> x_square = [n**2 for n in x]
>>> x_square
[1, 4, 9, 16]
```

명령 ❸은 파이썬 내 리스트 컴프리헨션으로 참조한다. 이 명령은 for 루프(for n in x)로 구성된 수식(여기서는 n**2)으로 구성되어 있다. 기본적으로 ❶과 ❷의 두 명령을 한 개로 결합해 한 문장으로 이루어진 새로운 리스트를 만든다.

또 다른 예제로 포물선 운동을 하는 물체의 궤적을 그리기 위해 74페이지의 '포물선 그리기'에서 작성한 프로그램을 살펴보자. 이 프로그램은 각 시간에 x와 y좌표를 계산하기 위한 다음 코드 블록을 갖는다.

```
#시간간격 계산
intervals = frange(0, t_flight, 0.001)
#x와 y좌표리스트
x = []
y = []
for t in intervals:
    x.append(u*math.cos(theta)*t)
    y.append(u*math.sin(theta)*t - 0.5*g*t*t)
```

리스트 컴프리헨션을 이용하면 다음과 같은 코드 블록을 재작성할 수 있다.

```
#시간간격 계산
intervals = frange(0, t_flight, 0.001)
#x와 y좌표리스트
x = [u*math.cos(theta)*t for t in intervals]
y = [u*math.sin(theta)*t - 0.5*g*t*t for t in intervals]
```

공백 리스트를 만들고 for 루프를 작성해 리스트에 추가할 필요가 없어졌으므로 코드는 더 간결해졌다. 리스트 컴프리헨션은 명령 하나로 이러한 문제를 해결해 준다.

어떤 리스트 아이템을 수식에서 계산할지를 선택하기 위해 리스트 컴프리헨션에 조건을 추가할 수 있다. 다시 한 번 첫 번째 예제를 살펴보자.

```
>>> x = [1, 2, 3, 4]
>>> x_square = [n**2 for n in x if n%2 == 0]
>>> x_square
[4, 16]
```

이 리스트 컴프리헨션에서 if 조건을 이용해 파이썬이 x의 짝수 리스트 아이템만을 대상으로 수식 n**2를 계산한다.

딕셔너리 데이터 구조

우선 4장의 SymPy에서 subs() 메소드를 구현하는 동안 파이썬 딕셔너리를 사용했다. 파이썬 딕셔너리를 좀 더 자세히 탐색해보자. 다음 간단한 딕셔너리를 고려해보자.

```
>>> d = {'key1': 5, 'key2': 20}
```

이 코드는 두 개의 키 'key1'과 'key2'로 구성된 딕셔너리를 만든다(값은 5와 20임). 문자열, 숫자, 튜플만 파이썬 딕셔너리의 키가 될 수 있다. 일단 이러한 데이터 유형이 생성되면 변하지 않는 데이터 유형으로 참고되며, 리스트는 요소를 추가하거나 제거할 수 있기 때문에 키가 될 수 없다.

여러분은 딕셔너리에서 'key1'에 해당하는 값을 추출하기 위해 d['key1']로 설정해야 함을 알고 있다. 이 점은 딕셔너리의 가장 일반적인 사용 사례 중 하나다. 관련된 사용 사례는 딕셔너리가 키 'x'를 포함하고 있는지 여부를 확인하는 것이다. 이를 다음과 같이 확인할 수 있다.

```
>>> d = {'key1': 5, 'key2': 20}
>>> 'x' in d
False
```

일단 딕셔너리를 만든 다음 리스트에 요소를 추가하는 것과 같이 이에 대해 새로운 키-값을 추가할 수 있다. 예제는 다음과 같다.

```
>>> d = {'key1': 5, 'key2': 20}
>>> if 'x' in d:
        print(d['x'])
else:
        d['x'] = 1
>>> d
{'key1': 5, 'x': 1, 'key2': 20}
```

코드 스닛펫snippet은 키 'x'가 딕셔너리 d에 존재하는지 여부를 확인한다. 만약 그렇다면 이에 해당하는 값을 출력한다. 그렇지 않다면 해당 값으로 1을 갖는 딕셔너리에 키를 추가한다. 집합 대상의 파이썬은 실행과 유사하게 파이썬 딕셔너리 내의 키-값 쌍의 특정 순서를 보장하지 않는다. 키-값의 쌍은 삽입 연산순서와는 무관하게 다양한 순서로 실행된다.

딕셔너리에 대한 인덱스로 키를 설정하는 것 이외에 get() 메소드를 사용해 키에 대한 값을 불러올 수 있다.

```
>>> d.get('x')
1
```

만약 존재하지 않는 키로 get() 메소드에 설정하면, None이 반환된다. 다른 측면에서 데이터 추출 인덱스 방식을 이용하는 동안 이와 같이 실행한다면 오류 메시지를 얻게 된다.

get() 메소드는 비존재 키에 대한 기본값을 설정한다.

```
>>> d.get('y', 0)
0
```

딕셔너리 d에 키 'y'가 없다면, 0이 리턴된다. 하지만 키 한 개가 있다면 대신해 해당 값이 리턴된다.

```
>>> d['y'] = 1
>>> d.get('y', 0)
1
```

key()와 values() 메소드는 각각 리스트와 같은 데이터 구조를 반환한다. 리스트는 딕셔너리의 키와 값으로 구성된 구조를 갖는다.

```
>>> d.keys()
dict_keys(['key1', 'x', 'key2', 'y'])
>>> d.values()
dict_values([5, 1, 20, 1])
```

딕셔너리 내 키와 값의 쌍으로 반복하기 위해서는 메소드를 사용한다.

```
>>> d.items()
dict_items([('key1', 5), ('x', 1), ('key2', 20), ('y', 1)])
```

이 메소드는 튜플의 뷰view를 리턴하고 각 튜플은 키-값의 쌍으로 이루어져 있다. 다음 코드 스니펫snipprt을 이용하면 보기 좋게 출력할 수 있다.

```
>>> for k, v in d.items():
        print(k, v)
key1 5
```

```
x 1
key2 20
y 1
```

뷰는 리스트보다 메모리 사용 효율이 좋다. 하지만 아이템을 추가하거나 제거하는 것을 허용하지 않는다.

다중 리턴값

지금껏 작성한 프로그램에서 대부분의 함수는 값 한 개를 리턴했다. 하지만 함수는 때때로 여러 개의 값을 리턴한다. 113페이지에서 '산포정도 측정'의 함수 예를 보았다. 범위를 계산하는 프로그램에서 find_range() 함수는 3개의 숫자를 리턴한다. 113페이지에서 접한 또 다른 예제는 다음과 같다.

```
import math
def components(u, theta):
    x = u*math.cos(theta)
    y = u*math.sin(theta)
    return x, y
```

Components() 함수는 인자로 속도 u, 라디안 각도 theta를 가져와서 x와 y 컴포넌트를 계산하고 이를 반환한다. 계산된 컴포넌트를 리턴하려면 해당 파이썬 레이블을 콤마로 구분된 리턴 문장에 나열한다. 이 작업은 항목 x와 y로 구성된 튜플을 리턴한다. 코드를 호출하면 다음 다중 값을 갖게 된다.

```
if __name__ == '__main__':
    theta = math.radians(45)
    x, y = components(theta)
```

components() 함수는 튜플을 반환하기 때문에 튜플 인덱스를 이용해 반환된 값을 가져올 수 있다.

```
c = components(theta)
x = c[0]
y = c[1]
```

반환된 값을 모두 알 필요가 없기 때문에 이 작업은 유용하다. 이에 대한 함수가 4개의 값이나 a,x,y,z=myfunc1()을 반환할 때 x,y,z=myfunc1()을 작성할 필요가 없다.

앞의 사례의 경우 components() 함수를 호출하는 코드는 값 자체에서 알아낼 방법이 없으므로 어떤 리턴값이 속도 요인에 해당하는지 알고 있어야 한다.

사용자 편의 접근법은 dict=True 인자를 사용할 때 SymPy의 solve() 함수에서 본 것처럼 딕셔너리 객체를 리턴한다. 다음은 앞의 요소 함수를 재작성해 딕셔너리를 리턴한 방법이다.

```
import math

def components(theta):
    x = math.cos(theta)
    y = math.sin(theta)

    return {'x': x, 'y': y}
```

x와 y 컴포넌트와 해당 숫자값을 참조하는 키 'x'와 'y'를 갖는 딕셔너리를 리턴한다. 이러한 신규 함수 정의로서 반환값의 순서에 대해 전혀 걱정할 필요가 없다. x 컴포넌트를 추출하려면 키 'x'를 사용하며, y 컴포넌트를 추출하려면 키 'y'를 사용한다.

```
if __name__ == '__main__':
    theta = math.radians(45)
    c = components(theta)
```

```
        y = c['y']
        x = c['x']
        print(x, y)
```

이러한 접근법은 특정 리턴값을 참조하기 위해 인덱스를 사용하는 데 필요한 것을 제거한다. 다음 코드 범위를 찾기 위해 프로그램을 재작성한다(113페이지의 '산포 정도 측정'). 따라서 해당 결과는 튜플대신 딕셔너리를 리턴한다.

```
'''
반환값에 대한 딕셔너리를 이용해 범위를 구하기
'''

def find_range(numbers):
    lowest = min(numbers)
    highest = max(numbers)
    # Find the range
    r = highest-lowest
    return {'lowest':lowest, 'highest':highest, 'range':r}

if __name__ == '__main__':
    donations = [100, 60, 70, 900, 100, 200, 500, 500, 503, 600, 1000, 1200]
    result = find_range(donations)
❶   print('Lowest: {0} Highest: {1} Range: {2}'.
            format(result['lowest'], result['highest'],  result['range']))
```

find_range() 함수는 현재 키 lowest, highest, range와 최소숫자, 최대숫자, 범위를 갖는 딕셔너리를 리턴한다. ❶에서 해당 키를 사용해 해당 값을 가져온다.

만약 여러 숫자의 범위에 관심이 있고 최소 숫자와 최고 숫자에 대해 관심이 없다면 result['range']를 사용하고 다른 값이 리턴되는지에 대해 걱정할 필요가 없다.

예외 처리

1장에서 int() 함수를 사용해 1.1과 같은 문자열을 정수형으로 변환하면 ValueError 예외가 발생되는 것을 배웠다. 하지만 try...except 블록으로 사용하기 쉬운 오류 메시지를 출력할 수 있다.

```
>>> try:
        int('1.1')
except ValueError:
        print('Failed to convert 1.1 to an integer')

Failed to convert 1.1 to an integer
```

try 블록에서 어떤 명령이 예외사항을 발생시키면, 예외사항의 유형은 except 명령에 의해 설정된 예외사항과 일치하게 된다. 만약 일치하는 것이 있다면 해당 프로그램은 except 블록에서 실행을 계속한다. 예외사항이 일치하지 않으면, 해당 프로그램 실행은 멈추게 되고 예외사항을 표시한다. 이에 대한 예제는 다음과 같다.

```
>>> try:
        print(1/0)
except ValueError:
        print('Division unsuccessful')

Traceback (most recent call last):
  File "<pyshell#66>", line 2, in <module>
    print(1/0)
ZeroDivisionError: division by zero
```

이 코드 블록은 0으로 나누기를 해 Zero Division Error 예외를 발생시켰다. 나누기 연산은 try...except 블록에서 실행되더라도, 예외 유형은 부정확하게 설정되고 해당 예외사항은 정확하게 처리되지 않는다. 이러한 예외를 정확하게 처리하는 방법은 예외 유형으로 Zero Division Error를 설정하는 것이다.

다중 예외 유형 설정

다중 예외 유형을 설정할 수도 있다. 함수에 전달된 숫자의 역수reciprocal를 리턴하는 함수 reciprocal()을 살펴보자.

```
def reciprocal(n):
    try:
        print(1/n)
    except (ZeroDivisionError, TypeError):
        print('You entered an invalid number')
```

사용자가 입력한 숫자의 역수를 출력하는 함수 reciprocal()을 정의했다. 만약 n의 값으로 0을 입력하면 함수는 ZeroDivisionError 예외가 발생한다는 것을 알 수 있다. 하지만 여러분이 문자열을 입력하면 TypeError 예외사항을 야기시킨다. 이 함수는 이와 같은 두 가지 사례를 유효하지 않은 입력으로 고려하고, 튜플로 except 명령에 ZeroDivisionError와 TypeError를 설정한다.

유효한 값(0이 아닌 숫자)을 입력한 함수를 호출해보자.

```
>>> reciprocal(5)
0.2
```

다음으로 0을 입력한 함수를 호출해보자.

```
>>> reciprocal(0)
Enter an integer: 0
You entered an invalid number
```

입력값이 0이면 ZeroDivisionError 예외가 발생하고, 이 예외는 설정된 예외 유형의 튜플에 해당 예외가 존재하므로 오류 메시지를 출력한다.

이제 문자열을 입력해보자.

```
>>> reciprocal('1')
```

이 경우 TypeError 예외를 발생시킨 유효하지 않은 숫자를 입력했다. 이 예외 사항은 특정 예외사항으로 구성된 튜플에 해당 예제가 존재하므로 오류 메시지를 출력한다. 만약 좀 더 상세한 오류 메시지를 제공하고 싶다면 다음과 같이 다중 except 명령을 설정할 수 있다.

```
def reciprocal(n):
    try:
        print(1/n)
    except TypeError:
        print('You must specify a number')
    except ZeroDivisionError:
        print('Division by 0 is invalid')

>>> reciprocal(0)
Division by 0 is invalid
>>> reciprocal('1')
You must specify a number
```

TypeError, ValueError, ZeroDivisionError 외에도 많은 다른 내장 예외 유형이 있다. https://docs.python.org/3.4/library/exceptions.html#blitin_exceptions 파이썬 문서는 파이썬 3.4에 대한 내장 예외사항을 목록화했다.

else 블록

else 블록은 예외사항이 없을 때 어떤 명령을 실행할지를 설정하는 데 사용한다. 예제로 투사체의 궤적을 그리는 프로그램을 생각해보자(86페이지의 '포물선 그리기')

```
if __name__ == '__main__':
    try:
        u = float(input('Enter the initial velocity (m/s): '))
        theta = float(input('Enter the angle of projection (degrees): '))
```

```
    except ValueError:
        print('You entered an invalid input')
❶   else:
        draw_trajectory(u, theta)
        plt.show()
```

만일 u나 theta에 대한 입력값이 부동소수점 숫자로 변환이 될 수 없다면 프로그램은 draw_trajectory()와 plt.show() 함수를 호출하지 않는다. 대신 ❶의 else 블록에서 두 명령을 설정한다. try...except...else를 사용하면 런타임 동안 다른 유형의 오류를 관리할 수 있으며 오류가 있거나 오류가 전혀 없을 때 적당한 동작을 취할 수 있다.

1. 예외가 발생하고 예외 유형에 대한 except 명령이 있다면, 프로그램 실행은 해당 except 블록으로 이동된다.

2. 예외사항이 없다면 프로그램 실행은 else 블록으로 이동된다.

파이썬에서 파일 읽기

파일 열기는 데이터를 읽는 첫 단계다. 빨리 예제를 이용해 시작해보도록 하자. 라인당 한 개 숫자로 이루어진 숫자 컬렉션으로 구성된 파일을 고려해보자.

```
100
60
70
900
100
200
500
500
503
600
1000
1200
```

이 파일을 읽고 숫자들로 구성된 리스트를 리턴하는 함수를 작성하도록 하자.

```
def read_data(path):
    numbers = []
❶  f = open(path)
❷  for line in f:
        numbers.append(float(line))
    f.close()
    return numbers
```

우선 함수 read_data()를 정의하고 모든 숫자를 저장하기 위한 공백 리스트를 만들도록 한다. ❶에서 open() 함수를 사용해 인자로 파일 경로가 설정된 파일을 오픈한다. 리눅스에서 경로의 예는 /home/username/mydata.txt고 마이크로소프트 윈도우에서는 c:\mydata.txt며 OS X에서는 /Users/Username/mydata.txt다. open() 함수는 파일 객체를 리턴해 레이블 f를 이용해 참조한다. ❷에서 for 루프를 이용해 파일의 각 행에 대해 진행할 수 있다. 각 라인은 문자열 형태로 리턴하므로 이를 숫자로 변환한 후 리스트 numbers에 추가한다. 모든 라인을 읽은 후에 루프가 실행을 멈춘다. 또한 close() 메소드를 이용해 파일을 닫는다. 마지막으로 numbers 리스트를 리턴한다.

이러한 작업은 3장의 파일에서 숫자를 읽는 방법과 유사하다. 비록 다른 접근을 사용했기 때문에 파일을 명확히 닫을 필요는 없지만 3장에서 사용한 접근을 이용하면 앞의 함수를 다음과 같이 재작성할 수 있다.

```
def read_data(path):
    numbers = []
❶  with open(path) as f:
        for line in f:
            numbers.append(float(line))
❷  return numbers
```

여기서 주요 명령은 ❶에 있다. 부분적으로 f=open(path)로 쓰는 것과 유사하다. 파일을 열고 open()에 의해 리턴된 파일 객체를 f에 할당하는 것 이외에도 블록 내 모든 명령으로 이루어진 신규 context를 설정한다. 이 경우에 return 명령 전의 모든 명령이다. 본문의 모든 명령을 실행한 후, 파일은 자동으로 닫힌다. 즉 프로그램 실행이 ❷명령에 도달할 때 파일은 close() 메소드에 대한 명확한 호출을 필요하지 않은 상태에서 닫히게 된다. 또한 이 메소드는 파일로 작업하는 동안 예외사항이 발생할 경우 프로그램 종료 전에 닫히게 된다. 이 메소드는 파일로 작업할 때 선호하는 접근법이다.

한 번에 모든 행 읽기

리스트를 만들기 위해 행을 한 개씩 읽는 대신, readlines() 메소드를 이용해 한 번에 리스트 한 개에 있는 모든 행을 읽어올 수 있다. 이 작업을 통해 함수를 좀 더 간결하게 만들 수 있다.

```
def read_data(path):
❶    with open(path) as f:
         lines = f.readlines()
     numbers = [float(n) for n in lines]
❷    return numbers
```

❶에서 readlines() 메소드를 이용해 리스트 내 파일의 모든 행을 읽어 온다. 다음으로 리스트 내 각 아이템을 float() 함수와 리스트 컴프리헨션을 이용해 부동소수점 숫자로 변환한다. 마지막으로 리스트 numbers를 리턴한다.

입력으로 파일명 설정

read_data() 함수는 인자로 파일 경로를 취한다. 만약 여러분의 프로그램에서 입력으로 파일명을 설정할 수 있다면 이 함수는 읽을 만한 데이터를 포함한 모든 파일에 대해 작동해야 한다. 다음은 이와 관련된 예제다.

```
if __name__=='__main__':
    data_file = input('Enter the path of the file: ')
    data = read_data(data_file)
    print(data)
```

일단 이 코드를 `read_data()` 함수의 끝에 추가하고 실행하면, 이 프로그램은 파일에 대한 경로 입력을 요청한다. 다음으로 파일에서 읽어온 숫자들을 출력한다.

```
Enter the path of the file: /home/amit/work/mydata.txt
[100.0, 60.0, 70.0, 900.0, 100.0, 200.0, 500.0, 500.0, 503.0, 600.0, 1000.0,
1200.0]
```

파일을 읽을 때 오류 다루기

파일을 읽을 때 잘못될 수 있는 여러 가지 일들이 있다. (1)파일을 읽을 수 없다. 또는 (2)파일 내 데이터가 기대했던 형식이 아니다. 파일을 읽어올 수 없을 때 발생하는 예제는 다음과 같다.

```
Enter the path of the file: /home/amit/work/mydata2.txt
Traceback (most recent call last):
  File "read_file.py", line 11, in <module>
    data = read_data(data_file)
  File "read_file.py", line 4, in read_data
    with open(path) as f:
FileNotFoundError: [Errno 2] No such file or directory: '/home/amit/work/
mydata2.txt'
```

존재하지 않는 파일 경로를 입력했으므로 파일 오픈을 시도할 때 File Not Found Error 예외사항이 발생한다. 이 프로그램은 다음과 같이 `read_data` 함수를 변경해 사용자 친화 오류 메시지를 출력할 수 있다.

```
def read_data(path):
    numbers = []
    try:
        with open(path) as f:
            for line in f:
                numbers.append(float(line))
    except FileNotFoundError:
        print('File not found')
    return numbers
```

이제는 존재하지 않는 경로를 설정하면, 다른 오류 메시지를 얻게 된다.

```
Enter the path of the file: /home/amit/work/mydata2.txt
File not found
```

오류의 두 번째 원인은 파일 내 데이터가 프로그램이 읽어야 하는 것이 아닌 경우다. 예를 들어 다음과 같은 파일을 생각해보자.

```
10
20
3o
1/5
5.6
```

파일의 세 번째 행은 부동소수점 숫자로 변환할 수 없다. 숫자 0 대신 문자 0을 갖고 있고 네 번째 행은 1/5로 float() 함수가 변환할 수 없는 분수이기 때문이다. 이러한 데이터 파일을 이전 프로그램에 제공할 경우 다음 오류를 만들어 낸다.

```
Enter the path of the file: bad_data.txt
Traceback (most recent call last):
  File "read_file.py", line 13, in <module>
    data = read_data(data_file)
  File "read_file.py", line 6, in read_data
```

```
        numbers.append(float(line))
ValueError: could not convert string to float: '3o\n'
```

파일 내 세 번째 행은 숫자 30이 아니라 3o이다. 따라서 이 값을 부동소수점 숫
자로 변환할 때 결과는 Value Error가 된다. 파일 내 데이터가 있는 경우 취할 수
있는 두 가지 접근법이 있다. 첫째는 오류를 리포트하고 프로그램을 종료한다. 변
경된 read_data() 함수는 다음과 같다.

```
def read_data(path):
    numbers = []
    try:
        with open(path) as f:
            for line in f:
❶              try:
❷                  n = float(line)
                except ValueError:
                    print('Bad data: {0}'.format(line))
❸                  break
❹              numbers.append(n)
    except FileNotFoundError:
        print('File not found')
    return numbers
```

❶에서 시작하는 함수에 또 다른 try...except 블록을 삽입하고 ❷에서 해당
라인을 부동소수점 숫자로 변환한다. 만일 프로그램이 ValueError 예외를 발생
시키면 제공된 행에 오류 메시지를 출력하고 ❸에서 break를 이용해 for 루프에
서 빠져나온다. 다음으로 이 프로그램은 파일을 읽는 것을 멈춘다. 반환된 리스트
numbers는 나쁜 데이터를 만나기 전에 성공적으로 읽은 모든 데이터를 포함한다.
오류가 없다면 ❹에서 부동소수점 숫자를 numbers 리스트에 추가한다.

이제 파일 bad_data.txt를 프로그램에 제공하면 첫 두 개의 형만을 읽고 오류 메시지를 출력하며 빠져나온다.

```
Enter the path of the file: bad_data.txt
Bad data: 3o

[10.0, 20.0]
```

부분 데이터는 바람직하지는 않기 때문에 ❸에서 break 명령을 return으로 교체해 아무런 데이터도 리턴되지 않도록 할 수 있다.

두 번째 접근법은 오류를 무시하고 나머지 파일로 계속 진행하는 경우다. 이를 수행하는 변경된 함수로 read_data()가 있다.

```
def read_data(path):
    numbers = []
    try:
        with open(path) as f:
            for line in f:
                try:
                    n = float(line)
                except ValueError:
                    print('Bad data: {0}'.format(line))
❶                   continue
                numbers.append(n)
    except FileNotFoundError:
        print('File not found')
    return numbers
```

유일한 변경사항은 for 루프에서 빠져나오는 대신 ❶에서 continue 명령을 사용하며 다음 반복 실행을 추가로 수행한다. 프로그램의 결과는 다음과 같다.

```
Bad data: 3o

Bad data: 1/5

[10.0, 20.0, 5.6]
```

    파일을 읽는 애플리케이션은 안 좋은 데이터를 처리하는 데 취하고자 하는 위의
여러 접근법 중 하나를 결정한다.

코드 재사용

이 책 전반에 걸쳐 맷플롯립과 SymPy와 같은 서드파티 패키지를 설치한 후에 파
이썬 표준라이브러리 또는 사용 가능한 개인 클래스와 함수를 사용했다. 이제 다른
프로그램에서 우리 자신의 프로그램을 임포트할 수 있는 빠른 방법을 살펴보겠다.

    118페이지 '두 데이터 집합 간 상관관계 계산'의 함수 find_corr_x_y()를 살펴
보자. 함수를 정의한 부분만을 별도의 파일 correlation.py로 만들어 보자.

```
'''
선형 상관계수 계산함수
'''

def find_corr_x_y(x,y):
    # Size of each set
    n = len(x)

    # Find the sum of the products
    prod=[]
    for xi,yi in zip(x,y):
        prod.append(xi*yi)

    sum_prod_x_y = sum(prod)
    sum_x = sum(x)
    sum_y = sum(y)
    squared_sum_x = sum_x**2
```

```
    squared_sum_y = sum_y**2
    x_square=[]
    for xi in x:
        x_square.append(xi**2)
    x_square_sum = sum(x_square)

    y_square=[]
    for yi in y:
        y_square.append(yi**2)
    y_square_sum = sum(y_square)

    numerator = n*sum_prod_x_y - sum_x*sum_y
    denominator_term1 = n*x_square_sum - squared_sum_x
    denominator_term2 = n*y_square_sum - squared_sum_y
    denominator = (denominator_term1*denominator_term2)**0.5

    correlation = numerator/denominator

    return correlation
```

.py 파일 확장자가 없는 파이썬 파일은 모듈로 참조할 수 있다. 따라서 이 기능은 다른 프로그램에서 사용하는 클래스와 함수를 정의하는 경우 자주 사용된다.

다음 프로그램은 방금 정의한 correlation 모듈에서 find_corr_x_y() 함수를 임포트한다.

```
from correlation import find_corr_x_y
if __name__ == '__main__':
    high_school_math = [83, 85, 84, 96, 94, 86, 87, 97, 97, 85]
    college_admission = [85, 87, 86, 97, 96, 88, 89, 98, 98, 87]
    corr = find_corr_x_y(high_school_math, college_admission)
    print('Correlation coefficient: {0}'.format(corr))
```

이 프로그램은 표 3.3에서 고려한 고등학교 수학등급과 대학교 입학시험 점수 간 상관관계를 찾아낸다. find_corr_x_y() 함수를 correlation 모듈에서 임포트한다. 다음으로 두 개의 성적 집합을 표시하는 리스트를 생성하며 두 리스트를 인자로 하는 find_corr_x_y() 함수를 호출한다. 이 프로그램을 실행할 때 상관계수를 출력한다. 두 도형은 동일 디렉토리에 있어야 하며 가능하면 이를 간단하게 만들어 줘야 한다.

파이썬으로 풀어보는 수학

코드로 통계, 확률, 미적분과 같은 다양한 수학 탐험하기

발　행 ㅣ 2016년 6월 20일

지은이 ㅣ 아미트 사하
옮긴이 ㅣ 정 사 범

펴낸이 ㅣ 권 성 준
편집장 ㅣ 황 영 주
편　집 ㅣ 이 지 은
디자인 ㅣ 박 주 란

에이콘출판주식회사
서울특별시 양천구 국회대로 287 (목동)
전화 02-2653-7600, 팩스 02-2653-0433
www.acornpub.co.kr / editor@acornpub.co.kr

한국어판 ⓒ 에이콘출판주식회사, 2016, Printed in Korea.
ISBN 978-89-6077-868-9
ISBN 978-89-6077-771-2 (세트)
http://www.acornpub.co.kr/book/doing-math-with-python

이 도서의 국립중앙도서관 출판시도서목록(CIP)은 서지정보유통지원시스템 홈페이지(http://seoji.nl.go.kr)와
국가자료공동목록시스템(http://www.nl.go.kr/kolisnet)에서 이용하실 수 있습니다.(CIP제어번호: CIP2016015160)

책값은 뒤표지에 있습니다.